Dieses Buch widme ~~ich~~ *wir*
allen Enthusiasten, Aktiven, Trainingsfaulen,
Förderern und Liebhabern
des American Football.

Stephan

Michael

Rüdiger Bernd

SUPER-SPORT AMERICAN-FOOTBALL

Geschichte

Regeln · Trainingsanleitungen · Ausrüstung

R.I.T.O.-Verlag

Impressum

Walter W. Kreutner
Manfred Elsner
Hans Lämmerhirt
Uwe Schramm
Dirk Scheffler
Matthias Picard
Kurt Tillmann
Vena Do Campos
Karl-Heinz Hallen

Wir danken Herrn Rechtsanwalt Hans-Günter Reinhold für seine juristische Beratung

© Copyright By: R.I.T.O.-Verlag, 1987

Erschienen im: R.I.T.O.-Verlag
5090 Leverkusen 31
Telefon (0 21 71) 3 24 40

Druck: Drei Kronen Druck GmbH, Hürth/Rheinland

ISBN 3-926595-00-0

Inhaltsverzeichnis

Vorwort

Seitdem ich mich für Football interessiere, war es immer das größte Problem, Literatur über diese Sportart zu bekommen. Und fand man etwas, so war es grundsätzlich in Englisch.

So plagten meine Mitspieler und ich uns durch diese Bücher, und wir mußten erkennen, daß unser Schulenglisch für diese Lektüre unzureichend war.

Schließlich mußte ich immer mehr Anfänger dieses Sportes in das Footballspiel einweihen. Dafür hätte ich ein Einführungsbuch in deutscher Sprache benötigt. Ein Buch, das auch völligen Neulingen als Lehrbuch dienen könnte.

Über Jahre hin hatte ich den Wunsch, selbst ein solches Buch zu schreiben, das sowohl meinen Trainerkollegen und auch mir Zeit ersparen würde, das aber auch in besonderem Maße den Footballsport einem breiten Publikum näherbrächte.

Aber das Schreiben ist eine Sache, das Produzieren eine andere. Und welcher Verlag interessiert sich für ein dermaßen neues und „exotisches" Thema?!

Als ich dann auf den R.I.T.O.-Verlag traf, stand dieser sehr offen meinem Projekt gegenüber und ich konnte, Dank seiner Unterstützung, meinen geheimen Traum erfüllen.

Das Ergebnis liegt vor Ihnen.

Um dieses Werk zu erstellen, bedurfte es einer relativ kurzen Zeit von etwa sechs Monaten. Dies war nur durch die spontane Hilfe meiner Freunde möglich, die im Impressum aufgeführt sind.

Bei allen Beteiligten an diesem Buch möchte ich mich hiermit herzlich bedanken.

Ihr

Karl-Heinz Hallen

Sehr geehrter Football Fan!

Ich begrüße die Leser des ersten, vollständigen Buches in deutscher Sprache über den amerikanischen Football. Als ehemaliger Football-Spieler bin ich von dem Anwachsen der Popularität und der Qualität dieser Sportart, wie sie in der Bundesrepublik gespielt wird, beeindruckt. Der Football erfreut sich nicht nur einer wachsenden Teilnahme, sondern hat auch mit Erfolg Frauen als Spieler gewonnen und was dies betrifft, übertrifft die Entwicklung in der Bundesrepublik alles was man in den Vereinigten Staaten vorfindet. Die Kapitel dieses Buches behandeln die Grundregeln des Spiels und schaffen somit die Voraussetzungen, daß sich der Zuschauer und der Spieler an diesem Spiel erfreuen können. Ich begrüße es besonders, daß Kapitel dem Flag- und Touch-Football gewidmet sind, zwei weniger offizielle Formen des Football-Spiels, die kleineren Gruppen das Spielen ermöglichen und die Möglichkeit bieten, neue Teilnehmer in diesen Sport einzuführen.

Vielleicht gibt es eines Tages eine internationale „Super Bowl" als Höhepunkt eines internationalen Wettbewerbs.

Mit freundlichen Grüßen

John W. Bligh, Jr.
Botschaftsrat für
Handelsangelegenheiten
Botschaft der
Vereinigten Staaten von Amerika
Bonn

Die Geschichte des American Footballs

Die Geschichte des Fußballs als solchem ist fast so alt wie die der Menschheit: Bereits vor mehr als 2000 Jahren, so wird berichtet, habe das Kicken eines Lederballes den Legionären Roms, den Kriegern von Sparta und den Menschen im fernen und unentdeckten China gleichermaßen Spaß gemacht.

Die eigentliche Wiege jeder Art von Fußball in der uns heute bekannten Art dürfte allerdings unbestritten in England stehen, wo es bereits im 18. Jahrhundert ein Spiel für den Mann von der Straße war. Damals fanden derartige Spiele zwischen Nachbardörfern statt. Mitspielen konnte jeder, der laufen konnte, komplizierte Regeln gab es nicht. Ziel war es, den Ball durch wildes Gekicke — jeder trat nach allem, was sich bewegte — in das Nachbardorf zu befördern. Gelang dies, war für die Nachbarn das Spiel verloren.

Wie man sich denken kann kein Sport für Zimperliche. Und in der Tat, zahlreiche Verletzungen, in ganz schlimmen Fällen auch Unfälle mit tödlichem Ausgang, waren die Folge, sodaß dieses Spiel von den Herrschenden des öfteren verboten wurde, allerdings mit wechselndem Erfolg.

Sicherlich einen der entscheidendsten Beiträge zur weiteren Entwicklung des Fußballs leistete der ansonsten unbeachtete und längst verblichene William Webb Ellis aus dem kleinen englischen Städtchen Rugby, als er sich 1823, völlig frustriert über den Verlauf eines solchen Fußballspiels, einfach den Ball unter den Arm klemmte und damit über die Ziellinie im Nachbarort sprintete. Es kam wie es kommen mußte: Während die einen William Ellis für seine geniale Idee hochleben ließen, schimpften die anderen wie die Rohrspatzen, insbesondere, da sich das Unwesen des „Rugby-games" bald immer weiter verbreitete. Aus schierer Angst schlossen sich schließlich im Jahre 1863 die „Konservativen" zur sogenannten „Football Association" zusammen, Urzelle des Fußballs europäischer Prägung. Fortan spaltete sich die britische Bevölkerung in zwei „Glaubensrichtungen" und diese wurden auch von den zahllosen Auswanderern zu Beginn des vorigen Jahrhunderts in die neue Welt nach Amerika gebracht.

Dort nahmen die ersten Universitäten denn auch Fußball in ihr Sportprogramm auf, wobei sich Princeton, Rutgers, Columbia und Yale des etwas vornehmeren „Association Footballs" mit 25 Spielern auf jeder Seite befleißigten, dessen Regeln allerdings in bereits veränderter Form — man wollte schließlich die Unabhängigkeit zur alten Heimat in Übersee deutlich herausstreichen, 1867 als „Princeton Rules" festgeschrieben wurden.

Zwei Jahre später fand dann das erste Spiel zwischen zwei Universitätsmannschaften statt: Rutgers schlug Princeton mit 6 : 4. Lediglich die altehrwürdige Universität von Harvard, schon immer etwas Besonderes, schloß sich diesen Regeln nicht an, spielte stattdessen nach abgewandelten Rugby-Regeln ein Spiel, das sich „Boston game" nannte. Wichtigster Unterschied: bis zu einem gewissen Umfang war auch das Tragen des Balles zulässig. In Ermangelung eines Gegners mußte schließlich die kanadische McGill-Universtiät anreisen, die sich noch mit dem ursprünglichen Rugby beschäftigte. Man einigte sich auf zwei Spiele, eins nach den Rugby-Regeln, das andere nach den Boston-Regeln.

Seit diesem denkwürdigen 15. Mai 1874, als die Kanadier mit dem noch sehr runden Rugby-Ei antraten, begann auch der Siegeszug des American Footballs, der sich in den folgenden Jahren immer größerer Beliebtheit erfreute. Ein Verband, die „IVY-League", wurde 1876 gegründet und zahlreiche Regeln den eigenen Vorstellungen angepaßt, wobei sich ein gewisser Walter Camp als besonders einfallsreich erwies und mithin als Vater des American Footballs gilt. Ihm ist nicht nur die Reduktion von 15 auf 11 Spieler zu verdanken, sondern die wohl entscheidenste Regel des Footballs überhaupt, nämlich die Einführung des „scrimmage", also der uneingeschränkte Ballbesitz für eine Mannschaft bis zu dem Zeitpunkt, an dem der Ball vom Center nach hinten gegeben wird. Erst dadurch wurde Football zum großen Spiel mit der Strategie, basierend auf vorher eingeübten Spielzügen — die endgültige Trennung vom Rugby war vollzogen. Außerdem wurden die Maße des Spielfeldes verkleinert, und zwar auf 110 x 53,33 yards — rein zufällig übrigens genau die Größe, die im Stadion von Harvard gerade noch möglich war! Downs gab es, wie erwähnt, bereits, allerdings nur drei, um fünf yards Bodengewinn zu erzielen. Besonders revolutionär war damals auch die Idee, einen Touchdown höher zu bewerten, als ein Fieldgoal, dem eigentlichen Ziel des ursprünglichen Fußballs.

Im Jahre 1902 gab es dann auch den ersten großen Wettbewerb um einen Pokal, der auch heute noch als das große Ziel im College Football gilt: die Rose-Bowl von Pasadena. 8000 Fans, damals eine unglaubliche Zahl, sahen das erste Spiel am Neujahrstag.

Trotz der steigenden Popularität des Footballs, die sich allerdings nur an den Colleges vollzog — die Klasse der einfachen Leute hatte damals genug mit dem eigenen Leben zu kämpfen — hatte dieser Sport auch bald seine Schattenseiten und erlebte zu Beginn dieses Jahrhunderts sein wohl düsterstes Kapitel, als sich Härte und Gewalt mehrten. Berühmt-berüchtigt: das „Flying-wedge" der Harvard-Universität.

Bei diesem „Fliegenden Keil" hakten sich die größten und härtesten Spieler in einer Keilformation zusammen, in deren Mitte der Ballträger praktisch unangreifbar in die gegnerische Endzone getragen wurde. Schwerverletzte und sogar Tote waren die Folge dieser menschlichen Dampfwalze, eine Tatsache die zwar mittlerweile Geschichte ist, aber dem American Football auch heute noch gerne von schlechtinformierten Klatsch-Reportern als Sensationsnachricht unserer Zeit nachgetragen wird. Wahr ist, daß es damals Tote und zahlreiche Verletzte gab, resultierend aus unzulänglichen Regeln. So standen sich Freund und Feind an der „Line-of-scrimmage" praktisch Stirn an Stirn — Helme im heutigen Sinne gab es noch nicht — gegenüber und traktierten sich mit Tritten und Schlägen. Erst die Einführung der neutralen Zone, gekennzeichnet durch die Länge des Balles, die auch heute noch Gültigkeit hat, sorgte 1903 für den gebührenden Abstand. Haut und vor allen Dingen die Haare(!) der Ballträger sollten dagegen durch Ledergriffe an der Spielkleidung geschont werden. Trotz all dieser Vorkehrungen waren 1905 sage und schreibe 18 Tote und 159 Schwerverletzte zu beklagen, eine Tatsache, die eine New Yorker Zeitung mit dem Hinweis auf „Tote und Verwundete auf dem Schlachtfeld des Footballs" zu dem Ruf nach Abschaffung der „brutalsten, gefährlichsten und unnötigsten Sportart" bewog. Einem Ruf, dem sich der amerikanische Präsident Theodore Roosevelt nicht verschließen konnte: er rief führende Vertreter des Footballs ins Weiße Haus und forderte, der Gewalt ein Ende zu

setzen. Die Drohung eines Verbotes reichte aus, die Vertreter der
62 Universitäten dazu zu bewegen, ein besonderes Regel-Kom-
mittee einzusetzen, das in der Tat für eine Entschärfung der Situation sorgte. Ein „Beiprodukt" der Regeländerung: der Vorwärtspaß
wurde zugelassen. Gleichzeitig formierten sich die Universitäten
zur „Intercollegiate Athletic Association", die sich 1910 in „National Collegiate Athletic Association" kurz NCAA umbenannte, eine
Institution, die heute als Synonym für College-Football (und andere Sportarten) schlechthin steht. Der Vorwärtspaß, heute Inbe-
griff des modernen Footballs, kam allerdings erst 1913 so richtig
zu Ehren, nachdem er bis dahin eher unbeachtet blieb. Der sensationelle 39 : 13-Sieg eines Außenseiters gegen das seit fünf Jahren ungeschlagenen Team der Army begründeten den modernen
Football heutiger Prägung, als Quarterback Gus Dorns seinen
End Knute Rockne, heute ebenfalls eine Football-Legende wie
sein Team von Notre Dame, mit zahlreichen Touchdown-Pässen
bediente. Nicht mehr schlicht Kraft und körperliche Überlegenheit
zählten fortan, sondern auch Taktik und Paßspiel. Mit der Tatsache, daß auch körperlich unterlegene Teams den Gegner durch
eine überlegene Strategie zu bezwingen in der Lage sind, war die
wohl großartigste Idee dieser Sportart geboren.

Obwohl bereits 1892 das erste Footballspiel unter Beteiligung
eines Profis stattfand — Pudge Heffelfinger erhielt für einen einmaligen Einsatz im Team der Allegheny Athletic Association die
sensationelle Summe von $ 500 — führte der Profi-Football als
solches dagegen ein Schattendasein. Als sich schließlich am 20.
August 1920 in der Reparaturwerkstatt der Hay Motor Company in
Canton, Ohio, die Vertreter von 12 Teams, deren Namen — Akron,
Canton, Cleveland, Dayton, Massilon, Chicago, Decatur, Rock
Island, Hammond, Muncie, Rochester und Wisconsin — teilweise
nur noch Eingeweihten bekannt sind, zur „American Professional
Football Association" zusammenschlossen, ahnte niemand, daß
damit der Grundstein für die wohl größte Profisportorganisation
der Welt gelegt wurde. Für den Betrag von $ 100 wurden seinerzeit
die Lizenzen ausgegeben, die heute selbst für mehrere Millionen
Dollar nicht zu haben sind.

Dennoch lief, wie bei neuen Organisationen üblich, alles erst einmal völlig anders, als erwartet. In der ersten Saison gab es nicht

einmal einen offiziellen Spielplan. Stattdessen spielte jeder gegen das Team, das gerade frei war. Die Folge: am Ende der Saison beanspruchten gleich drei Teams den Meistertitel für sich. Erst ab 1922 wurde es etwas übersichtlicher und auch der Name der Organisation wurde geändert. Fortan lautete er „National Football League", besser unter dem Kürzel NFL bekannt. Es dauerte jedoch weiterhin bis 1926, ehe auch die Regeln überholt und vereinheitlicht wurden. Die Gesamtzahl der Spieler pro Mannschaft wurde auf 16 festgelegt, was nicht zuletzt in den Kosten begründet lag. Eine Regel aus dem Kuriositätenkabinett: ein Team, das aufgrund von Verletzungen dezimiert war, konnte im Notfall einen oder zwei Spieler des Gegners für das betreffende Spiel übernehmen, vorausgesetzt, daß hierfür die anteiligen Gehälter gezahlt wurden!

Dem Meister winkte am Saisonende ein kleiner goldener Football mit Gravur, den einzelnen Spielern eine Prämie von sage und schreibe $ 10.

Seinen endgültigen Durchbruch hatte der Profifootball erst 1925, als die Chicago Bears den schon damals legendären Harold „Red" Grange, der schon zu seiner Collegezeit als „gallopierender Geist" Berühmtheit erlangt, für die sensationelle Summe von $ 50.000 unter Vertrag nahmen, und zwar für 7 Spiele in 11 Tagen! Das Ergebnis war umwerfend: angelockt durch die horrende Summe und den Ruf von Harold Grange kamen 36.000 Fans in Chicago, 35.000 in Philadelphia und 70.000 in New York, genau fünftausend mehr also als eine Woche zuvor beim traditionellen Collegeschlager zwische Army und Navy. Der Profifootball war endgültig aus dem Schatten der Universitäten herausgetreten. Allerdings brachte die Verpflichtung von Grange nicht nur Zustimmung, sondern auch eine Lawine von Protesten, da erstmals ein Student, der seine Ausbildung noch nicht abgeschlossen hatte, unter Vertrag genommen worden war. Die NFL besann sich ihrer Verantwortung und schrieb fortan in ihren Statuten fest, daß Studenten erst nach vierjähriger Studienzeit verpflichtet werden dürfen — der erste Schritt zu einem sinnvollen Neben- und Miteinander von College- und Profifootball, der in der Sportwelt seinesgleichen sucht.

Andererseits bekam der Profifootball jedoch auch soviel Selbstbewußtsein, daß er nicht einfach mehr die Regeln der NCAA übernahm, sondern sich seine eigenen zurechtschnitt, immer daran orientiert, den Sport für die Zuschauer attraktiv zu machen, eine Philosophie, die die ungeheure Popularität des Footballs in den USA erklärt. Gelang es etwa der Defense, die Angriffsbemühungen des Gegners zu kontrollieren, so wurden neue Regelungen eingeführt, die es der Offense wieder erleichterte, Punkte zu erzielen. Um etwa den Vorwärtspaß weiter zu fördern, wurde kurzerhand die Form des Balles verändert, die runden Spitzen zugespitzt und das Lederei „aerodynamisch" gestaltet. Daß dabei der altbewährte „Dropkick" auf der Strecke blieb, störte nicht weiter. Immerhin wurde er der Form halber in den Regeln belassen.

Insgesamt 22 Teams starteten hoffnungsvoll in die Saison 1926, ein Jahr später hatten sich zehn davon aus Kostengründen bereits wieder verabschiedet, was nicht zuletzt an der Tatsache lag, daß die Profibewegung ursprünglich von Kleinstädten ausging, wo das Zuschauerpotential nicht ausreichte, die enormen Kosten zu decken. Fortan ging der Trend hin zu den Großstädten. Ein Opfer dieser Entwicklung wurde auch das Team von Providence, das 1928 den Meistertitel errang, 1929 jedoch aufgrund der Wirtschaftskrise den Spielbetrieb einstellen mußte. Nur acht Mannschaften überlebten die Depressionsphase überhaupt, von denen heute noch sechs in der NFL dabei sind: Chicago Bears, Green

Bay Packers, New York Giants, Philadelphia Eagles (früher „Frankford Yellowjackets"), Detroit Lions („Portsmouth Spartans") und die St. Louis Cardinals. Große Veränderungen für die NFL brachte schließlich das Jahr 1933.

George Preston Marshall, Eigentümer des Teams von Boston, schlug nämlich die Teilung der Liga in zwei Divisionen vor, deren Meister dann um die sogenannte „Weltmeisterschaft" kämpfen sollten. Dabei sollte erstmals auch jedes Team die gleiche Anzahl von Spielen absolvieren. Eine weitere Neuerung, die im Sport ihresgleichen sucht, wurde zwei Jahre später von Bert Bell vorgeschlagen. Er ging davon aus, daß Football — wie auch jede andere Sportart — für die Zuschauer nur solange interessant ist, als die Spiele und die Leistungsstärke aller Mannschaften ausgeglichen ist. Statt also die erfolgreichen Vereine auch die besten Spieler verpflichten zu lassen, um sie noch erfolgreicher und die Gegner damit noch unattraktiver werden zu lassen, schlug Bell vor, das sogenannte „College-draft"-System einzuführen.

Danach sollte das schwächste Team der Liga zur neuen Saison als erste den Spieler seiner Wahl verpflichten dürfen, ohne daß ein anderes Team sich mit einem weiteren Angebot einschaltet. Als Letzter sollte schließlich der Champion selbst sich einen Spieler aussuchen. Danach würde sich der ganze Vorgang wiederholen, nämlich vom Tabellenletzten ausgehend. Der Vorschlag wurde angenommen und das System nicht nur bis heute beibehalten, sondern auch von anderen Profiorganisationen, etwa Basketball und Baseball, übernommen.

Der erste „Draft-pick" nach dem neuen System erwies sich allerdings als nichtrepräsentativer Flop: Jay Berwanger von der Chicago University, der einer der größten Footballspieler aller Zeiten hätte werden können, verlangte für seine Auftritte bei den Philadelphia Eagles $ 1.000 pro Spiel, zuviel für den damaligen Zeitpunkt. Berwanger wurde nie Profi.

Der schon erwähnte George Marshall war es auch, der erkannte, daß die Zuschauer neben dem Sport auch zusätzliche Unterhaltung wollten. Er war der erste, der Marching-Bands einführte und für seine Washington Redskins (die er von Boston transveriert hatte), ein Schlachtlied schreiben ließ: „Hail for the Redskins".

Auch der Krieg ging an der NFL nicht spurlos vorrüber. In Ermangelung an guten Spielern mußte sich auch der legendäre Bronko Nagurski, dessen große Zeit zwischen 1930 und 1937 lag, wieder die Footballschuhe anziehen.

Und auch nach dem Weltkrieg wurden die Zeiten nicht leichter für die NFL: mit der „All-America Football Conference" wurde 1946 eine echte Konkurrenz ins Leben gerufen. Zwar blieben von den beteiligten Teams lediglich die Cleveland Browns, die alle vier Meistertitel der folgenden Jahre holten, die San Francisco 49er und die Buffalo Bills finanziell erfolgreich, doch reichte der Konkurrenzdruck aus, um die NFL zu einer Kooperation zu bewegen und die Teams aus Cleveland, Baltimore und San Francisco in die „National American Football League" aufzunehmen, die sich allerdings schon bald darauf wieder in „NFL" umbenannte. Ein Meilenstein in der Geschichte der NFL und deren Popularität war zweifelsohne die Einführung von Fernsehdirektübertragungen in den 50er Jahren. Der große Durchbruch nach fast acht Jahren regelmäßiger Berichterstattung kam allerdings erst 1958 mit der Übertragung des Finales zwischen den Baltimore Colts und den New York Giants, das an Dramatik kaum zu überbieten war.

Die sechziger Jahre brachten der NFL dann erneut Konkurrenz ins Haus: Lamar Hunt, Sohn eines texanischen Ölmillionärs, gründete 1959 die „American Football League", die 1960 mit acht Teams in ihre erste Saison startete. Erster AFL-Champ wurden die Houston Oilers, die im Folgejahr von Hunt's eigenen „Dallas Texans" entthront wurden. Erst die geschickte Verhandlungstaktik von Pete Rozelle, der 1959 zum Commissioner der NFL gewählt wurde und diesen Posten auch heute noch inne hat, führte 1966 zu einer erneuten Zusammenführung mit einer konkurrierenden Liga. Es wurde vereinbart, daß beide Ligen bis 1970 ihre jeweiligen Meister nach einem eigenen Spielplan ermitteln, die dann zu einem Spiel um den Titel des Weltmeisters zusammentreffen sollten. Der Name für diesen „Kampf der Giganten" wurde von Lamar Hunt selbst vorgeschlagen: „Superbowl".

Gleichzeitig vergrößerte sich jedoch auch die NFL selbst, die Lizenzen an Atlanta und Miami vergab. 1967 kam New Orleans als sechzehnter Club dazu.

Der erste Vergleich NFL/AFL ging im Januar 1967 an die NFL: die Green Bay Packers bezwangen die Kansas City Chiefs, doch zwei Jahre später bewies die AFL ihre Ebenbürtigkeit, als die New York Jets mit ihrem berühmten Quarterback Joe Namath die Superbowl III gewannen. Zu diesem Zeitpunkt bestand die NFL aus 16 und die AFL aus zehn Teams.

Das Jahr 1970 brachte dann das neue Gesicht der NFL in ihrer ersten gemeinsamen Saison mit der AFL. Fortan wurde die NFL als Oberorganisation unterteilt in die American Football Conference (AFC) und die National Football Conference (NFC) mit je 13 Teams die jeweils in drei Gruppen (East, Central, West) ihren Meister ermitteln, ehe diese dann am letzten Sonntag im Januar, wie gehabt, im Spiel um die Superbowl aufeinandertreffen.

Aber auch die siebziger Jahre brachten noch einige Neuerungen. So wurde unter anderem eine Organisation ins Leben gerufen, die sich um die Vermarktung der geschützten NFL- und Clubzeichen zu karitativen Zwecken kümmert. Und am Regelwerk wurde unverdrossen gebastelt, um den Football weiterhin zu einem „angriffsorientierten" Spiel zu machen, ein Ziel, daß der „Association"-Fußball heutzutage längst aus den Augen verloren zu haben scheint. Eine weitere Neuerung war die Einführung einer fünfzehnminütigen Verlängerung sämtlicher Vorrundenspiele, die nach der regulären Spielzeit unentschieden stehen, wobei der Sieger durch ein „sudden death" ermittelt wird. Das heißt, das Team, das zuerst Punkte erzielt, hat gewonnen. Auch diese Regel erfreut sich allgemeiner Beliebtheit und führt dazu, daß so manches Spiel am Ende noch einmal enorm an Dramatik gewinnt.

Mittlerweile erreichte die NFL eine Stärke, die Konkurrenz kaum noch zu fürchten brauchte. So gab es zwar im Jahre 1974 noch einmal einen Versuch, die „World Football League" zu gründen, doch die gab bereits nach ihrer ersten Saison 1975 frühzeitig den

Geist auf, ähnlich übrigens wie die 1982 gegründete „United States Football League" (USFL), die sich immerhin mit ihrem Frühjahrsfootball bis 1985 halten konnte, ehe sie wieder in der Versenkung verschwand. Die NFL erhöhte dagegen 1976 die Zahl ihrer Clubs auf 28, indem sie die Teams Seattle Seahawks und Tampa Bay Buccaneers gründete. Und 1978 konnte sie stolz einen neuen Rekord vermelden, als über 12 Millionen Footballfans in die Stadien kamen, um die Spiele zu sehen, ein Durchschnitt von 57.000 pro Spiel.

1985 lag der Besucherschnitt der Vorrunde gar bei 59.500 Fans pro Spiel, was einer Auslastung der Stadionkapazität von 88%(!) entspricht, wovon andere Sportarten, vor allem in unseren Breiten, nur träumen können.

Und auch in naher Zukunft ist kein Rückgang des Publikumsinteresse in Sicht, und daß, obwohl zahlreiche Spiele live übertragen werden. Fernsehen als Grund für Zuschauerrückgang? Ein Gruselmärchen von Sportfunktionären, die lieber die Schuld bei den Medien als bei sich und einem nicht mehr ganz zeitgemäßen Regelwerk suchen. Der American Football ist da das beste Beispiel, wie eine Sportart über Jahrzehnte hinweg attraktiv und zuschauergerecht gehalten werden kann. Und es scheint, sein Siegeszug ist auch in Europa und anderen Ländern nicht zu stoppen.

Football in Deutschland

Seit 1978 ist auch bei uns der American Football im Vormarsch.
Die ersten Aktiven dieser anfangs exotischen Sportart trainierten
ohne Ausrüstung und meist nur auf größeren Wiesen.
Diese Pioniere des Footballs ließen sich auch von den hohen Be-
schaffungskosten einer Ausrüstung nicht zurückschrecken und
machten sich mit Hilfe vieler amerikanischer Freunde daran, den
Footballsport für die Zuschauer interessant zu machen.

Die ersten Aufstellungen
zum Spiel waren noch
reichlich durcheinander.

Aber wenn der Ball
erst einmal ins Spiel
gebracht wurde,

dann waren die Spieler
nicht mehr zu bremsen.

Jeder versuchte an den Ball zu kommen und einige Meter mit diesem zu laufen.

In den Ausrüstungen lief ein Training schon geordneter ab und man konnte sich gut auf die kommenden Spiele vorbereiten.

Mit der Gründung der Frankfurter Löwen begann der Siegeszug dieser faszinierenden Sportart. Es folgte im gleichen Jahr mit den Düsseldorf Panthern der zweite Club, der im August 1979 als Gastgeber gegen die Frankfurter Löwen auch das Auftaktspiel der ersten deutschen Liga bestritt.

Zur Überraschung aller Beteiligten kamen 4000 Zuschauer zu dieser Begegnung. Erster Deutscher Footballmeister wurde denn auch Lehrmeister Frankfurt in einer Sechserliga, die durch Vizemeister Ansbach Grizzlies, die Berliner Bären, Bremerhaven Seahawks und München Cowboys ergänzt wurde. Sportlich Letzter, dafür aber mit einem Schnitt von 2000 Fans pro Spiel Spitzenreiter wurden die Düsseldorf Panther. Soviel Erfolg in der Öffentlichkeit — zu den Spielen des Meisters kamen jeweils nur eine Handvoll Fans — mußte schließlich den Neid der Konkurrenz herausfordern, die die Panther Anfang 1980 unter fadenscheinigen Argumenten aus dem sogenannten American Footballbund Deutschland (AFBD) ausschlossen. Die Rheinländer revanchierten sich mit der Gründung einer Konkurrenzorganisation, dem American Football Verband NRW, dem sich eine Reihe anderer Vereine anschlossen. Erster Meister dieser Liga wurden die Panther selbst, während die Ansbach Grizzlies in der AFBD-Liga auch 1980 nicht aus dem Schatten der Frankfurter Löwen heraustreten konnten. Erst 1981 konnten hier die Grizzlies aus Ansbach, zweimaliger Vizemeister, den Bann brechen. Im Norden verteidigten dagegen die Panther auch 1981 ihren Titel als Meister der NFL (Norddeutsche Football Liga) erfolgreich.

Dank beiderseitiger Bemühungen kam es 1982 wieder zu einer Vereinigung der gespaltenen Footballbewegung. Der alte AFBD wurde aufgelöst und der nach dem Modell des AFV-NRW organisierte American Football Verband Deutschland (AFVD) ins Leben gerufen, dem mittlerweile zahlreiche Landesverbände angeschlossen sind.

Erster Deutscher Meister nach der „Wiedervereinigung" wurden die Ansbach Grizzlies 1982, die sich allerdings fortan mit den Düsseldorf Panthern bei der Vergabe der Meisterschaft auseinandersetzen mußten. 1983 gewannen die Düsseldorfer dann ihre erste Deutsche Meisterschaft, die sie 1984 erfolgreich verteidigten. Im Jahr darauf behielten wieder die Ansbach Grizzlies die Oberhand, ehe die Panther 1986 den Meisterpokal erneut nach Düsseldorf holten. Aufgrund des Leistungsstandes beider Teams scheint auch für die kommenden Jahre das Duell Ansbach-Düsseldorf für die Vergabe des Meistertitels vorprogrammiert.

Derzeit umfaßt der American Football Verband Deutschland mehr als 6000 Mitglieder in über 70 Vereinen und steht mit seinen zahlreichen Landesverbänden unmittelbar vor der Aufnahme in den Deutschen Sportbund. (siehe auch Kapitel XIX, Verbands- und Vereinsadressen)

Football in Europa

Obwohl die Footballbewegung in Europa zuerst in Deutschland Fuß faßte, scheint es, als hätten Italien und Großbritannien den Football bundesdeutscher Prägung inzwischen überholt, was vor allem ein Verdienst des Privatfernsehens ist. Während in Italien Football schon seit Jahren live in lokalen Fernsehsendern übertragen wird, entdeckten die Briten ihre Freude an diesem aus den Staaten „zurückgekehrten" Sport, seit dort einmal pro Woche ein Profispiel aus den Staaten übertragen wird. Seither sind die Engländer schlicht football-verrückt. So verfolgt schon seit Jahren ein Millionenpublikum zu mitternächtlicher Stunde die Superbowl live, ein Zustand, was hierzulande nur Besitzer eines Kabelanschlusses können. Die Entwicklung des eigenen Footballs entwickelte sich in Großbritannien parallel zu diesem Boom, der offensichtlich auch die NFL so sehr beeindruckte, daß sie nun schon zum zweiten Mal zwei komplette Teams ins ausverkaufte altehrwürdige Wembleystadion einfliegen ließ, um dort ein Saisonvorbereitungsspiel zu absolvieren. Und sie hätten das Stadion angesichts der Nachfrage auch noch ein zweites Mal ausverkaufen können. Eine ähnlich positive Entwicklung des Footballs, vornehmlich durch die Unterstützung des Privatfernsehens, ist auch in den Niederlanden zu verzeichnen.

Führend in Europa sind, trotz der relativ kleinen Bevölkerungszahl, sportlich gesehen die Footballer aus Finnland, die ohne Zweifel zu den Spitzenspielern gehören und 1986 erstmals den Europatitel in ihre Heimat holten. Neben Österreich und der Schweiz sowie ersten Ansätzen in Belgien, wird Football auch in Frankreich praktiziert, wo es schon traditionell immer ein großes Interesse an Rugby gegeben hat.

Grundregeln für den Einstieg

Die folgenden Seiten erläutern kurz auf einfache Weise die Grundregeln. Sie dienen zum ersten leichten Einstieg in die Faszination Football. In Kapitel XVI können Sie die kompletten deutschen Regeln nachlesen. Und nun viel Spaß beim American Football „made in Germany".

Sinn und Zweck des Spieles ist es, Raumgewinne zu erlangen. Dies geschieht durch Tragen, Werfen oder Kicken des Balles. Der Mannschaftsteil, der für den Raumgewinn verantwortlich ist, heißt OFFENSE.

Ihr gegenüber steht die DEFENSE, die den Raumgewinn verhindern soll.

Punkte werden der Mannschaft zuerkannt, der es gelingt, den Ball in die gegnerische Endzone zu bringen.

Es gibt verschiedene Arten der Punkteerzielung:

1. TOUCH-DOWN — 6 Punkte

Wird der Ball von einem Ballträger in die gegnerische Endzone gebracht, oder fängt ein Paßempfänger den Ball in der Endzone, so ist dies ein TOUCH-DOWN.

2. Zusatz-Punktversuch — 1 oder 2 Punkte

Nach einem erzielten TOUCH-DOWN erhält das Team, das den TOUCH-DOWN erzielt hat, von der 3-Meter-Linie einen Zusatzversuch, um entweder einen oder zwei zusätzliche Punkte zu erzielen.

a) **KICK — 1 Punkt**
   Der Ball wird durch einen Kicker im Backfield (Rückfeld) über die Querlatte des Tores geschossen. Gelingt dies, so erhält das erfolgreiche Team einen Zusatzpunkt.

b) **CONVERSION — 2 Punkte**
   Wird der Ball nicht gekickt, sondern durch einen Spielzug in die Endzone getragen oder von einem Paßempfänger aufgenommen, so erhält das erfolgreiche Team zwei Punkte.

3. FIELD-GOAL — 3 Punkte

Gelingt es der Offense, den Ball aus dem Spielgeschehen heraus, über die Querlatte des gegnerischen Tores zu kicken, so erhält das erfolgreiche Team drei Punkte.
Der Kick muß allerdings aus dem Backfield (Rückfeld) erfolgt sein.

4. SAFETY — 2 Punkte

Wird der Ballträger in der eigenen Endzone durch einen gegnerischen Spieler zu Fall gebracht, so erhält das gegnerische Team (Defense) zwei Punkte.

Um in die Endzone des Gegners zu kommen, bekommt die OFFENSE den Ball und 4 Versuche, um eine Distanz von 10 Metern zu überbrücken. Gelingt es der OFFENSE die 10 Meter oder mehr zu überwinden, bekommt sie 4 weitere Versuche um wieder 10 Meter oder mehr zu überbrücken. Schafft sie aber in 4 Versuchen nicht, 10 Meter zu überwinden, so geht der Ballbesitz automatisch zur anderen Mannschaft über. Diese hat dann ihrerseits die gleiche Möglichkeit, um mit ihrer OFFENSE in die gegnerische Endzone zu kommen.
Sollte während der 4 Versuche die OFFENSE den Ball an die DEFENSE (gegnerische Mannschaft) verlieren, so kommt die OFFENSE des Gegners automatisch in den Ballbesitz und hat vom Punkt der Balleroberung an 4 Versuche um 10 Meter oder mehr zu überwinden.

Jede Mannschaft besteht aus mindestens 22 Spielern. Pro Team sind immer 11 Spieler der OFFENSE oder DEFENSE auf dem Spielfeld. Es spielen also immer 11 gegen 11.
Die effektive Spielzeit beträgt 4 x 12 Minuten. Nach jedem Viertel werden die Seiten gewechselt. Halbzeit ist nach dem 2. Viertel und dauert 20 Minuten.
Erlaubt ist das Blocken mit dem Körper und den Armen. Auch kann man den Gegner mit Händen und Körper umwerfen oder umstoßen. Aber nur der Ballträger darf festgehalten werden, wenn er zu Fall (getacklet) gebracht wird.

Verboten ist jedes Schlagen, Treten, Beinstellen oder Einsetzen der Knie zum Treten.

Dies ist natürlich nur der grobe Umriß von Erlaubtem und Verbotenem. Die genauen Regeln sind in Kapitel XVI abgedruckt. Wie man den Ball nach vorne bringt ist in den nachfolgenden Kapiteln, besonders in Kapitel X, erläutert.

DAS SPIELFELD

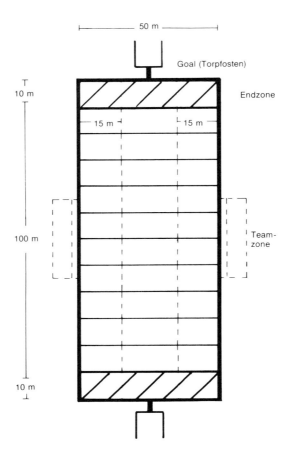

Das Spielfeld ist 100 m lang und 50 m breit. Auf jeder Seite befindet sich eine Endzone die 10 m lang und 50 m breit ist.
Das Spielfeld ist in 10 m Linien aufgeteilt. Längs ist das Feld gedrittelt. In oder am Ende der Endzone ist ein Tor mit verlängerten Pfosten (Goal). An den Spielfeldseiten sind je eine TEAMZONE eingezeichnet, worin sich die Mannschaft während des Spieles aufhalten muß.

HILFSMITTEL FÜR DAS SPIEL

Die Meterkette

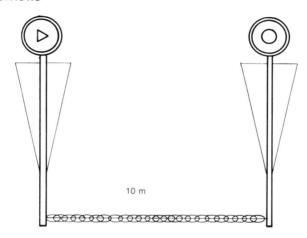

10 m

Die Meterkette soll die 10 m Distanz anzeigen, welche die Offense in 4 Versuchen überwinden muß. Die Kette besteht aus zwei gepolsterten Stangen und je einem Schild am oberen Ende, damit die Stangen besser erkennbar sind.

Die Zehnmeterschilder dienen zur besseren optischen Übersicht für Zuschauer und Spieler. Die Schilder sind aus Plastik und stehen etwa 5 m neben dem Feld, neben der jeweiligen Zehnmetermarkierung. Sie sind von 0 bis 50 durchnummeriert in 10 m Abständen.

Der Versuchsanzeiger (Downmarker) muß mindestens 1,80 m hoch sein. Mit ihm wird der jeweilige Versuch angezeigt, den die Offense gerade hat. Also entweder den 1., 2., 3. oder 4. Versuch.

Eine Spielaufstellung mit Benennung der einzelnen Positionen

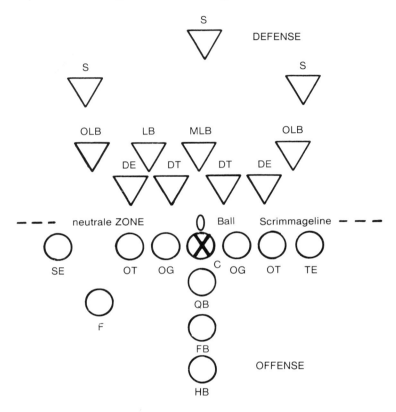

Offense

QB = Quarterback
HB = Halfback
FB = Fullback
F   = Flanker
TE = Tight End
SE = Split End
C   = Center
OG = Offense Guard
OT = Offense Tackle

Defense

S   = Safety
LB = Linebacker
MLB = Middle-Linebacker
OLB = Outside-Linebacker
DE = Defense End
DT = Defense Tackle

DIE SCRIMMAGELINE

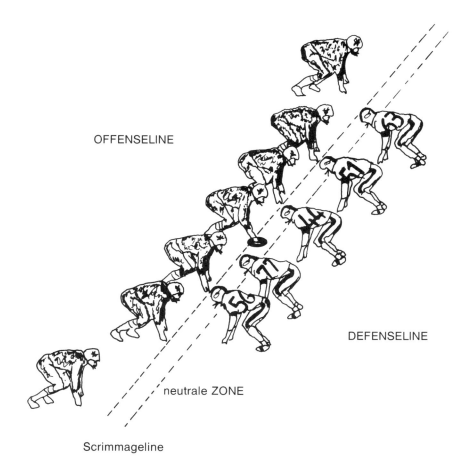

OFFENSELINE

DEFENSELINE

neutrale ZONE

Scrimmageline

Die Scrimmageline ist die gedachte Linie, auf der der Ball liegt und die bis zum Spielbeginn (Heben des Balles durch den Center nach hinten) nicht überschritten werden darf. Die Offense muß mindestens 7 Spieler auf der Scrimmageline stehen haben. Die neutrale Zone hat die Länge des Balles und darf von keinem Spieler vor Beginn des Spielzuges betreten werden.
Genaue Regelauslegung siehe Kapitel XVI.

DIE SCHWERSTEN REGELVERSTÖSSE
(alle Regelverstöße können Sie in Kapitel XVI nachlesen)

Griff ins Gesichtsgitter
(FASKMASK)
15 Meter Strafe, oder
5 Meter Strafe wenn
unabsichtlich und durch
DEFENSE begangen

Festhalten
(HOLDING)
10 Meter Strafe

Blocken in den Rücken
(CLIPPING)
15 Meter Strafe

Treten
(TRIPPING)
15 Meter Strafe und ein
Down (Versuch)verlust, wenn
duch DEFENSE begangen

Übertriebene Härte gegen den Quarterback nach dem Wurf
(RAUGHING THE PASSER)
15 Meter Strafe

Übertriebene Härte gegen den Kicker nach dem Kick
(RAUGHING THE KICKER)
15 Meter Strafe

Nachspringen
(LATE HIT)
15 Meter Strafe

Tacklen außerhalb des Spielfeldes
(TACKLING OUT OF BONDS)
15 Meter Strafe und First Down für die Offense, wenn die Defense den Verstoß begangen hat.

Natürlich gibt es noch eine Menge mehr Verstöße. Diese gezeigten Verstöße sind nur Beispiele, die bei einem Spiel leider immer wieder vorkommen. Die gesamten Verstöße und ihre Strafen lesen sie bitte in Kapitel VXI, in den kompletten Regeln nach.

Die Schiedsrichterzeichen

REFEREES SIGNALS

Man hat mehrere Schiedsrichter auf dem Spielfeld. Um die Fülle der verschiedenen Strafen anzuzeigen, hat man ein ausgeklügeltes Zeichensystem entwickelt. Diese Zeichen werden wir nachfolgend mit Fotos darstellen und die Zeichen erklären.
Die nachfolgenden Schiedsrichterzeichen stimmen nicht mit der Reihenfolge der offiziellen Zeichen überein. Im Anschluß an das Regelbuch befindet sich eine Liste der offiziellen Zeichennumerierung.

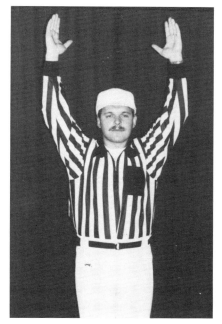
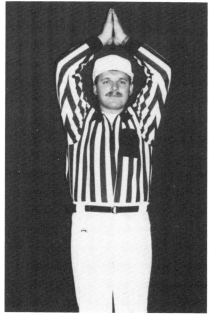

TOUCH DOWN, FIELD GOAL oder gültiger Zusatzkick oder gültiger Conversionsversuch

SAFETY Ballträger wurde in der eigenen Endzone zu Boden gebracht

First Down
Erster Versuch

Second Down
Zweiter Versuch

Third Down
Dritter Versuch

Fourth Down
Vierter Versuch

Time Out
Auszeit

No Time Out/
No Time in with Whistle
Keine Auszeit mehr/
Zeit läuft und Ball ist freigegeben
(Ref. pfeift und bewegt den Arm
im Kreis vor sich)

Ball ready for Play
Ball zum Spiel freigegeben

Dead Ball/
Neutral Zone Established
Toter Ball/
Spiel ist unterbrochen und die
neutrale Zone eingerichtet

Ball Illegal Touched,
Batted or Kicked
Unerlaubtes Berühren,
Schlagen oder Kicken des
Balles

Illegal Procedure,
False Start
unerlaubte Angriffsformation,
unkorrekter Spielbeginn

Incomplete Paß,
Penalty Refused,
Missed Field Goal
unvollständiger Paß,
Strafe abgelehnt,
ungültiger Torversuch

Delay of Game
Überschreitung der zulässigen
Zeit bis zum Spielzugbeginn,
Spielverzögerung

Personal Foul
Persönliches Foul

Holding
Unerlaubter Festhalten
eines Gegenspielers

Facemask
Griff an oder in das
Gesichtsgitter

Illegal Use of Hands, Arms
or Body
Unerlaubtes Benutzen von
Händen, Armen oder dem
Körper

Intentional Grounding of Paß
Unerlaubtes Wegwerfen des
Balles unter Vortäuschen eines
Passes

Illegal Foreward Paß
Unerlaubtes Vorwärtspaß

Invalid Fair Catch Signal
Ungültiges Fair-Catch-Zeichen

Interference with Paß
or Fair Catch
Behinderung des Paß-
empfängers oder des Fängers
bei einem Fair Catch

Offside/
Encroaching
Abseits/
Verletzung der neutralen Zone
durch einen Defensespieler

Ineligible Receiver/
Member of Kickingteam
Downfield
Nichtberechtigter Paß-
empfänger/
Spieler des Kickingteams
vor der Anspiellinie

Loss of Down
Verlust eines Versuches

Illegal Motion at Snap
Unerlaubte Bewegung des
Centers während der
Ballübergabe

Crawling/
Helping the Runner
Unerlaubtes Vorwärtskriechen/
Vorwärtsschieben des
Ballträgers

Illegal Crackback
Nichterlaubter Block von der
Seite oder von hinten, bei dem
ein Offensespieler in die
Clipping-Zone hineinläuft

Player Disqualified
Platzverweis eines Spielers

Touching a Foreward Paß/
Scrimmage Kick
Unerlaubtes Berühren eines
Passes/
Unerlaubtes Berühren eines
Kicks

Clipping
Nichterlaubter Angriff auf
einen nicht balltragenden
Spieler von hinten oder von
der Seite

Tripping
Beinstellen

Unsportmanlike Condukt
Unsportliches Verhalten

Official Time Out
Offizielle Auszeit

Blocking Below the Waist/
Illegal Cut
Block unter der Gürtellinie
Unerlaubter Schlag

Running Into or
Roughing Passer
Unerlaubter Angriff auf den
Paßwerfer, nachdem der Ball
weggeworfen wurde

Substitution Infration
Zuviele Spieler auf dem Spiel-
feld, die aber noch nicht ins
Spiel eingegriffen haben

Running Into or Roughing the
Kicker
Unerlaubter Angriff auf den
Kicker, nachdem der Ball
bereits gekickt wurde

Equipment Violation
Unkorrekte Ausrüstung

Illegal Participation
Zuviele Spieler auf dem
Spielfeld, die in das Spiel
eingegriffen haben

Inadvertence of Whistle
Rücknahme eines irrtümlich
ausgeführten Pfiffs

No Penalty
Rücknahme einer irrtümlichen
Foulspielanzeige

Die Schutzausrüstung

Seit Ausübung der Sportart American-Football haben sich die verschiedenen Teile zum Schutze des Körpers stetig weiterentwickelt und wesentlich verbessert. Ein maßgebliches Beispiel dafür ist

DER HELM

Ausgehend von dem ursprünglich benutzten Lederhelm, wurde der neu entwickelte Kunststoff als Kopfschutz immer mehr verwendet. Zunächst tauschte man das Leder der Helmkrone gegen Hartkunststoff aus, die Ohren bekamen einen gesonderten Schutz durch ohrförmige Lederprägung. Nach und nach wurde das Leder völlig durch Kunststoff ersetzt. Die Schale der heutigen Helme für American-Football bestehen ausschließlich aus diesem Werkstoff.

Interessant und sehr wichtig für jeden Spieler ist es, den „richtigen" Helm zu tragen. Natürlich ist dabei die Innenpolsterung maßgebend. Die Erfahrung vergangener Jahre hat gelehrt, daß die Luftpolsterung dabei hervorzuheben ist. Das Luftpolster bietet verschiedene, klar erkennbare und logische Vorteile: bei lufthydraulischem Schutzsystem verteilt sich die Luft im Bruchteil eines Augenblicks auf die verschiedenen Luftkammern und erwirkt dadurch ein erhebliches Dämpfen des Schlages durch Kontakt mit dem Gegenspieler. Luft ist der physikalische Körper, der sich als Polsterung am schnellsten verändert. Lufthydraulikhelme, die also nicht aufblasbar sind, müssen allerdings mit ihrer Helmschale der Kopfgröße angepaßt werden. Dafür mißt man den Kopfumfang, um gemäß nachstehender Tabelle den Kopfumpfang zu ermitteln.

Bestimmen Sie selbst Ihre Helmgröße:

— Sie messen Ihren Kopfumfang mit einem Bandmaß
— und Sie teilen die Zentimeter durch 2,5 und erhalten Zoll.
  Inch = Zoll (1 Zoll gleich 2,5 cm)
— und nun vergleichen Sie bitte:

Helm-Größenübersicht

Helmgröße	Kopfumfang	Helmgröße	Kopfumfang
6-3/8	20-1/8 inches	7-1/4	22-3/4 inches
6-1/2	20-1/2 inches	7-3/8	23-1/8 inches
6-5/8	20-7/8 inches	7-1/2	23-1/2 inches
6-3/4	21-1/4 inches	7-5/8	23-7/8 inches
6-7/8	21-5/8 inches	7-3/4	24-1/4 inches
7	22 inches	7-7/8	24-5/8 inches
7-1/8	22-3/8 inches	8	25 inches

Die Firma RIDDELL hatte bereits in den 60er und 70er Jahren den Luftkammerhelm entwickelt und stetig verbessert. Im Gegensatz zu dem erwähnten Lufthydraulikhelm, der eine verzweigte, geschlossene Luftkammer aufweist, führt Riddell heute einen Helm, der vier verschiedene und unabhängig voneinander aufblasbare Luftpolster beinhaltet.

 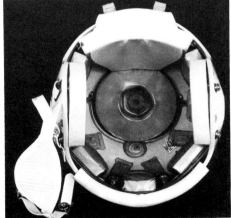

Diese Luftkissen haben alle eine Größe, die die oben beschriebene Verteilung der Luft gewährleistet. Wegen der verschiedenen aufblasbaren Luftkammern wird eine optimale Paßform erreicht, und man benötigt im Prinzip nur zwei Helmschalengrößen, um eine komplette Mannschaft auszurüsten. Ein weiterer Vorteil ist darin zu sehen, daß der erwähnte Helm Riddell mit der Modellbezeichnung M-155 über viele Jahre hin auch von Heranwachsenden getragen werden kann, da der größere Kopf nach wie vor, durch Anpassen der Luftkissen, in den Helm paßt.

Um, abgesehen von dem zu sichernden Schutz des Spielers, auch dessen Leistungsfähigkeit konstant zu halten, hat man sehr bald erkannt, daß die Lüftung des Kopfes äußerst wichtig ist. Man muß dazu wissen, daß ca. 40% der Körperwärme vom Kopf abgegeben werden. Bei Überhitzung des Kopfes kommt es zu erheblicher Minderung des Reaktionsvermögens, der Leistung und der Schnelligkeit des Spielers. Um diesem Problem vorzubeugen, hat Riddell zwischen den Luftpolstern Zwischenräume freigehalten, durch die die Luft ungehindert zirkulieren kann. Als Neuigkeit hat Riddell zwischenzeitlich ein zusätzliches, aufblasbares Stirnpolster entwickelt.

Die Luftkammern sind aus Kunststoff, der normalerweise eine lange Lebensdauer hat. Und die Helmschale hat eine enorm lange Garantie von 4 (vier) Jahren.

Auch die Firma Bike offeriert ein aufblasbares Helmsystem. Die Luftkissen sind aus Gummi, und man arbeitet mit einem bzw. zwei Luftkammern. Auch diese Firma gibt die Möglichkeit, mit zwei Helmschalengrößen eine Mannschaft auszurüsten.

Wichtig ist für jeden Spieler darauf zu achten, daß der von ihm benutzte Helm nicht mit einer anderen Farbe gespritzt ist, sofern es sich nicht um Farbmaterial des Helmherstellers handelt. Der Produzent lehnt bei nicht eigener Farbe jede Garantie auf den Helm ab.

Man achte auf die Kieferpolster, die rechts und links in die Helmschale eingeclipt werden. Diese sind erhältlich in vier Dicken von 1/4" bis 1" und müssen den Zwischenraum zwischen Helmschale und Wangen ausfüllen.

Kleiner Tip: nicht zu dick nehmen, da der Kopf während des Spieles wegen der Hitze größer und der Kieferschutz enger wird.

Es ist Pflicht Mundschutz zu tragen. Dieser ist aus Kunststoff, der durch Erhitzen im Wasserbad den eigenen Zahnreihen angepaßt wird. Er schützt die Zähne wie auch die Zunge vor Verletzungen.

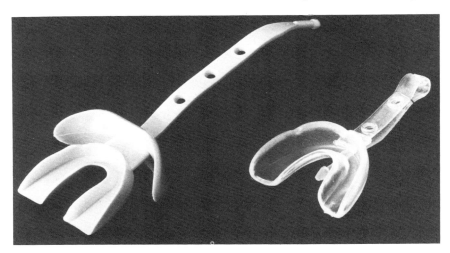

Zum Helm gehört das Schutz-Gesichtsgitter. Je nach Spielerposition sind die Gitter anders gestaltet: der Line-Spieler trägt ein langes Gitter, das auch den Kehlkopf schützt, und das meist einen Nasenbügel hat. Der Quarterback sowie die Ballfänger tragen kurze Gitter, die bis zum Kinn reichen und sehr oft keinen Nasenbügel haben. Grund dafür ist das möglichst komplette und durch keine Zusatzstange gestörte Blickfeld. Ferner müssen gewisse Spieler, ihrer Aufgabe entsprechend, große Bewegungsfreiheit — auch mit dem Kopf — haben (siehe dazu auch die folgenden Erklärungen zum Schulterschutz).

Man hat letzthin recht viel Wert auf geringes Gewicht des Gitters gelegt. Zu diesem Zwecke, und dies scheint uns die vernünftigste Lösung zu sein, hat man den Durchmesser der Metallstangen geschmälert. Dennoch sollte man berücksichtigen, daß sogar Stahlgitter mit herkömmlichem Stangendurchmesser bei entsprechendem Körpereinsatz und -kontakt mit dem Gegenspieler verbiegen können. Daß unter diesem Aspekt Kunststoffgitter auf den Markt gekommen waren, gibt zu denken. Die Tatsache, daß durch das Gewicht eines Kunststoffgitters im Verhältnis zu einem Metall-

gitter einige Gramm eingespart werden, dürfte bei dem Gesamt-
gewicht des Helmes bzw. der Komplettausrüstung wohl kaum eine
Rolle spielen, zumal, wenn die Sicherheit darunter leidet.

DER SCHULTERSCHUTZ

Auch bei diesem Schutzgerät ist eine sehr interessante Entwicklung zu verzeichnen, die sich im Ursprung von einer Lederpolsterung — ähnlich der heute noch für andere Sportarten benutzten — bis hin zum heute bekannten Schulterschutz reicht. Das Schutzprinzip besteht darin, daß eine Schale aus Kunststoff die groben Schläge bei Körperkontakt auffängt. Zwischen Schale und Körper befindet sich eine Polsterung aus Schaumstoff, die je nach Wunsch und Bedarf bzw. je nach Modell des Schulterschutzes entsprechend füllig ist. Die wichtigen Unterschiede basieren auf der Ausführung des Schutzgerätes, die sich auf die Schutznotwendigkeit und die erforderliche Beweglichkeit des Spielers bezieht. Der Paßempfänger sollte einen Schulterschutz mit möglichst großer Armfreiheit tragen, der aber dennoch die Brust und den Rücken weitgehend schützt.

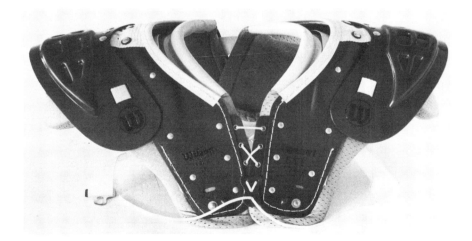

Gerade auf diese Spielerposition werden Gegner angesetzt, um die Funktion des Paßempfängers zu stören.
Besondere Schulterschützer hinsichtlich der Beweglichkeit werden für den Quarterback angeboten. Die Armfreiheit muß derart sein, daß der Spieler möglichst problemlos die Hände über den Kopf verschränken kann. Ein relativ breites Angebot besteht für

die Position des Linespielers. Hier bietet man Modelle an, die mehr oder weniger tief den Rücken und die Brust schützen, und die teilweise mit zwei Haltegurten je Seite dem Körper angepaßt werden.

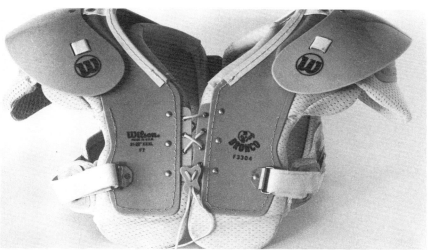

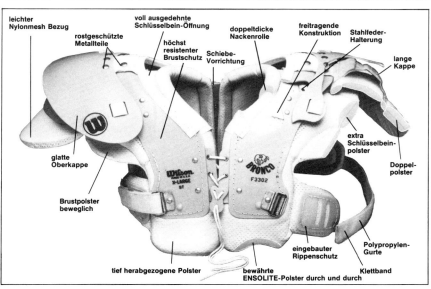

leichter Nylonmesh Bezug

rostgeschützte Metallteile

voll ausgedehnte Schlüsselbein-Öffnung

höchst resistenter Brustschutz

doppeltdicke Nackenrolle

Schiebe-Vorrichtung

freitragende Konstruktion

Stahlfeder-Halterung

lange Kappe

extra Schlüsselbein-polster

glatte Oberkappe

Doppel-polster

Brustpolster beweglich

eingebauter Rippenschutz

Polypropylen-Gurte

tief herabgezogene Polster

bewährte ENSOLITE-Polster durch und durch

Klettband

Ein sehr interessantes und empfehlenswertes Modell ist von der Fa. Wilson entwickelt worden: der BRONCO. Dieser Schulterschutz besitzt ein angearbeitetes Rippenpolster, und die bei Lineschulterschützern meist beeinträchtigte Beweglichkeit des Spielers wird weitestgehend durch eine Schiebeeinrichtung im Rückenteil gegeben.

Die heutigen Schulterschützer haben eine spezielle, freitragende Metall- oder Hartplastikfederung, die auf beiden Schultern ebenfalls gepolstert aufliegt.

Man findet heute auf dem Markt Schulterschützer, bei denen die Polster aus der Schale herausgenommen und problemlos wieder mittels Klettverschlüssen einmontiert werden können.

Wir kommen zu dem dritten Komplex der Schützer für Footballspieler, die neben Helm mit Gitter und Schulterschutz zur Grundausrüstung gehören: Hose mit Unterhose und Polstern für Hüften, Steißbein, Knie und Oberschenkel. Ähnlich wie bei Gesichtsgitter und Schulterschutz kann man auch hier Unterschiede machen je nach Spielerposition. Um dem Linespieler, der, wie oben bereits erwähnt, besonders gepolstert sein sollte, Schutz nicht nur für die Hüften zu geben, sondern auch für den Nierenbereich, benutzt man möglichst hohe Polster, die über den Bund der Hose hinausragen. Ferner sollte man Polster mit Hartschale aus Kunststoff verwenden. Für die schnellen Spieler gibt es schmalere Polster,

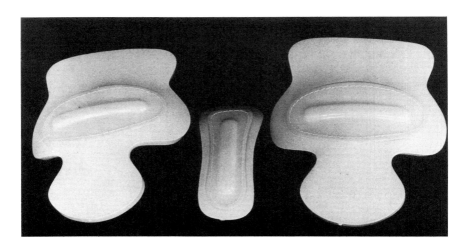

wiederum wegen der Beweglichkeit. Man kann aber auch auf Hüft- und Steißpolster zurückgreifen, die als Allroundpads für alle Spielerpositionen eingesetzt werden können.

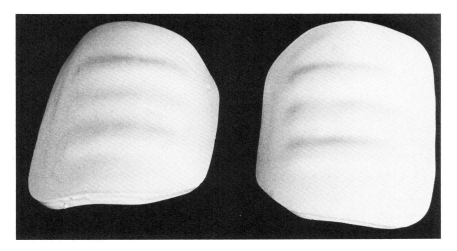

Die Oberschenkelpolster haben horizontale Verstrebungen ein-gebaut, die mehr Stabilität und somit mehr Schutz geben.

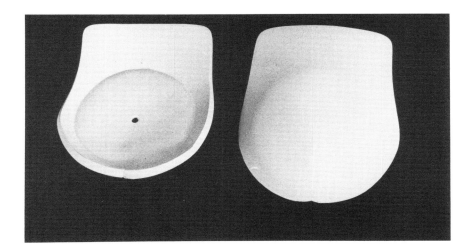

Kniepolster gibt es mit integrierter Lufttasche, die einen Zusammenstoß erheblich abschwächt.
Die oben genannten Polster für Hüften und Steißbein werden in besonders dafür eingearbeitete Taschen der Unterhose eingeschoben, die einen festen Sitz gewährleistet. Man kennt auch die Art der Halterung mit Hilfe eines Gürtels, die aber den Nachteil einer möglichen Verschiebung hat.
Oberschenkel- und Kniepolster werden in eigens dafür in der Footballhose eingearbeiteten Innentaschen untergebracht.
Keinesfalls zu vergessen ist der Tiefschutz oder auch Supporter genannt. Er besteht aus einer Hartplastikschale, die durch eine elastische Halterung getragen wird.
Unabhängig von den oben beschriebenen Schutzgeräten sind weitere verfügbar, wie Arm- und Beinschützer, Rippenschützer etc., die je nach Bedarf hinzugenommen werden sollten.

DIE KLEIDUNG

Die Trikots sind Netzhemden aus Synthetikstoff wie Polyamid, Polyester oder Nylon, deren Maschen je nach Bedarf und Wunsch in verschiedenen Größen lieferbar sind. Überaus wichtig ist die möglichst große Reißfestigkeit. Diese ergibt sich nicht nur durch sehr widerstandsfähiges Material, sondern besonders durch hervorragende Verarbeitung. Diese speziellen Nähte sind dabei von primärer Wichtigkeit. Man sollte das Footballtrikot nicht zu weit geschnitten tragen, sondern darauf achten, dem Gegner wenig Möglichkeit zum Packen des Stoffes zugeben.
Aus demselben Grunde sind die Hosen für American-Football sehr eng geschnitten, fast wie eine zweite Haut. Das Synthetikmaterial ist dehnbar und — bei guter Qualität — sehr resistent. Auch bei diesem Textil ist die Verarbeitung äußerst wichtig, um erstklassige Qualität zu verwirklichen.
Trikots und Hosen gibt es in sehr unterschiedlichen Preis- und Qualitätsklassen. Beide Footballtextilien werden oft zu sehr günstigen Preisen angeboten, dazu sei jedoch bemerkt, daß ein billiger Artikel sehr teuer wird, wenn man ihn wegen mangelnder Qualität nach kurzer Zeit ersetzen muß. Man sollte gerade bei Trikots und Hosen besonders auf gute Qualität und weniger auf den Preis

achten. Gute und erstklassige Qualität zahlen sich in barer Münze aus. Übrigens sind die Begriffe des „Trainings"-Trikots und „Trainings"-Hosen keineswegs ein Hinweis darauf, daß selbige billig sein müssen, da sie ja „nur" zum Training benutzt werden sollen. Billige Textilien gehen meist einher mit billiger Qualität. Und gerade beim Training wird gute Qualität benötigt, da die Textilien sehr beansprucht werden.

Hervorzuheben ist der Schritt eines großen deutschen Herstellers von Sporttextilien, der zunächst unter Lizenz eines für beste Qualität bekannten US-Produzenten seit Jahren bereits Footballbekleidung allererster Qualität in der BRD fabrizierte. Die Firma hat inzwischen das Sortiment unter eigener Regie und in Zusammenarbeit mit einem führenden deutschen Footballausrüster bemerkenswert erweitert. Man bietet dem Verbraucher ganz erhebliche Vorteile: kurze Lieferzeit sowie ein attraktives Preisgefüge. Dieses orientiert sich an der hervorragenden Qualität. Über den eingeschlagenen Vertriebsweg offeriert man preiswert. Jeder Football-Insider weiß, daß bei Nachholbedarf für importierte Textilien mit wesentlichen Schwierigkeiten zu rechnen ist wie Mindestmengen, meist in Mannschaftsquantitäten, oder erheblich höhere Preise, und es ergibt sich das große Problem der Lieferzeit.

All diese Schwierigkeiten kennt man bei diesen deutschen Produzenten bzw. dessen Vertrieb C-PLUS für Football (und Baseball) nicht.

DER FOOTBALL-SCHUH

Sehr wichtig für festen Stand und schnellen Antritt des Spielers ist das Schuhwerk. Der Footballschuh unterscheidet sich vom Fußballschuh durch einige prägnante Details: der Footballschuh hat eine feste Nockensohle. Schraubstollen sind aus Sicherheitsgründen nicht zugelassen. Dies unbedingt zurecht, denn wenn ein solcher Schraubstollen abplatzen würde, so träte das Metallgewinde hervor und könnte durchaus böse Verletzungen hervorrufen.

Zum anderen hat der Footballschuh eine Nocke an der Sohlenspitze, die Startnocke. Wie man weiß, muß sich der Footballer sehr

schnell in Bewegung setzen können, und zu diesem Zweck hat man diese Vordernocke konzipiert.
Abgesehen von diesen Sondermerkmalen, ist die Nockensohle je nach Fabrikat und Modell sehr unterschiedlich. Das Angebot auf dem BRD-Markt wird letzthin durch weitere Fabrikanten vergrößert. Einer der ersten Anbieter auf dem Markt der BRD war NIKE mit seinen Modellen Shark und Boss-Shark. Diese Modelle sind sehr gefragt wegen ihrer besonderen Nockensohlen. Diese geben mit ihrem Randnocken, die relativ breit voneinander stehen, besonderen Halt und Standfestigkeit. Das leichte Gewicht ist ein weiterer Vorteil. Der Schuh darf von dem Spieler nicht als störend empfunden werden.

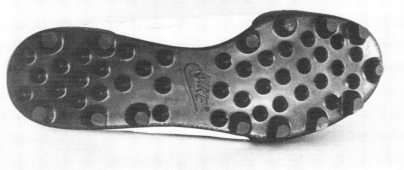

DER FOOTBALL

Hinsichtlich der Abmessungen, des Gewichtes, etc. siehe die Regeln in diesem Buch. Es erscheint uns aber von großer Wichtigkeit, auf die folgenden Punkte aufmerksam zu machen: Aufgrund der relativ großen, vier Flächen, aus denen der Football besteht, ist es bei einem Lederball von größter Wichtigkeit, erstklassiges und insbesondere einheitlich und gleichmäßig gegerbtes Leder zu verwenden. Damit verbunden ist ein recht großer Arbeitsaufwand und natürlich erstklassiges Rohmaterial.
All dies verteuert den Artikel, denn erstklassige Qualität und erstklassiges Material haben ihren Preis. Man muß also mit einem entsprechenden Preis rechnen, wenn man einen wirklich guten, formbeständigen Ball erwerben möchte.

Diese Qualität führt speziell die Firma WILSON, die seit ca. vier Jahrzehnten den offiziellen Spielball der amerikanischen Profiliga NFL herstellt.

Bei billigen Lederbällen muß man grundsätzlich damit rechnen, daß sich der Ball verzieht, erst recht, wenn er gekickt wird. Es gibt aber eine preisgünstige Alternative für das Training oder auch für Anfänger, den Nylonball. Dieser hat Karkassenaufbau, d.h. zigtausendfach gewundene Nylonfäden werden miteinander

zur Karkasse verschmolzen. Der Gummimantel gibt dem Ball sehr gute Griffigkeit. Ein solcher Ball sollte offizielle Größe und Gewicht haben.
Hier wäre zu erwähnen der Football der Marke C-PLUS, Modell RCP-411. Dieser ist seit Jahren auf dem Markt und wird von dem Lieferanten auf Formbeständigkeit und Festigkeit, offizielles Maß und Gewicht garantiert.

DIE JUGENDAUSRÜSTUNG

Plakative Angebote mit besonders günstigen Preisen sind für jeden Verbraucher hochinteressant und wirken auf ihn anziehend. Und gerade bei Football-Ausrüstungen für Jugendspieler lockt man sehr gerne mit solchen Offerten, um die Eltern finanziell zu schonen. Dies ist sehr verständlich und wird von vielen Eltern dankbar aufgenommen. Doch man sollte die Dinge analysieren und zurechtrücken:

In den Staaten beginnen die Kinder in frühem Alter bereits mit Football (Flagfootball etc.), und man wächst langsam in die Altersgruppe hinein, die bei uns für Football-Jugend infrage kommt: 13, 14, 15 Jahre. Zwischenzeitlich ist der Körper durch das jahrelange Training auf diese Sportart eingestellt, und man weiß, daß ein durchtrainierter Körper wesentlich weniger anfällig ist. Wenn bei uns also ein Jugendlicher z.B. mit 14 Jahren mit Football beginnt, so muß sich der gesamte Körper zunächst auf diese außergewöhnliche Sportart einstellen. Die Verletzungsgefahr ist alsdann größer, sofern man nicht auf Schützer zurückgreift, die diese Gefahr erheblich mindern. Man sollte also unbedingt auf sehr gute Qualität achten.

Ein besonders wichtiger Artikel dabei ist — wie bekannt — der Helm. Es mutet leichtfertig an, wenn man von sogenannten „Jugendhelmen" spricht. Wo beginnt die Altersklasse, die diese meist völlig unzureichend gepolsterten Helme noch tragen kann, und wo hört diese Altersklasse auf? Wo beginnt die körperliche Konstitution, die den Gebrauch eines solchen Helmes noch rechtfertigt? Und wo wird ein solcher Jugendhelm zu einer Gefahr für den Träger?

In Bezug auf Sicherheit verweisen wir auf die obigen Kommentare zu Helmen. Hier sollte man aus verschiedenen Gründen keinen Unterschied machen zwischen erwachsenen Spielern und Jugendlichen. Auch wenn der Jugendliche zu Beginn seiner Footballaktivitäten noch in einen „Jugendhelm" hineinpassen sollte, so berücksichtige man das — in der Altersklasse von z.B. 14 Jahren — enorme pubertäre Wachstum, das gefördert wird durch das körperliche Training. Es ist gewiß nicht der Sinn des Kaufes eines Jugendhelmes, wenn dieser nach relativ kurzer Zeit durch einen „echten" ersetzt werden muß: doppelte Kosten. Ferner bieten die oben erwähnten Helme wie Riddell und Bike den großen Vorteil, daß sie über Jahre hin der größer werdenden Kopfdimension durch Luftpolster angepaßt werden können. Desweiteren muß berücksichtigt werden, daß gegnerische Jugendmannschaften womöglich hervorragend ausgerüstet sind und dadurch mit Vertrauen auf den eigenen Schutz „zur Sache gehen". Alsdann kann man die mit „Jugendhelmen" ausgestatteten Spieler in der Tat bedauern.

Nicht nur die Eltern sollten auf diesen Aspekt sehr genau obacht geben, sondern auch die Trainer sollten es als ihre Pflicht empfinden, auf diese Dinge genauestens zu achten. Wer will Verantwortung für Leichtsinnigkeit übernehmen, zumal der Einkaufspreis für einen guten Helm auf Sicht gesehen günstig ist.

Bei Schulterschützern sind die Umstände etwas anders gelagert. Hier kann man durchaus mit einem der jeweiligen Körpergröße entsprechenden Schutz beginnen, ja man sollte es sogar, denn der Schulterschutz muß passen. Allerdings kann man hierbei berücksichtigen, daß eine gewisse Toleranz von ca. +/— 5 cm akzeptabel ist, sodaß der Jugendliche gewissermaßen noch in das Pad hineinwachsen kann. Natürlich muß man auf bewährte Qualität achten, siehe dazu den obigen Beitrag zu Thema „Schulterschutz". Wir sehen es als unsere Verpflichtung an, den Jugendlichen gegenüber als auch gegenüber den Eltern, diese Ausführungen zum Thema „Jugendausrüstung" abzudrucken. Jede Leibesertüchtigung ist begrüßenswert, aber jeder Sport muß auch mit den Geräten betrieben werden, die den Sport zur Leibesertüchtigung und nicht zur leichtfertigen Gefahr werden lassen.

SCHIEDSRICHTER-AUSSTATTUNG

Bekleidung: schwarze Schirmmütze, bzw. in Weiß für den Hauptschiedsrichter, schwarz/weiß gestreiftes Hemd und weiße, knielange Hose mit zwei Gesäßtaschen.

Weiße Tubensocken und schwarze Stutzen.

Zur Ausrüstung gehören ferner ein gelbes Tuch, in etwa Taschentuchgröße, das beschwert ist, sowie eine Trillerpfeife.

Bei einer Regelwidrigkeit zeigt der Schiedsrichter einen Verstoß durch Fallenlassen des Tuches am Ort des Geschehens an.

Aufwärmübungen
vor dem Training oder dem Spiel

Vor jedem Training oder Spiel sollte sich das Team gemeinsam warm machen. Nachfolgend wollen wir Ihnen die Möglichkeit geben, aus unseren Vorschlägen ein eigenes Aufwärmprogramm für Ihre Mannschaft zu erarbeiten.
Beginnen sollte man die Übungen mit lockerem Laufen über eine Distanz von 500 bis 800 Meter.
Nach diesem lockeren Laufen stellt man sich in einem großen Kreis oder in mehreren Fünferreihen auf. Die Teamcapitans oder vom Trainer bestimmt Spieler geben im Kreis oder der Gruppe die Kommandos und sagen die Übungen an.
Dies sollten 10 bis 15 verschiedene Kräftigungs-, Dehn- und Lockerungsübungen sein. Jede Übung sollte 15 bis 30 mal (je nach Stand der Kondition des Teams) wiederholt werden. Also z.B. 20 Liegestützen, 20 Rumpfbeugen usw..
Danach sollten 3 bis 5 Partnerübungen mit etwa gleichschweren Partnern durchgeführt werden.
Und zum Abschluß noch einmal Laufen, aber diesmal Sprints über eine Distanz von 30 bis 40 Metern. Jeweils vorwärts, rückwärts, und seitwärts, je zweimal.
Nach einer kurzen Lockerungspause von 2 bis 3 Minuten kann man dann zum Gruppentraining übergehen.

Beispiele von KRÄFTIGUNGSÜBUNGEN

Liegestütze
Man macht Armbeugen und -strecken auf den Händen, den Fingerspitzen oder den Unterarmen.
Wirkung auf Rumpf-, Schulter- und Armmuskulatur

Liegestützhüpfen
In der Liegestütz drückt man sich mit den Armen ab und versucht ein- oder mehrmals in die Hände zu klatschen.
Wirkung auf Rumpf-, Schulter- und Armmuskulatur

Katzensprung
Aus dem Hockstütz springt man nach vorne wieder in den Hockstütz.
Wirkung auf Rumpf-, Schulter- und Armmuskulatur

Kniebeuge
In der Kniebeuge und Zehenstand langsam tiefes Beugen und Strecken der geöffneten oder geschlossenen Knie. Die Arme im Ellbogengriff oder in der Tiefhalte.
Wirkung auf die Beinmuskulatur

Kniebeugen stufenweise
Die Hände in den Nacken legen, dann tiefes Beugen und Strecken, aber abschnittsweise mehrere Sekunden verharren.
Wirkung auf die Beinmuskulatur.

Anhocken wechselweise
In der Liegestütz vorlings wechselweises Anhocken eines Knies.
Wirkung auf die Bein- und Bauchmuskulatur

Rumpfbeuge
Im Grätschwinkelstand, Hände in der Seitenhalte und dann Vorfallen des Rumpfes und der Arme, und zurück bewegen.
Wirkung auf die Rückenmuskulatur

Bauchschaukel
In der Bauchlage werden die Beine, die Arme und der Rumpf angehoben und mit Schaukelbewegungen kopf- und fußwärts bewegt.
Wirkung auf die Rückenmuskulatur

Strecksitz
Die Beine werden angehoben. Die Arme in die Vor- oder Seitenhalte oder als Stütze auf den Boden gebracht. Die Beine werden gebeugt und gestreckt mit geschlossenen Knien.
Wirkung auf die Bauchmuskulatur.

Klappmesser
In der Rückenlage werden die Beine und der Rumpf vorge-
schwungen um die Hände zum Anschlag an die Fußspitzen zu
bringen.
Wirkung auf die Bauchmuskulatur

Beispiele von DEHNÜBUNGEN

Zugbeuge
Im Grätschwinkelstand ergreifen die Hände die Fußgelenke.
Dabei Rumpfvorwippen mit heranziehen des Kopfes auf die Knie.
Wirkung auf die Muskulatur der Bein-Rückseite

Grätsch-Rumpfbeuge
In die weite Seitgrätschstellung gehen, dann Rumpfvorwippen bis
die Hände die Fußspitzen berühren oder mit den Ellebogen nach
vorne auf den Boden wippen.
Wirkung für die Muskulatur des Rückens und der Bein-Innenseite.

Rumpfdrehen
In der Seitgrätschstellung die Arme in die Seitenhalte bringen und
den Rumpf drehen, dies kann man schwunghaft, zügig oder mit
nachfedern machen.
Wirkung für die Muskulatur der Wirbelsäule und der schrägen
Bauchmuskulatur

Schulterübung
Die Grundstellung mit Arme in der Tiefhalte einnehmen. Dann
Heben und Senken der Schultern oder Vor- und Zurückziehen der
Schultern oder mit den Schultern kreisen.
Wirkung zur Dehnung der Arme und des Schultergürtels, sowie
Beweglichkeit des Schultergelenks

Durchdrücken
Ein Bein anhocken und beide Hände an die Fußspitzen bringen,
dann langsam das Knie strecken.
Wirkung für die Muskulatur der Bein-Rückseite

Fußrückziehen
Ein Unterschenkel zurückgehoben, eine Hand greift die Fußspitze und macht federndes Rückwärts-Aufwärtsziehen des Beines.
Wirkung für die Muskulatur der Bein-Vorderseite

Beckenkreisen
In der engen Seitgrätschstellung stehen. Die Hände in den Hüftstütz und dann weites Kreisen mit dem Becken machen. Arme und Schultern dabei möglichst unbewegt halten.
Wirkung zur Dehnung der Hüftmuskulatur

Kerze
In der Rückenlage die Beine nach oben bringen und gerade halten. Zusätzlich kann man noch die gestreckten Beine nach vorne bringen und mit den Fußspitzen über dem Kopf den Boden berühren.
Wirkung auf die rückwärtige Bein- und Rückenmuskulatur und Beweglichkeit der Wirbelsäule

Buckel-Liegestütz
Aus der Liegestütz zurückstützeln mit den Händen bis zu den Füßen und wieder zurück. Knie dabei durchgedrückt lassen.
Wirkung auf die Muskulatur der Bein-Rückseite

Armkreuzfedern
In der Seithalte die gestreckten Arme vor der Brust kreuzen.
Wirkung zur Dehnung des breiten Rückenmuskels und der Oberarmmuskulatur.

Beispiele von LOCKERUNGSÜBUNGEN

Armschütteln
Zwanglose Rumpfvorbeuge machen, dabei die entspannt herabhängenden Arme durch schütteln der Schultern, heben und fallen lassen der Schultern oder schütteln der Arme bewegen.
Wirkung zur Lockerung der Arm- und Schultermuskulatur.

Pendelschwung
Die Arme werden hochgehalten und dann nach vorne durch die Beine und wieder zurück geschwungen. Dabei kann man leicht mit den Knien wippen.
Wirkung auf die Lockerung der Arm- und Rumpfmuskulatur.

Armgegenschwingen
Arme in die Hochhalte, dann linker Arm nach vorne und rechter Arm nach hinten fallen lassen. Der Pendelschwung durch Kniestoß unterstützen.
Wirkung für die Lockerung der Armmuskulatur.

Kreisen
Einen Arm hochhalten, den anderen Arm hängenlassen. Dann beide Arme in die selbe Richtung vorwärts oder rückwärts bewegen.
Wirkung zur Lockerung der Armmuskulatur.

Hocksitz
Die Hände hinter dem Rücken auf den Boden stützen. Dabei Beine völlig entspannt lassen und nach beiden Seiten ausschütteln.
Wirkung zur Lockerung der Beinmuskulatur.

Kerze
In der Rückenlage die Beine senkrecht anheben. Auf Nacken und Schultern aufstützen und die Arme zur Unterstützung des Gleichgewichts einsetzen. Dann Beine ausschütteln, fallenlassen oder radfahren.
Wirkung zur Lockerung der Beinmuskulatur.

Beinschwingen
Im Zehenstand ein Bein locker vor- und rückwärtsschwingen.
Wirkung zur Lockerung der Beinmuskulatur.

Beinkreisen
Ein Bein schwingt locker gebeugt kreuzend vor dem Standbein. Dabei schreibt man einen Kreis.
Wirkung zur Lockerung der Beinmuskulatur.

Kopfbewegungen
Normal hinstellen und den Kopf kreisen lassen. Oder Kopf seitwärts- und vorwärtsfallen lassen und ausfedern lassen.
Wirkung zur Lockerung der Halsmuskulatur.

Liegenbleiben
In der Rückenlage völlig entspannt liegen bleiben. Alle Muskeln sind entspannt. Wirkung zur Entspannung der gesamten Muskulatur sowie Kreislaufberuhigung.

Beispiele von PARTNERÜBUNGEN

Die Partner stehen sich gegenüber und fassen sich an den Händen. Dann mit Seitschritt umdrehen und zurückdrehen ohne die Hände zu lösen.
Wirkung zur Beweglichkeit der Wirbelsäule.

Beide Partner stehen in Grätschstellung, machen eine Rumpfbeuge vorwärts und fassen sich dabei an den Oberarm. Dann wird gleichzeitig schnell der Rumpf gedreht.
Wirkung für die Beweglichkeit der Wirbelsäule.

Die Partner stehen Rücken an Rücken und haben die Hände in der Hochhalte. Die Beine sind gegrätscht. Dann macht man schwungvolle Seitbeugen mit Nachfedern.
Wirkung zur Beweglichkeit der Wirbelsäule und Dehnung der Brustmuskeln.

Ein Partner hockt als Bank und der andere steht seitlich daneben. Dann überspringt der eine Spieler den Partner und kriecht nach jedem Sprung unter ihm durch. Nach drei bis fünf Durchgängen Wechsel.
Wirkung zur Kräftigung der Beinmuskulatur.

Die Partner stehen Rücken an Rücken und haben die Arme in der Hochhalte. Ein Partner umfaßt die Handgelenke des andern, lädt diesen auf die Schulter und macht leichte Rumpfbeugen vorwärts

mit Nachwippen. Der Partner hängt entspannt auf dem Rücken.
Wirkung zur Dehnung der Brust- und Bauchmuskeln.

Beide Partner stehen in Grätschstellung und machen Rumpfbeugen nach vorne. Dabei hat man die Hände auf den Schulter-
blättern des Partners.
Wirkung zur Dehnung der hinteren Oberschenkelmuskulatur.

Ein Partner steht in Bockstellung und hat die Beine gegrätscht. Der
andere Spieler überspringt und durchkriecht die Beine des Partners. Übung drei- bis fünfmal wiederholen und wechseln.
Wirkung zur Stärkung der Stütz und Sprungkraft.

Die Partner erfassen sich an der Hand, stehen Fuß gegen Fuß und
machen einen Ziehkampf, um den anderen aus dem Gleichgewicht zu bringen.
Wirkung zur Kräftigung der Arm-, Bein- und Rumpfmuskulatur.

Partner stehen Rücken gegen Rücken, Arme werden seitwärts
hochgenommen und man faßt sich an den Händen. Dann macht
man Rumpfkreisen.
Wirkung zur Beweglichkeit der Wirbelsäule.

Partner stehen Rücken an Rücken in leichter Schrägstellung. Die
Arme werden eingehakt und man macht Kniebeugen.
Wirkung zur Kräftigung der Beinmuskulatur.

Die Partner sitzen im Grätschsitz Fußsohle gegen Fußsohle. Die
Hände des Partners werden erfaßt und man beginnt sich langsam
vor und zurückzubeugen.
Wirkung zur Beweglichkeit der Wirbelsäule und zur Dehnung der
hinteren Oberschenkelmuskulatur.

Ein Partner liegt in der Bachlage, Arme in der Vorhalte. Der andere
drückt die Füße auf den Boden. Der Partner versucht langsam den
Oberkörper zu heben und zu senken.
Wirkung zur Kräftigung der Rückenmuskulatur.

Beide Partner sitzen im Grätschsitz und haben die Fußsohlen gegeneinander gedrückt. Dann erfassen sie sich an den Händen und machen Rumpfkreisen.
Wirkung zur Beweglichkeit der Wirbelsäule und zur Dehnung der Rücken- und hinteren Oberschenkelmuskulatur.

Ein Partner liegt auf dem Rücken und hält sich an den Fußgelenken des Partners fest. Der Liegende hebt die Beine bis zur Brust des stehenden Partners an, der stößt die Beine wieder zurück. Die Fersen dürfen dabei den Boden nicht berühren.
Wirkung zur Kräftigung der Beuge- und Bauchmuskeln.

Ein Partner liegt auf dem Rücken und hält sich an den Fußgelenken des Partners fest. Der Liegende hebt die Beine bis zur Senkrechten an und senkt die Beine schräg nach rechts und links. Die Beine sind dabei geschlossen und berühren jedesmal den Boden.
Wirkung zur Kräftigung der Bauchmuskulatur.

Alle diese Übungen sind nur Beispiele und man kann viele davon noch mit eigenen Ideen verändern. Die Anzahl aller Übungen sollte jedes Team selbst zusammenstellen. Dies sind natürlich nicht alle möglichen Übungen, denn es gibt noch viel mehr, aber sie sollten hier ja nur Anregungen bekommen und sich selbst Gedanken über ein gutes, für sie spezielles Trainingsprogramm, machen.

Offenseline

Wenn Sie während eines Footballmatches unerkannt bleiben wollen, dann sollten sie in der Offenseline spielen. Obwohl dies die wichtigste Position überhaupt in der Offense ist, wird ein Offenselinespieler nie seiner großen Bedeutung gemäß beachtet, geschweige denn gewürdigt. Und doch, erst wenn das komplizierte Räderwerk des Blockens in der Line nicht funktioniert, dann steht der Linespieler endlich im Mittelpunkt — allerdings nicht in dem Angestrebten!
Wofür gibt es eigentlich eine Offenseline und was sind ihre besonderen Aufgaben?
Dies wird in diesem Kapitel abgehandelt und soll des weiteren dem ambitionierten Laien einen praktischen Einstieg ermöglichen.

Das Wichtigste an der Offenseline ist, das hier fünf Spieler stehen, die eine Einheit bilden sollen. Man muß sich mehr oder weniger blind verstehen. Das sich — verlassen — können auf den anderen ist unerläßlich. Den Mittelpunkt, in jeder Beziehung, bildet der Center. Er ist derjenige, welcher außer seiner Blockaufgabe, auch noch den Ball ins Spiel bringen muß. Das erfordert sehr gute Technik und auch Schnelligkeit. Der Center ist in den meisten Fällen auch der „geistige" Anführer der fünf Linespieler. Links und rechts neben ihm ist ein Guard plaziert.
Dies sollte ein beweglicher Spieler sein, der nicht nur nach vorne blockt, sondern auch die Laufspiele mit unterstützt, die sich über die ganze Spielfeldbreite entwickeln.
Das linke und rechte Äußere einer Line wird begrenzt von den Tackles. Sie tragen eine große Verantwortung, denn sie haben flächenmäßig den größten Raum zu behaupten bzw. zu verteidigen.

In der Offenseline sollte der größte Wert auf gute Technik gelegt werden. Gute Technik ist durch nichts zu ersetzen, auch nicht durch übermäßige Kraft. Deshalb ist es ratsam, die nachfolgend vorgeschlagenen Übungen immer erst im Zeitlupentempo zu üben. Dabei kann man am besten Fehler erkennen und korrigieren. Außerdem gibt das langsame Üben dem Spieler die Möglichkeit, ein Gefühl für seinen eigenen Körper zu entwickeln, d.h. er erkennt meistens selber seine Stärken und Schwächen.

Neben der Technik sind Kondition, Kraft und Beweglichkeit auszubilden (siehe auch Kapitel XIV).

Am idealsten wäre es, wenn jeder Spieler für sich ein Trainingsprogramm erarbeitet und schon körperlich fit beim Gruppentraining erscheinen würde. Es ist leider allzu häufig umgekehrt der Fall, so daß kostbare Trainingszeit für „Kondition bolzen" verschenkt wird. Nicht zu vergessen sind jedoch vor jedem Training intensive Aufwärmübungen und Dehnübungen (Kapitel V). Kein Spieler sollte ohne Absolvierung vielfältiger Aufwärmübungen am Training oder gar Spiel teilnehmen.

Ein Trainer mit Verantwortungsgefühl würde dies auf gar keinen Fall zulassen, denn die Verletzungsgefahr ist für einen unvorbereiteten Spieler enorm hoch. Außerdem sollte sich jeder Spieler regelmäßig medizinisch untersuchen lassen.

Lassen sie uns jetzt wieder zum Football zurückkommen. In der Offenseline unterscheidet man zwischen „Laufblocken" und „Paßblocken". Die beiden Begriffe lassen sich schon aus dem Wort heraus erklären und doch gibt es einen elementaren Unterschied. Beim Paßblocken darf die sogenannte „Scrimmageline" solange nicht übertreten werden, bis der Ball die Hand des Werfers verlassen hat. Das hört sich einfach an, ist aber nicht immer leicht zu befolgen. Deshalb sollte anfangs, wenn Paßspiel im Huddle angesagt wurde, ein bestimmter Offenselinespieler immer noch seinen Mitspielern in der Line die Blockart laut vorgeben, z.B. „Paßblocking" oder „Runblocking". Das gibt ein zusätzliches Gefühl der Sicherheit. Einen großen Vorteil hat die Offense gegenüber der Defense, weil sie weiß, wann der Spielzug beginnt. Dieser Bonus sollte nicht so schnell abgegeben werden und deshalb ist speziell die Offenseline darauf zu trainieren, daß sie sich nicht verrät. Wie oft geht ein Vorteil verloren, wenn man durch unruhige Körperhaltung oder Blicke in die jeweilige Laufrichtung dem Gegenspieler wichtige Tips gibt. Wir wollen nicht, daß der Gegner in der Offenseline liest wie in einem Buch. Deshalb sollte das „Bild" der Offenseline bei jedem Spielzug identisch sein! Ein weiterer Fehler, der beim Blocken leider allzu oft passiert, sei hier auch noch angesprochen. Ob Lauf- oder Paßblocking, der Linespieler darf **niemals** platt auf seinen Füßen stehen, er bewegt sich immer auf Zehenspitzen. Dadurch erlangt man eine viel bessere Körperbeherrschung. Auch sollte sich der Linespieler niemals während eines Spielzuges zu seiner vollen Größe aufrichten, sondern immer eine leicht in den Knien gebeugte Haltung einnehmen. Dadurch ist der Körpermittelpunkt tiefer und man wird nicht so schnell aus dem Gleichgewicht gebracht.

Lassen sie uns noch ein kurzes Wort zur Stellung der Linespieler an der Scrimmageline sagen, bevor sie sich auf die Übungen stürzen.
Es gibt Verfechter zweier Theorien: 1. Linespieler dicht beisammen und 2. Linespieler weit auseinander. Hierzu sei gesagt, sie können beides spielen, sollten jedoch der Methode, mit der ihre Offenseline besser zurechtkommt den Vorzug geben. Der Vorteil bei weiten Abständen besteht darin, daß sie auch die Defenseline auseinanderziehen und so mehr Raum für die Runningbacks schaffen. Die Angst, daß die Defenseline dann in die breiten Lücken gehen ist allerdings berechtigt. Sie sollten dann den Vorteil nutzen und außen herum laufen, wo sie automatisch mehr Platz finden werden.

Jetzt noch ein Letztes! Wir bevorzugen nicht diese Riesen, die sich beim Krafttraining wahre Muskelberge antrainiert haben und dann „vor Kraft kaum laufen" können. Dieser Typus sollte den Profis vorbehalten sein. Wir nehmen lieber einen durchtrainierten, kräftigen und vor allem schnellen Spielertyp, der mittels Technik dann seine Aufgabe hervorragend lösen wird. Sie werden sehen, Technik und Schnelligkeit werden sich immer gegen pure Kraft und Masse durchsetzen.

OFFENSE-ÜBUNGEN

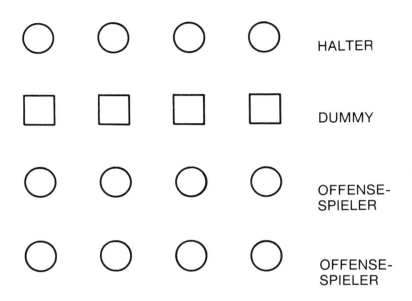

HALTER

DUMMY

OFFENSE-
SPIELER

OFFENSE-
SPIELER

SCHULTERBLOCK:
Auf gute Ausgangsposition achten.
Den Kopf hoch, Kopf und Nacken anspannen.
Die Ellbogen auseinander und Hände auf der Brust.

AUSFÜHRUNG:
Der Spieler steht im 3-Punkt-Stand.
Er katapultiert mit der rechten oder linken Schulter in den Dummy und bewegt den Dummy dann mit schnellen kurzen Schritten nach vorne.

3-Punkt-Stand

Die Beine sind schulterbreit auseinander, die Knie sind leicht gebeugt. Der Rücken ist nicht gekrümmt, sondern eine gerade Linie. Den Kopf in den Nacken und das ganze Körpergewicht lagert auf den Oberschenkeln. Die rechte oder linke Hand ruht leicht auf dem Boden (kein Abstützen).

2-Punkt-Stand

Die Ausgangsposition ist wie beim 3-Punkt-Stand. Aber keine Hand am Boden sondern beide Arme leicht auf den Oberschenkeln aufliegend.

CROSS-BLOCK

Dieser Block ist gut gegen sehr starke Defensespieler. Wenn der Blocker mit seiner linken Seite blockt, dann:

1. schnellt der linke Arm links an Brusthöhe des Gegners,
2. den Gegner mit der linken Hüfte berühren,
3. dann auf Arme fallen und auf allen vieren, wie ein Krebs, vorwärts bewegen,
4. der Kopf muß immer zwischen Blocker und Ballträger sein.

CROSS-BLOCK ÜBUNG

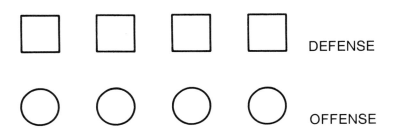

WICHTIG bei dieser Übung!

— kein Zögern vor dem Kontakt, sonst hat der Gegenspieler schon einen Vorteil

— nach Möglichkeit immer mit allen vieren Kontakt mit dem Boden halten

ÜBUNG ZUR VERBESSERUNG DER HEBELWIRKUNG

Defensespieler direkt gegenüber

▽ ▽ ▽ ▽ ▽ ▽ ▽   Defense
○ ○ ○ ☐ ○ ○ ○   Offense

Defensespieler in rechter Lücke

  ▽ ▽ ▽ ▽ ▽ ▽ ▽ Defense
○ ○ ○ ☐ ○ ○ ○   Offense

Defensespieler in linker Lücke

▽ ▽ ▽ ▽ ▽ ▽ ▽   Defense
○ ○ ○ ☐ ○ ○ ○ Offense

— auf Signal des Trainers sollen die Blocker nach vorne katapul-
tieren und den Gegenspieler immer weiter zurückblocken

— dabei versuchen, den Defensespieler immer aus dem Gleichgewicht zu bringen durch leichtes Anheben (Defensespieler
sollten anfangs etwas passiv bleiben)

ÜBUNG DIE DEN OFFENSELINESPIELER ZWINGT, IMMER TIEF
ZU BLEIBEN

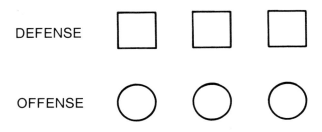

VORAUSSETZUNG: Ein Seil zwischen zwei Torpfosten spannen,
etwas niedriger als Schulterhöhe. Dann diverse Blockübungen
ohne daß das Seil durch Aufrichten des Körpers berührt wird.

WICHTIG: Immer den Kopf hoch und in den Nacken legen. Das
erste um besser sehen zu können; das zweite um Verletzungen zu
vermeiden.

VORBLOCK-ÜBUNG

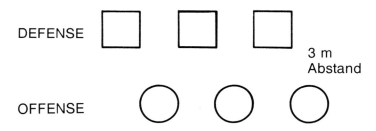

Diese Übung soll auf Schwierigkeiten beim Vorblocken vorbereiten.
Anders als beim Line-blocken ist beim Vorblocken der Gegenspieler weiter entfernt, das heißt man muß seinen Kontakt richtig
„timen". Zu früh ist genauso schlecht wie zu spät!
Der Offensespieler visiert die linke oder rechte Armbeuge des
links oder rechts stehenden Gegenspielers an.

WICHTIG: Arm, Kopf und Schulter müssen vor dem Körper des
Gegenspielers bleiben, denn nur so ist gewährleistet, daß der
andere Spieler am Vorwärtskommen sinnvoll gehindert werden
kann.

BLOCKKOMBINATIONEN

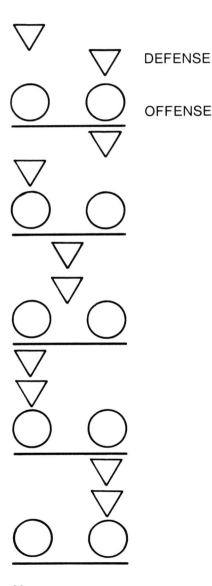

DEFENSE

OFFENSE

Wenn die Grundbe-
griffe des Blocks
erarbeitet werden,
sollte Wert auf
Kombinationen
gelegt werden, da
diese verschiedene
Spielsituationen
simulieren und so
den Spieler besser
auf kommende Auf-
gaben vorbereiten.

Die Formation der
Defensespieler wird
vorher bekannt
gegeben.

Die Offensespieler
können sich vorher
jeweils absprechen,
d.h.
1. welche Block-
   methode? und
2. wer blockt wen?

BLOCKEN IM FREIEN FELD

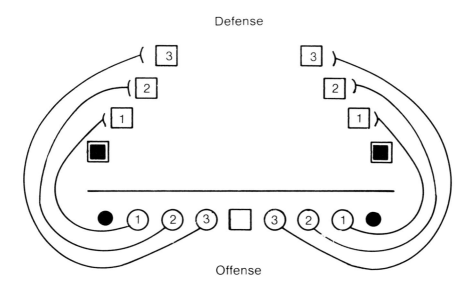

Defense

Offense

— Offense- und Defensespieler werden durchnumeriert
— bei Aufruf der jeweiligen Nummer läuft der Spieler nach links
  oder rechts und setzt einen Block an (vergleiche Übung
  „Vorblocken")

LINEBACKER BLOCKEN

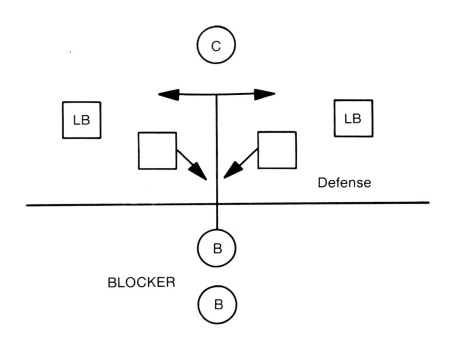

— hier wird schon ein großer Schritt nach vorne getan
— nicht der Linespieler soll geblockt werden, sondern der dahinter stehende Defensespieler
— Blocker kämpft sich durch die 2 Defenselinespieler und dann zeigt der Coach nach links oder rechts, wo dann der Linebacker geblockt wird

WICHTIG: Tief bleiben und wenig Angriffsfläche bieten.

PASSBLOCKEN

VORÜBUNG ZUR KÖRPERKONTROLLE

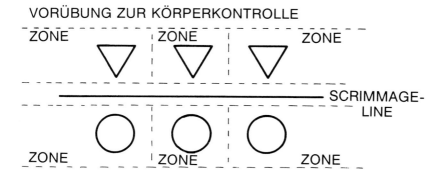

— Offensespieler im 2- oder 3-Punkt-Stand,
   Defensespieler aufrecht
— Der Defensespieler packt das Trikot des Offensespielers und
   versucht diesen aus dem Gleichgewicht zu bringen.
— Der Offensespieler versucht mit kleinen, kontrollierten Schrit-
   ten „seine" Zone zu behaupten.

VORÜBUNG ZUM PASSBLOCKEN

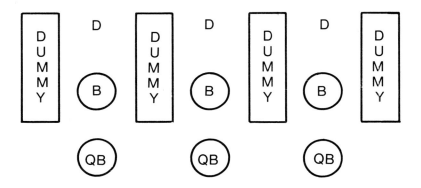

D = Defensespieler
B = Offensespieler
QB = Quarterback

Die Zwischenräume sollten max. 2 m breit sein. (Wenn keine Dummys vorhanden sind, können auch alte Autoreifen benutzt werden.)
Die Offense- und Defensespieler stehen in normaler Entfernung gegenüber, der Quarterback steht etwas weiter zurück.
Die Defensespieler haben max. 5 Sek. Zeit um zum Quarterback zu gelangen. Aber ohne das abgesteckte Gebiet zu verlassen. Der Offensespieler muß dies regelgerecht verhindern.

PASSBLOCKEN (Pocket-Block/Taschen-Block)

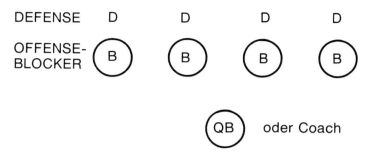

DEFENSE   D   D   D   D

OFFENSE-
BLOCKER   B   B   B   B

QB   oder Coach

Diese Übung wird POCKET-BLOCK genannt, weil die Offense-spieler den Quarterback in eine Schutz**tasche** nehmen, damit dieser den Paß werfen kann.

— Offense und Defense normaler Abstand, Quarterback ca. 5—7 m zurück,
— auf Signal versucht die Defense auf direktem Weg zum Quarterback zu gelangen,
— Offense verhindert dies wie folgt:
   1. immer zuerst den „Innenweg" versperren, denn dies ist der kürzeste Weg zum QB,
   2. ein kleiner Schritt mit dem „Innenfuß" zurück und dann einen längeren Schritt zurück mit dem „Außenfuß", dabei den „Innenweg" mit dem Körper versperren,
   3. erst nachdem der „Innenweg" versperrt ist, wird der Block angesetzt,
   4. Füße immer mit kleinen Schritten in Bewegung halten,
   5. den Gegenspieler anvisieren, beim Block bleibt der Kopf hoch,
   6. wenn der erste Vorwärtsdrang durch Kontakt gestoppt wurde, geht der Offensespieler einen Schritt zurück,
   7. dann wieder einen neuen Block ansetzen,
   8. das geht ohne Unterlaß so weiter bis abgepfiffen wird,
   9. dabei immer beachten, den Gegenspieler nach außen zu drängen,
   10. im Idealfall steht der QB in der Mitte, geschützt wie in einer Tasche, die Offensespieler bilden einen Schutzschirm.

Defenseline

Was ist überhaupt DEFENSE? Die Frage ist leicht gestellt, aber nicht immer einfach beantwortet. Ein berühmter Trainer hatte einmal gesagt: „Defense ist, an den Ball zu kommen". Wie wunderbar einleuchtend und einfach klingt das. Doch leider klaffen zwischen Theorie und Wirklichkeit, wie immer, Welten. Die anderen, die im Ballbesitz sind, werden nämlich alles tun, um einen Ballwechsel zu verhindern. Daraus folgert: „Defense ist zuerst immer ein schnelles Reagieren auf Situationen". Es werden Spieler benötigt, die neben gewissen körperlichen Voraussetzungen, auch geistig „mitspielen" können, d.h. die müssen blitzschnell auf vorgegebene Situationen reagieren können. Blindes „Drauflosstürmen" ist hier einfach nicht gefragt. Genau so wenig sind sogenannte „Schlägertypen" erwünscht, die alles umhauen was sich bewegt. Sie sind eine Schande für jeden Sport und sollten gar nicht erst berücksichtigt, geschweige denn gefördert werden.

Gleichwohl darf ein Defensespieler, hier besonders ein Linespieler, seinem Gegner nicht ausweichen. „Er muß seinen Mann stehen" und auch das hört sich in der Theorie sehr wohlklingend an. Bleiben sie mal ruhig stehen, wenn zwei Offenselinespieler mit hohem Tempo auf sie zustürmen, mit dem einzigen Ziel, sie aus dem Weg zu räumen. Deshalb gilt für die Defensespieler: „Niemals warten bis der andere Spieler kommt, sondern ihm immer entgegenlaufen". Wenn man stur stehenbleibt und nur auf seine Kraft baut, dann ist man verloren. Physikalisch gesehen hat man größere Chancen eine sich bewegende Masse zu stoppen, wenn man ihr mit Kraft und Geschwindigkeit begegnet. Sie werden entdecken, daß sich auf diese Art und Weise sogar 100-kg-Spieler stoppen lassen können. Nur kostet es anfangs einige Überwindung. Einen weiteren Vorteil den sie hieraus ziehen können ist die verminderte Verletzungsgefahr.

Im Gegensatz zur Offenseline, die fast immer das gleiche Bild bietet, kann die Defenseline ihr Gesicht verändern. Das heißt, daß sie mit drei, vier oder noch mehr Spielern die Defenseline bilden. Die personelle Dichte in der Defenseline hängt von der Stärke der Offense ab. Deshalb kann man kein Patentrezept geben, es empfiehlt sich aber den fünf Offenselinespielern zumindest vier Defensespieler entgegenzustellen. Dies sind je zwei Tackles und zwei Ends.

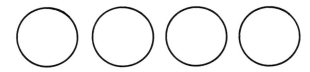

Aus dem zahlenmäßigen Ungleichgewicht, hier fünf dort vier Spieler, folgt, daß die Defensespieler keinen direkten Gegenspieler haben. Stattdessen verteidigen sie jeweils eine bestimmte Zone. Dies ist Grundvoraussetzung für Defenselinespiel: die Verantwortung für eine Zone!

Nur so hat man die Möglichkeit, das Gleichgewicht der Kräfte, wenn auch nicht immer, so doch häufiger zu erreichen. Eine weitere Möglichkeit, den zahlenmäßigen Nachteil gegenüber der Offense auszugleichen, liegt in den Spielern selber begründet. Mit Spielern, die immer und immer wieder versuchen an den Gegner zu kommen, auch wenn sie selten Erfolg haben, werden sie auf jeden Fall auf längere Sicht mehr Erfolg haben, als mit Leuten, die nach einigen vergeblichen Anläufen resigniert den Kopf hängen lassen. Man sollte Spieler bevorzugen, deren eigene Schmerzgrenze nicht zu tief angesetzt ist und deshalb nicht wegen jedem blauen Fleck zur Bank kommen und sich das Spiel lieber von außen ansehen.

Dem Gebrauch der Hände kommt beim Defenselinespiel eine große Bedeutung zu. Anders als in der Offenseline, hat der Defensespieler mehr Möglichkeiten eingeräumt bekommen, seine Hände zu benutzen. Er darf seinen Gegenspieler drücken und ziehen. Sie werden feststellen, daß dies ein besonderer Vorteil ist. Die Offensespieler versuchen diesen Vorsprung zu bereinigen, indem sie ganz enge Trikots anziehen, die man nicht gut packen kann.

Auch beim Defensespiel unterscheidet man zwischen Laufspiel und Paßspiel. Beim Laufspiel wird versucht, an den Ballträger zu gelangen oder zumindest in der Linie so viele Vorblocker wie möglich zu neutralisieren, damit ein anderer Spieler den Tackle machen kann.

Im Gegensatz dazu ist beim Paßspiel einzig der werfende Quarterback das erklärte Ziel. Der Linespieler muß versuchen, dem Offenseblocker auszuweichen und an den Quarterback zu gelangen. Man darf sich aber nicht zu weit abdrängen lassen, sonst verliert man zuviel Zeit und der Ball hat die Wurfhand schon längst verlassen.

Eine wichtige Regel für Linespieler sei hier schon einmal erwähnt:

Bleiben sie tief! Je aufrechter ihr Gang ist, desto leichter sind sie zu blocken. Deshalb gewöhnen sie sich am besten eine leicht gebückte Gangart an. Sie sind so schlechter aus dem Gleichgewicht zu bringen. Und nun viel Spaß und die nötige Ausdauer bei den Übungen.

DEFENSELINE

WICHTIG: Beim 3- und 4-Punkt-Stand der Defense ist mehr Gewicht auf den Händen und Armen als beim Offenselinestand, da fast nur Vorwärtsbewegung gefragt ist (Sprinterstand) — auch hier gilt: immer tief bleiben!

DIE VORARMTECHNIK

Offense

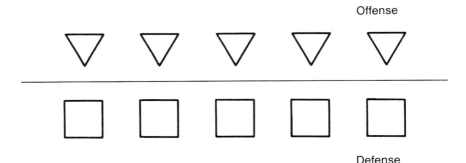

Defense

— die Vorarmtechnik dient dazu, den ersten Angriffsschwung des Blockers abzuwehren
— Wichtig hierbei! Es müssen immer der linke Arm und Fuß bzw. der rechte Arm und Fuß gleichzeitig bewegt werden.
— also mit rechtem Fuß einen großen Schritt dem Blocker entgegen, dann gleichzeitig den rechten Arm auf die Brust des Gegenspielers schlagen
— die entgegengesetzte Hand zieht an der anderen Schulter des Gegenspielers um ihn aus dem Gleichgewicht zu bringen
— diese Übung sollte erst mit „halber" Kraft begonnen werden, um den Körper an die ungewohnte Belastung zu gewöhnen.

REAKTIONSDRILL

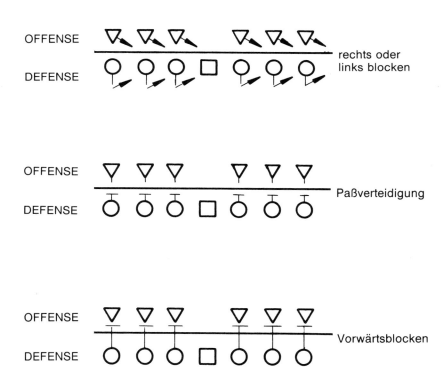

Dies ist eine Übung ohne Kontakt. Der Defensespieler soll erst einmal reagieren, denn der Offensespieler deutet verschiedene Blockarten und Blockrichtungen nur an. Dabei darauf achten, daß der Defensespieler nicht zu nachlässig wird. Und immer auf die Körperhaltung achten, d.h. Schultern immer parallel zur Scrimmageline.

ÜBUNG UM ÜBER DIE SCRIMMAGELINE INS OFFENSE-
BACKFIELD ZU GELANGEN

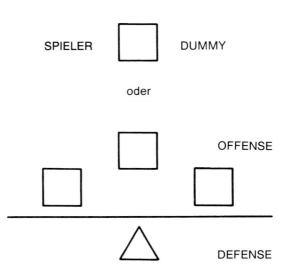

- 3 Offensespieler formieren sich in 1 m Abstand
- der vierte Spieler (oder Dummy) steht dahinter
- Defensespieler muß versuchen eine von diesen Lücken zu durchbrechen um an den Spieler oder Dummy zu kommen,
- immer tief bleiben, Arme sinnvoll benutzen —, 3 Sek. für jeden Versuch.

ÜBUNG „DURCH DIE LÜCKE"

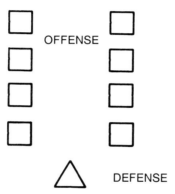

— Offensespieler mit Armschützern ausrüsten,

— Defensespieler muß durch die Gasse laufen ohne dabei die Kontrolle zu verlieren, während die Offensespieler ihn in seinem Lauf behindern,

— erst mit geringem Kontakt beginnen, anschließend steigern.

„GEBIET VERTEIDIGEN"

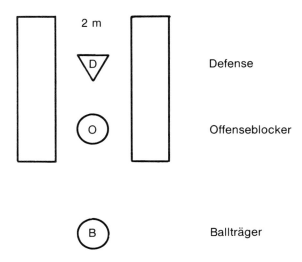

— Defensespieler muß Block von Offensespieler abwehren, um
   dann den Ballträger zu tackeln
— auch hier gilt tief bleiben, Vorarmtechnik benutzen und dann
   den Tackle anbringen.

KOMBINATION

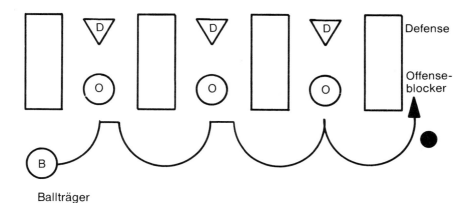

— ca. 2 m breite Zwischenräume
— hier muß jeder Defensespieler sein Gebiet verteidigen, denn jeder Blocker versucht ein Loch für den Ballträger zu schaffen
— der Ballträger trabt langsam los und nimmt jede sich bietende Gelegenheit wahr, durch die Linie zu brechen
— alle Defensespieler haben die Augen auf den Ballträger gerichtet und sobald dieser durchbricht, wird versucht, ihn mit mehreren gleichzeitig zu tackeln.

OFFENSEBLOCKS ABWEHREN

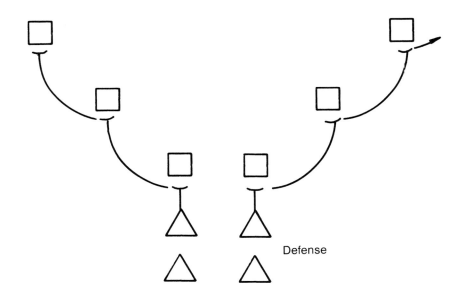

Defense

— Defensespieler mit Armschützern
— der Block des Offensespielers wird mittels Vorarmtechnik ab-
 gewehrt
— anschließend auf die versetzt stehenden Spieler zulaufen
 (nicht zu schnell!) und dort auch wieder den Block abwehren.

DEFENSEVERFOLGUNG

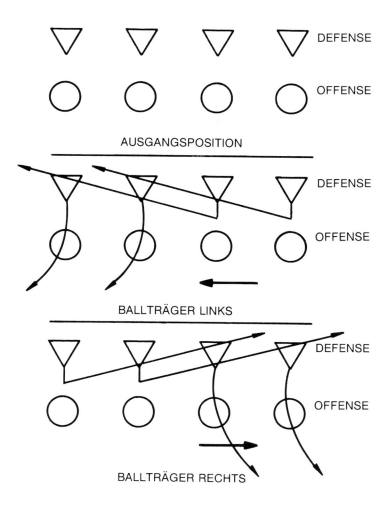

Diese Übung soll verdeutlichen, wie man am besten den Ballträger verfolgt.

BEISPIEL: Ballträger geht nach links!

2 Defensespieler sind mit den Offensespielern auf der linken Seite beschäftigt und haben keine Möglichkeit an den Ballträger zu gelangen.
Stattdessen lassen sich ihre 2 Mitspieler auf der anderen Seite etwas zurückfallen und laufen nach schräg hinten.
So haben sie einen idealen Verfolgungswinkel, denn der Ballträger will ja nach vorne laufen.
Dadurch müssen sich die Defensespieler und der Ballträger unweigerlich begegnen.

Wichtig ist hier: der oder die Defensespieler müssen ganz sicher sein, daß sie nicht getäuscht werden und sie einem vermeintlichen „Geister"-Ballträger nachlaufen!

Deshalb gilt immer: Immer die Augen auf das gegnerische Backfield richten, auch wenn man mit dem Offensespieler kämpft.

PASS RUSH = AM GEGNER DREHEN

Offense

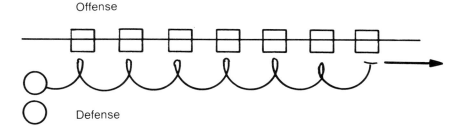

Defense

— Offensespieler in 2—3 m Abstand
— Defensespieler läuft auf den ersten Blocker zu, wehrt ihn mit Vorarmtechnik ab
— dann Drehung um 360 Grad um die eigene Achse und dann auf den nächsten und übernächsten, usw.
— Wichtig: die Drehung muß eng am Körper des anderen Spielers erfolgen, weil man im normalen Spielgeschehen nur wenig Platz links und rechts findet.

PASS RUSH-HÄRTETEST

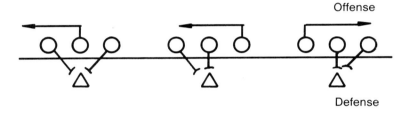

— hier kann sich der Defensespieler gegen 3 Mann beweisen
— wichtigste Tugend! nicht aufhören zu kämpfen bis abgepfiffen
  wurde
— Dauer: max. 10 Sek.
— 2 Offensespieler blocken den Defensespieler
— der 3. Offensespieler läuft langsam nach links oder rechts
— der Defensespieler muß sich aus dem Block freikämpfen und
  den Offensespieler tackeln

FUMBLE RÜCKEROBERUNG

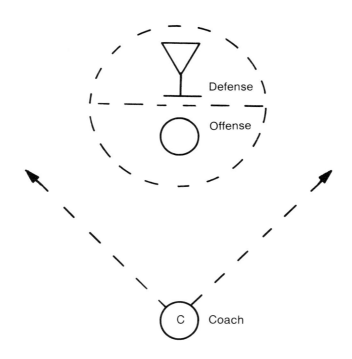

— Hauptziel der Defense ist es, den Ball zu erobern
— Offenseblocker versucht den Defensespieler ohne Unterlaß zu
  blocken
— Defensespieler versucht sein Territorium zu behaupten
— nach 5—10 Sek. wirft der Coach den Ball nach links oder
  rechts und beide Spieler versuchen den Ball zu erobern
— Da der Defensespieler immer die Augen auf den Coach gerichtet hat, müßte er eigentlich immer zuerst den Ball sichern
  können
— dennoch, auch Offensespieler sind ehrgeizig!

TEAM-ARBEIT (Paß Rush)

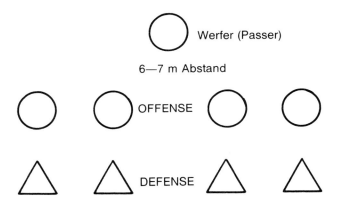

Die Defensespieler müssen versuchen auf dem schnellsten Weg zum Werfer zu gelangen. Die Offense versucht dies zu verhindern. Max. 5 Sek. Zeit — besser: 3—4 Sek.

BEMERKUNG: Man kann diesen Drill so lange spielen, bis auch der letzte Defensespieler am Werfer angelangt ist (statt eines Werfers kann man auch einen Dummy nehmen).

PURSUIT-VERFOLGUNG

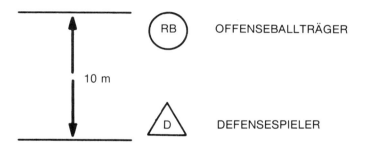

Spätestens bei dieser Übung wird jedem Defensespieler der Sinn für den richtigen Verfolgungswinkel auf drastische Weise klar, denn die Übung erstreckt sich über die gesamte Spielfeldlänge. Der Ballträger versucht einfach nur den Ball ans andere Ende des Platzes zu tragen. Der Defensespieler muß dies verhindern und dies kann er nur, wenn er den richtigen Verfolgungswinkel erkennt, um so an den Ballträger zu gelangen.

Defense-Backfield

Was versteht man unter einer guten Defense?

Die gute Defense spielt nicht immer zu null; sie läßt einfach immer weniger Punkte zu, als die eigene Offense erzielt.

Mit dieser Philosophie ist alles über das Defensespiel ausgesagt. Man sollte den Gegner kontrollieren, ihn beherrschen und ihm das eigene Spiel aufzwingen.

Dazu bedarf es einer Gruppe von Spielern, die

— hart gegen sich selbst sind
— härter zu ihren Gegenspielern sind
— aggressiv sind
— sowohl körperlich als auch geistig „fit" sind
— dem Gegner mit einem harten Tackle den Atem nehmen können
— Teamgeist, Moral und Mut besitzen.

GRUNDLAGEN

Die wichtigste Fähigkeit für Defensespieler ist der Tackle.
Ziel der Defense ist das sogenannte Gang-Tackling, d.h. mindestens 3 oder 4 Spieler sollen am Ballträger sein und ihn zu Boden bringen.

WICHTIG: Zu Beginn sollte den Spielern verboten werden, nur mit dem Helm den Tackle zu machen. Nur wenn der Kopf im Nacken ist, kann man

— den Ballträger bis zuletzt sehen
— sich vor Kopf und Nackenverletzungen schützen.

Wie sieht nun der Bewegungsablauf aus?

Man nähert sich dem Ballträger mit höchster Geschwindigkeit. Ein paar Meter vor dem Gegner wird die Geschwindigkeit verringert.
Die Füße sind parallel, das Gewicht ist gleichmäßig auf die Fußballen verteilt und die Knie sind leicht gebeugt.
Die Schultern sind parallel zur Goal-Line. Der Oberkörper ist von der Hüfte an aufrecht. Der Kopf ist im Nacken, und die Augen sind fest auf den Gegner gerichtet. Man darf dem Ballträger nicht in die Augen schauen.
Die Augen sind auf den Bauchnabel gerichtet. Ein guter Runningback täuscht mit Kopf, Schultern, Armen oder Beinen. Im Bereich des Nabels jedoch befindet sich der Körperschwerpunkt, d.h. dort kann er seinen Gegenspieler nicht täuschen.

Auf den folgenden Fotos zeigen wir die 4 Phasen des Tackle.

1. Phase: **Die Annäherung**

Den Nabel des Ballträgers fest im Auge, werden die Arme und Hände größtmöglich ausgebreitet. Der Kopf bleibt im Nacken und es wird die Seite des Ballträgers anvisiert, wo sich der Ball befindet.

2. Phase: Der Kontakt

Das Gesichtsgitter zielt auf den Ball, und man versucht mit dem Helm durch den Ball „hindurch" zu tacklen. Dadurch bekommt man

1. engen Körperkontakt und
2. kann man vielleicht einen Fumble verursachen.

Mit dem Schulterpad muß Kontakt zur Hüfte des Gegners hergestellt werden. Die Hände werden hinter dem Gegner zusammengeführt und wenn möglich, an den Handgelenken verschränkt.

Wenn man die Hand nicht findet oder abrutscht, muß Material, d.h. Hose oder Shirt gegriffen werden. Der Oberkörper ist weiter parallel zum Boden.

3. Phase: **Das Anheben**

Wenn der Kontakt hergestellt ist, wird der Ballträger quasi ausge-
hoben. Dabei werden die Knie gestreckt.

4. Phase: **Das Zurückwerfen**

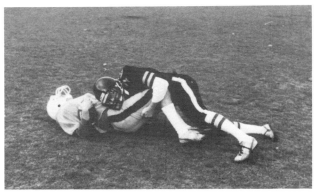

Es muß verhindert werden, daß der Ballträger nach vorne fällt! Ein 2 m großer Runningback hat mit vier Versuchen alleine durch seine Größe fast schon ein First Down erreicht. Er wird daher mit der Hilfe von kleinen schnellen Schritten nach hinten gedrückt und zu Boden geworfen.
Die harte Umklammerung wird erst beim Pfiff des Schiedsrichters gelöst.

Beim Training sollte der Trainer darauf achten, daß immer wieder Tackling geübt wird.
Nachfolgend Übungen für ein sauberes Tackling.

Blinzelübung

Mit dieser Übung kann der Bewegungsablauf des Tackle nun ohne große Verletzungsgefahr einstudiert werden.

— Alle Defensespieler stehen in einer Linie nebeneinander
— im Moment kurz vor dem Tacklekontakt zum Gegner schlägt der Coach jedem Spieler den Ball vor das Gesichtsgitter. Er achtet darauf, daß die Spieler die Augen nicht schließen oder blinzeln. Der Blick muß durch den Ball auf ein imaginäres Ziel gerichtet sein.

Zusätzlich kann man noch zur Erhöhung der Konzentration folgende Übung machen.

Wieder stehen alle Defensespieler in einer Linie vor dem Coach. Dieser bewegt nun den Ball vor den Augen der Spieler nach oben, unten, nach rechts und links. Dabei sollten die Spieler versuchen, den Ball immer mit den Augen zu verfolgen.

Tackle-Übung

Je eine Gruppe Ballträger und Tackler stehen sich gegenüber. Breitenabstand ca. 5 m, und schauen sich an. Auf Kommando **gehen** sie aufeinander zu und durchlaufen die Phasen 1—3 des Tackling. Nach der Anhebephase wird der Ballträger jedoch nicht auf den Boden geworfen, sondern auf den Schultern ca. 8 m getragen. Die Fehler in den Phasen Annäherung, Kontakt und Anheben müssen vom Coach an Ort und Stelle korrigiert werden.
Die Geschwindigkeit soll anschließend bis zur praxisnahen Spielsituation gesteigert werden.

Die „Muß-Tackle-Übung"

Ballträger und Defensespieler stehen sich ca. 3 m gegenüber.
Auf Kommando versucht der Ballträger die Touch Down-Zone
zu erreichen. Der Defensespieler muß ihn vorher tacklen.

Hier kommt es nicht auf schönes Tackling, sondern auf sicheres
und erfolgreiches Tackling an.

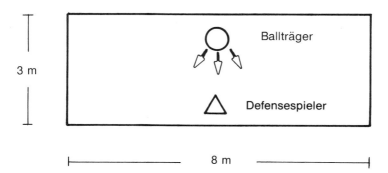

Für die nächste Übung benötigen wir eine Gruppe Ballträger und eine Gruppe Defensespieler, sowie 5 Markierungen.
Wenn man keine Dummy's hat, eignen sich dafür alte Autoreifen besonders gut.

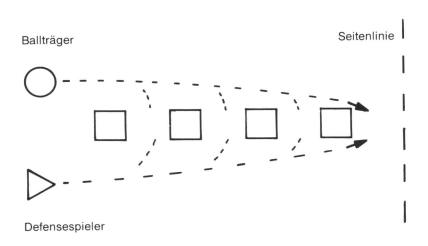

Der Ballträger läuft auf Pfiff los und versucht, durch eine der Lücken zwischen den Dummy's Raum nach vorne zu gewinnen.
Der Defensespieler muß die Lücke sofort schließen, wenn sich der Ballträger für eine Lücke entschieden hat.
Hierbei muß besonders auf den sogenannten Cut Back des Ballträgers geachtet werden, d.h. der Ballträger versucht, plötzlich gegen die Laufrichtung durch eine Lücke zu kommen.

Bei der Besprechung der einzelnen Backfield-Positionen werden wir noch spezielle Tackleübungen zeigen.

Unterarmblock

Wir wenden uns nun dem Unterarmblock zu, der speziell von den Linebackern beherrscht werden muß.

Zunächst schauen wir uns diesen Block auf den Fotos an. Als wichtigster Grundsatz gilt: Laßt den Vorblocker niemals ganz dicht an Euch heran.

Der Unterarm wird schwungvoll von unten nach oben ohne Unterbrechung geführt.

Der Kontakt erfolgt im Bauchbereich, bzw. in Brusthöhe. Die Vorwärtsbewegung soll damit gestoppt werden. Mit der freien Hand wird der Blocker zur Seite geschoben.

Hat man den Vorblocker zur Seite geschoben, freilaufen und den Ballträger angreifen. Sonst hat man keine Chance, diesen zu tacklen. Beim Unterarmblock sollte auf keinen Fall der Kontakt am Hals oder am Helmgitter erfolgen.

1. ist die Verletzungsgefahr zu groß für beide Spieler und
2. ist der Block dadurch uneffektiv.

Mit der folgenden Übung kann der Unterarmblock erlernt und geübt werden.

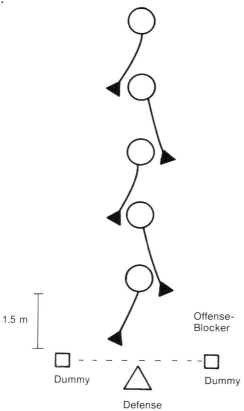

1,5 m

Offense-
Blocker

Dummy

Dummy

Defense

Man benötigt dazu 5 Blocker der Offense und eine Gruppe Defense. Der 1. Blocker nähert sich dem Defensespieler und wird von diesem nach links geblockt, der 2. Blocker nach rechts und so weiter. Bis alle 5 Offenseblocker durch sind.

Jeder Blocker hat nur einen Versuch zum Block, sobald der Kontakt zum Defensespieler hergestellt ist, läuft der nächste Blocker los.

Es ist wichtig, daß links und rechts abwechselnd geblockt wird, damit sich die Defensespieler keine „Schokoladenseite antrainieren".

Eine sehr praxisnahe Übung ist hier dargestellt. Wir benötigen dazu jeweils einen Offenselinespieler, einen Ballträger und einen Defensespieler.

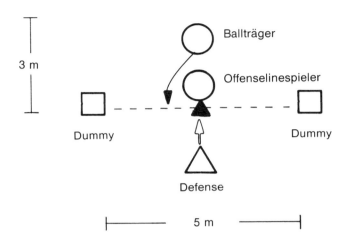

Auf Pfiff versucht der Offenselinespieler den Defensespieler zu blocken. Der Ballträger liest den Block und läuft vorbei. Sinn und Zweck dieser Übung für die Defense ist folgendes:

— Den Block des Linespielers abzuwehren
— Den Blocker mit der freien Hand zur Seite zu schieben
— Den Ballträger zu tacklen.

Weitere Grundlagen zu den einzelnen Backfield-Positionen sind als solche besprochen.

Doch nun zu der Frage, die sich jeder Defensespieler immer wieder stellt. Was macht die Offense als nächstes?
Um diese Frage zu beantworten, sind mehrere Fakten vorgegeben.

1. Welches Down (welcher Versuch)
2. Welche Distanz zum First Down (erster Versuch)
3. Feldposition
4. Wetter und Boden (naß, windig, tiefe Sonne, nasser Rasen)
5. Spielermaterial der Offense

Die ersten beiden Punkte sind besonders wichtig.
Beim dritten Down (dritter Versuch) und 1 Meter bis zum nächsten First Down ist die Wahrscheinlichkeit eines langen Passes sehr gering.
Beim dritten Down und 14 Meter muß mit einem Paß auf die First Down-Höhe gerechnet werden.
Wie soll sich die Defense jedoch beim First Down und 10 Metern zum nächsten First Down verhalten? Denn hier kann eine Offense ihre Vorteile voll nutzen.

— Sie kennt den Snap Count (Wann der Center den Ball nach hinten gibt)
— Sie kennt den Spielzug.

Mit Hilfe von „Schlüsseln" kann die Defense erkennen, welche Art von Spielzug erfolgt.
Was verstehen wir nun unter „Schlüssel"? Jeder Spieler hat eine „geistige Checkliste", die er vor jedem Spielzug durchgeht. Er beobachtet bestimmte Offensespieler und bestimmte Gebiete kurz nach dem Snap. In Sekundenbruchteilen muß erkannt werden, ob ein Lauf- oder Paßspielzug erfolgt. Wenn der Spielzug erkannt ist, muß je nach Position entsprechend gehandelt werden. Hierauf gehen wir bei den einzelnen Positonen ein.
Das richtige Lesen dieser „Schlüssel" wollen wir an einem einfachen Beispiel vor Augen führen. Die Defense will schnell erkennen, ob ein Paß oder Laufspielzug erfolgt. Beobachten wir den Center auf den folgenden Fotos.

1. Der Center hat den Kopf tief und läuft nach dem Snap auf den Middlelinebacker (MLB) zu. Er versucht, ihn dann in eine Richtung zu blocken. Hier handelt es sich um einen Laufspielzug.

2. Der Kopf des Centers ist erhoben. Er beobachtet die Defense und orientiert sich mit kleinen Schritten rückwärts. Dies ist ein typischer Paßblock.

Warum haben wir uns gerade den Center als Beispiel ausge-
sucht?„ Ganz einfach! Der Center hat bei der normalen Formation aus 4 Defenselinespielern keinen direkten Gegenspieler. Er
ist somit am einfachsten zu sehen und zu „lesen" (sein Vorhaben
zu erkennen).

POSITIONEN DER DEFENSE IM BACKFIELD

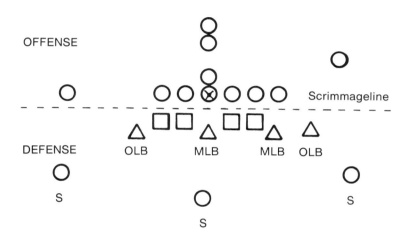

MLB = Middlelinebacker
OLB = Outsidelinebacker
S = Safety

Wenden wir uns nun den einzelnen Positionen im Defenseback-field zu. Dies sind alle Spieler, die nicht vorne in der Line spielen.

Der Linebacker

Gutes Linebacker-Spiel beginnt mit einem guten Stand,
schneller Reaktion und einem
noch schnelleren Start.

1. Der Stand

Die Knie sind leicht gebeugt, die Schulter sind parallel zur Line of
Scrimmage und der Oberkörper ist etwas nach vorne geneigt.
Der Kopf ist aufrecht, die Ellebogen um 90 Grad angewinkelt.
Das Gewicht muß gleichmäßig auf beide Füße verteilt sein. Die
Füße selbst sind ungefähr schulterbreit gestellt.
Ein weit verbreiteter Fehler ist das aufrechte Stehen mit durchge-
drückten Knien. Diese Haltung bringt keine bessere Übersicht
über die Offense und ermöglicht dem Vorblocker auf Grund des
hohen Körperschwerpunktes den Block.
Die LB-Position sollte eingenommen werden, wenn die Offense
ihr Huddle verläßt.
Bei der Auswahl der OLB (Outsidelinebacker) und der MLB
(Middlelinebacker), sollten die körperlich stärkeren und robuste-
ren Spieler als MLB fungieren. Es darf aber kein „amerikanischer
Maßstab" angelegt werden, d.h. die MLB müssen nicht 2 m groß
und 120 kg schwer sein.
Das Anlegen eines solchen Maßstabes führt bei den Spielern
schnell zu Frustrationen, was beim Amateursport nicht Sinn und
Zweck sein kann.

Die normale Aufstellung eines MLB (Middlelinebacker) ist in der Lücke vor dem Center, bzw. bei der 44 Formation in der Lücke vor einem Offenselinespieler.

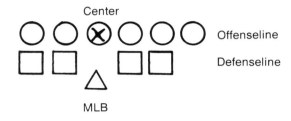

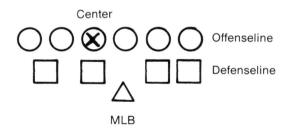

Der Abstand zur Line of Scrimmage hängt stark von der Situation ab. Normalerweise 1—2 m. Ein größerer Abstand gibt mehr Zeit, bis man am Ort des Geschehens ist. MLB sind hauptsächlich für Läufe durch die Mitte verantwortlich, z.B. alle Dives und Sneaks (Quarterback geht durch die Mitte).
Beim Paßspiel deckt der MLB den Raum zwischen beiden Offensetackle (Linespieler siehe Offenseline) ab. Die Tiefe seiner Zone erstreckt sich bis max. 10 m nach hinten.

Mit Hilfe des Centers oder des freien Offenselinespielers als Schlüssel muß der MLB schnell entscheiden, ob es ein Lauf- oder Paßspiel wird.
Er wird zunächst **immer** Laufspielzug spielen und nur wenn er 100% sicher ist, daß ein Paß geworfen wird, die Paß-Defense.
Wenn ein Lauf erkannt ist, muß er sofort die Richtung des Spielzuges lesen.
Der MLB liest das sogenannte „Magische Dreieck".

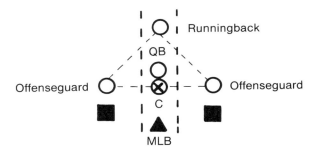

Es besteht aus dem Center (C), den beiden Offenseguards (Linespieler) und dem Runningback, der direkt hinter dem Quarterback (QB) steht, in den meisten Fällen der Fullback.

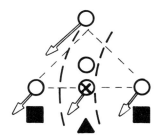

Werden die parallelen Linien zu einer Seite durchbrochen, geht der Spielzug meistens über die Seite.

Der MLB bewegt sich nun parallel zur Line of Scrimmage mit dem Ballträger. Ein Überlaufen des Ballträgers muß verhindert werden.
Auf alle Fälle darf der MLB den Kollisionspunkt mit dem Ballträger nicht dort suchen, wo der Ballträger gerade ist, sondern da, wo er sein wird. — Siehe dazu nachfolgendes Diagramm.

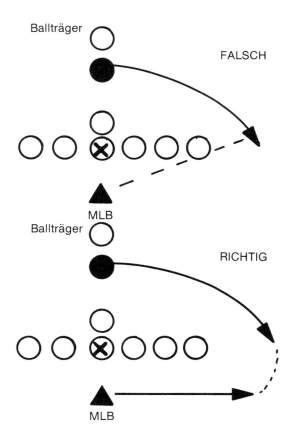

Die im Diagramm „RICHTIG" dargestellte Bewegung ist richtig, weil

— viele Defensespieler die Geschwindigkeit des Ballträgers unterschätzen
— oder die eigene Geschwindigkeit überschätzen.

MLB sollen auch **außen** um geblockte Mitspieler herumlaufen, damit der Kollisionspunkt schnell erreicht wird.

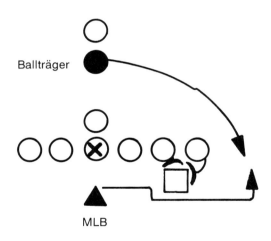

Ballträger

MLB

Er kann sich im freien Feld auch besser bewegen und läuft nicht so schnell Gefahr, geblockt zu werden!

Wir hatten gezeigt, daß der MLB in der Lücke vor dem freien Offenselinespieler steht.

Was passiert, wenn der Offensespieler beim Laufspiel schnell und tief auf den MLB zuschießt? Der MLB muß den Block abwehren. Entweder mit dem Unterarmblock oder in dem er den Blocker mit weit ausgestreckten Armen am Schulterpad faßt und ihn dann zu Boden drückt. Der Blocker darf keinen Kontakt zu den Beinen des MLB haben.

Der Blick muß immer auf den Ballträger (Runningback) gerichtet sein.

Macht der MLB einen Fehler, gewinnt der Ballträger immer Meter. Er darf den Ballträger nicht überlaufen. Der Ballträger muß zwischen dem MLB und der Seitenlinie bleiben. Hierdurch soll der sogenannte Cut Back (Ballträger geht nach innen) verhindert werden. Im Idealfall nehmen MLB und OLB den Ballträger in die Zange.

Auch hier gilt der Grundsatz:

— der erste Spieler am Ballträger macht den Tackle
— alle anderen Defense-Spieler versuchen einen Fumble herbeizuführen, indem sie auf den Ball schlagen.

Beim Paßspiel ist der kurze Raum bis 10 m hinter der Scrimmage-line unter dem Linebackern aufgeteilt. Die Aufteilung sieht wie folgt aus.

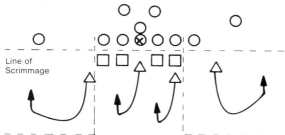

Der oder die MLB sind für den mittleren Raum verantwortlich. Die möglichen Paßempfänger, die in ihre Zone laufen, werden gedeckt, d.h. der Sichtkontakt zwischen Quarterback und Paß-empfänger sollte unterbrochen werden. In vielen Fällen reicht es schon, die Arme hoch auszustrecken. Der Quarterback muß dann höher werfen. Daraus ergibt sich

— eine längere Flugdauer des Balles
— mehr Zeit für die Safeties zu reagieren
— einen Paß abzufangen.

Jedes Team muß anhand des Spielermaterials entscheiden, ob die Defense mit einem oder mit zwei MLB spielt.
Sofern ein Spieler vorhanden ist, der die Mitte beim Laufspiel alleine kontrollieren kann, reicht ein MLB. Da in Deutschland aber ca. 80% der Spielzüge Laufspielzüge sind, benötigt man für diese Position einen in körperlicher, technischer und taktischer Hinsicht sehr starken Spieler.
Man sollte deshalb diese Aufgabe besser auf 2 Spieler verteilen, wenn ein solcher Spieler nicht zur Verfügung steht.
Um dem oder den MLB die Aufgabe zu erleichtern, werden die Linespieler angewiesen, mögliche Vorblocker, meist Offense-linespieler, aus dem Weg zu räumen.
Der MLB soll sich voll auf das Tackeln konzentrieren. Er muß aber durch entsprechende Übungen auch in der Lage sein, den Block eines gleich starken oder stärkeren Gegners abzuwehren und trotzdem noch den Tackle zu machen.

Outside-Linebacker

Es gibt bestimmte Gebiete des Footballfeldes, die die Defense auf jeden Fall kontrollieren muß.
Dazu gehören die Außenbereiche beim Laufspielzug. Die Defense muß verhindern, daß ein Ballträger die „Kurve kriegt" und bei einem Sweep mit Vorblockern vor dem Safety auftaucht. Der Spieler, der das verhindern soll, ist der Outsidelinebacker (OLB).

Welche Voraussetzungen hat er dafür mitzubringen?

— Er sollte schneller als ein MLB sein.
— Er braucht dafür nicht die körperliche Stärke des MLB.
— Er sollte ein guter Verteidiger gegen Läufe, aber auch gegen Pässe sein.
— Er sollte größer als der MLB sein.

Der Coach trifft zunächst die Entscheidung, welche Spieler die Position des OLB bekleiden. Anschließend muß festgestellt werden, ob diese Spieler in der Spielstärke ungefähr gleich stark sind, oder ob es dort große Unterschiede gibt.

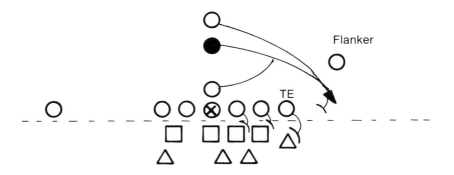

Die Offense spielt dort, wo sie stark ist, am meisten. Die stärkere Seite ist meist auf der Seite des Tight End (TE). Hier steht ein zusätzlicher Spieler zur Verfügung, der Blockaufgaben beim Lauf übernehmen kann. Diese starke Seite (Strong Side) ist im Diagramm oben aufgezeigt.

Bei gleichstarken OLB ist es egal, wer auf welcher Seite spielt. Sind jedoch Unterschiede in der Spielstärke festgestellt worden, ist es ratsam, den stärkeren OLB auch auf der starken Seite spielen zu lassen. Das bedeutet, daß die Defense nach jedem Huddle nicht auf die Positionen geht, sondern schnell entscheiden muß, wo die starke Seite der Offense ist. Die OLB wechseln dann entsprechend die Seiten. Den kurzen Moment der Verwirrung kann man in Kauf nehmen, denn bei unterschiedlicher Spielstärke der OLB macht es sich bezahlt, den Stärkeren auf die starke Seite zu stellen.

Nach soviel Theorie nun die Praxis:

Wie jeder Defensespieler muß der OLB schnell entscheiden, ob es ein Lauf- oder Paßspielzug wird. Auch er bedient sich des Centers als „Schlüssel", den er zu lesen hat.
Ein weiterer „Schlüssel" ist das im nachfolgenden Diagramm gezeigte Dreieck, das aus folgenden Spielern besteht:

— Ballträger (RB) auf der ihm zugewandten Seite
— Offense-Guard (OG)
— Offense-Tackle (OT)
— Tight End (TE)

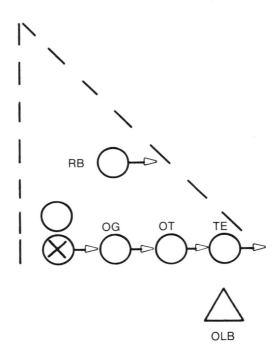

Dieser Schlüssel erleichtert die Entscheidung, ob der Spielzug über seine Seite geht oder nicht. Für den OLB ist der TE allerdings der beste Schlüssel. Die gewöhnliche TE-Handlungsweisen sind:

— blocken eines Defenselinespielers(innen)
— blocken des MLB(innen)
— blocken des OLB (außen)
— Paß blocken (zurück)
— lösen und Paßroute laufen (vorne)

Wenn der TE eine der Möglichkeiten 1—3 ausübt und sich RB und OT in seine Richtung bewegen, geht der Spielzug über seine Seite. Er muß dann zunächst mögliche Vorblocker ausschalten. Da er max. 1 m hinter der Scrimmageline steht, ist die Gefahr eines tiefen Blocks durch die Offense immer gegeben. Der im Foto dargestellte Abwehrblock hilft dem OLB, beweglich zu bleiben.

Dann muß sofort die Line of Scrimmage überschritten werden, so daß er sich im Offense-Backfield befindet. Der OLB darf jedoch nicht zu tief eindringen, max. 1 m. Bei tieferem Eindringen besteht die Gefahr, daß der Runningback innen an ihm vorbeiläuft. Einen Grundsatz muß sich der OLB merken:

Der Runningback darf **niemals** außen an ihm vorbeilaufen. Ein OLB muß einen Sweep nach innen drücken, d.h., der Running-back sollte sich auf der Höhe seiner Innenschulter bewegen. Die Außenschulter muß frei sein. Wenn der Ballträger außen vorbei läuft, ist dort nur noch „viel Platz" und ein Safety. Gelingt es dem OLB, den Ballträger innen zu halten, bekommt er Unterstützung von der Defenseline und von den MLB's.

Beim Lauf über seine Seite gibt es mehrere Möglichkeiten:

— Er ist der erste Spieler am Ballträger — dann macht er den Tackle
— Es sind schon Spieler am Ballträger — auf den Ball schlagen (Fumble verursachen)
— Es sind zu viele Vorblocker — Vorblocker aus dem Spiel nehmen, d.h. quer vor die Füße werfen.

Was passiert, wenn der Lauf zunächst nicht auf seine Seite geht?

Dann muß auf Trickspielzüge, wie ein Reserve, aufgepaßt werden. Erst wenn der OLB sicher ist, daß der Spielzug nicht über seine Seite kommt, verfolgt er den Ballträger.

Im folgenden Diagramm wird der Kollisionspunkt gezeigt, den der OLB am besten sucht.

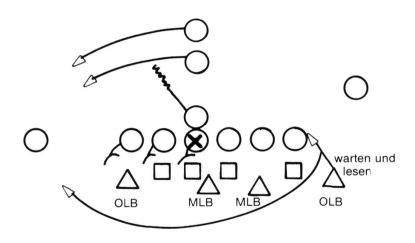

VERHALTEN BEIM PASS

Im Diagramm auf Seite 141 ist die Aufteilung der kurzen Zonen unter die Linebacker dargestellt. Der OLB deckt jedoch nicht nur die äußeren Zonen ab, er übernimmt auch „Manndeckungsaufgaben".

Neben der Zone ist er in Mann zu Mann-Deckung für den Runningback auf seiner Seite verantwortlich. Die meisten Runningbacks gehen beim Paß mit zurück und bilden mit der Offenseline das Pocket, aus dem der Quarterback den Paß wirft. Sie sind aber auch legale Paßempfänger und können auch Paßrouten laufen. Wenn der Runningback im Paßspiel schnell nach außen läuft, muß der OLB schnell rückwärts in seiner Zone und auf den Runningback achten. Er darf sich daher nicht umdrehen! Gesicht immer zum Quarterback und Runningback.

Wenn der Runningback den Paß bekommen hat, muß er schnell am Mann sein und den Tackle machen.

Die folgende Übung ist für OLB's sehr gut geeignet.

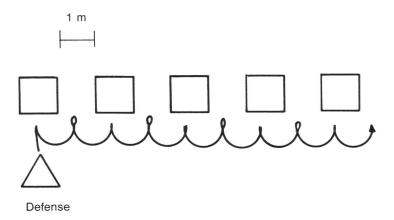

1 m

Defense

Fünf Dummies liegen mit ca. 1 m Abstand nebeneinander. Der Linebacker steht vor dem linken Dummy.

Auf Pfiff blockt der Linebacker den ersten Dummy mit beiden Händen. Dann erfolgt eine Drehung um 360 Grad und der nächste Block am nächsten Dummy.

Sinn dieser Übung ist die Abwehr von tiefen Blocks auf die Knie des Linebacker. Außerdem wird sein Gleichgewichtssinn und die Orientierungsfähigkeit trainiert.

Hier folgen noch zwei gute Paßübungen für OLB.

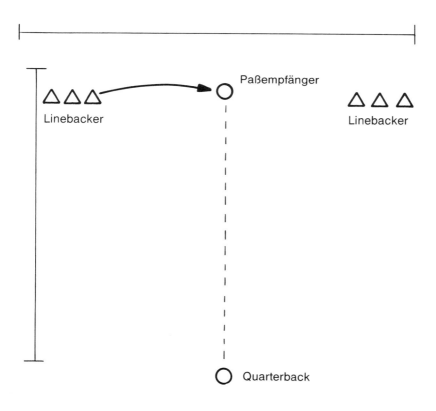

Paßabfangübung (Interception Übung)

2 Gruppen OLB stehen sich ca. 10 m gegenüber. In der Mitte steht ein Paßempfänger (Receiver). Wenn der Quarterback den Ball hochhebt und wirft, versucht der OLB, den Paß im Laufen abzufangen. Ist dies gelungen, schließt er sich der anderen Gruppe an und von dort läuft der nächste Spieler beim nächsten Paß.

Die nächste Übung erfolgt ohne Line mit Ausnahme des Centers.

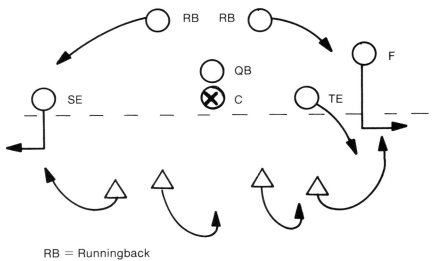

RB = Runningback
QB = Quarterback
SE = Split End
TE = Tight End
F = Flanker
C = Center

Der QB wirft Pässe nach dem Play Book des Teams. Die Linebacker decken zunächst die Zonen ab. Die OLB achten dann auch auf die RB und deren Bewegungen. Bei dieser Übung wird kein Tackling gemacht, sondern nur abgeklatscht.

DER SAFETY

In der normalen 44er Defense spielt man mit drei Safeties. Sie spielen Mann zu Mann gegen die jeweiligen Paßempfänger, wenn Manndeckung gespielt wird.

Wichtigste Voraussetzungen für Safeties sind:

— beste Open Field Tackler (im freien Feld)
— genauso schnell wie der beste Paßempfänger
— gute Übersicht
— sehr fangsicher
— auch in kritischen Situationen Ruhe bewahren.

Im folgenden Diagramm ist die Position der Safeties dargestellt.

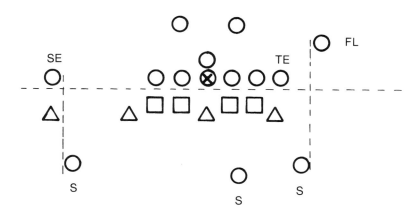

Safeties sind in erster Linie als Paßverteidiger gedacht. Es ist nicht ihre Aufgabe die Laufspiele zu verhindern, sondern den Touch Down.

Ein Safety darf niemals einen Paßempfänger hinter sich lassen. Er muß **immer** zwischen Goal Line und Paßempfänger sein.

Es ist sehr schwer für eine Offense einen Touch Down nur mit Läufen und Kurzpässen zu erzielen. Ein vollständiger Paß auf einen freien Paßempfänger, der nur noch die Goal Line (Endzone) vor sich hat, ist ein geschenkter Touch Down.

Aus diesem Grund sind die ersten Bewegungen bei allen Safeties gleich. Die ersten Schritte sind **immer** rückwärts. Ein Safety muß zuerst „Paß" spielen. Während der Schritte rückwärts liest er den Spielzug. Dann spielt er gegen den Spielzug der Offense.

Safeties sollen Touch Down's verhindern, nicht Meter. Er darf daher ruhig einen First Down zulassen, solange er den Tackle **macht.**

Stand für einen Safety

In den meisten Teams werden bei der Besetzung der Safety-Positionen die Spieler genommen, die für andere Positionen ausscheiden. Gerade bei neuen Spielern bzw. Teams sollte der Coach „seinen" Safeties einen Vertrauensvorschuß geben. Safeties tragen in der Defense die größte Verantwortung und sie sollten sich dessen auch bewußt sein.

Fehler in den vorderen Defense-Positionen bedeuten meist nur Raumverlust. Fehler der Safeties sind häufig Touch Downs. Der Coach muß bei der Besetzung daher nicht nur auf die körperlichen Voraussetzungen achten, sondern auch auf die geistigen Voraussetzungen. Wenn „seine" Safeties das benötigte Selbstbewußtsein nicht mitbringen, muß der Coach im Training und im Spiel daran arbeiten. Nach persönlichen Fehlern eines Safeties darf nicht die ganze Mannschaft einschließlich Coach über den Safety herfallen, dessen Paßempfänger den entscheidenden Touch Down gefangen hat. Mit zunehmender Reife wird er immer besser. An den körperlichen Voraussetzungen kann während des Trainings gearbeitet werden.Besonderen Wert soll man auf die Tackleeigenschaften legen. Hier ist nicht der Safety gefragt, der alle Vorblocker aus dem Weg räumt und anschließend noch den rettenden Tackle macht. Ein Safety muß ein guter Open Field Tackler sein (Diagramm „Muß Tackle"), und zwar im Kampf Mann gegen Mann.

In vielen Fällen hat der Ballträger nur noch den Safety zwischen sich und der Endzone. Der Safety soll dann keinen schönen Tackle machen, sondern einen sicheren und erfolgreichen Tackle.

Hier nun einige Beispiele für solche Tackle.

Der Nottackle:

Der äußere Fuß des Ballträgers wird in der Vorwärtsbewegung mit der flachen Hand nach innen geschlagen. Als Folge davon schlägt ein Bein gegen das andere Bein und der Ballträger fällt.

Nachfolgend noch einige Beispiele in Fotos dargestellt:

Packen des Ballträgers im Nacken und mit seinem eigenen Gewicht nach unten drücken.

Sehr tiefer Tackle von vorne in die Beine.

Tiefer Tackle von der Seite ins Knie.

Tackle von der Seite gegen Gesäß mit Ergreifen der Beine.

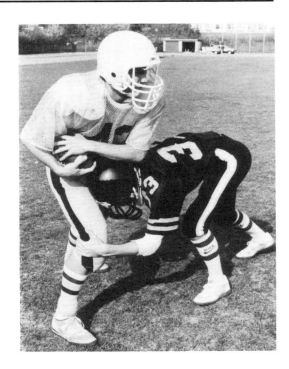

Tackle schräg gegen
den Bauch
des Ballträgers.

Als Ergebnis sollte immer der Ballträger am Boden liegen und
sicher im Griff des Defense-Spielers sein.

Als Coach muß man sich überlegen, welcher Spieler welche Safety-Position belegt.

Als Faustregel gilt:

Die beiden äußeren Safeties sollen die besseren Manndecker sein, der mittlere Saftey sollte der beste Tackler sein.
Das Verhalten beim Paßspiel kann mit folgender Übung trainiert werden.

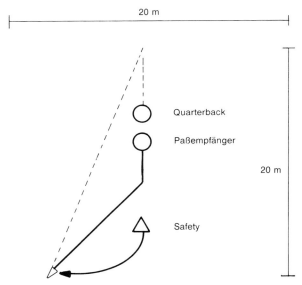

Der QB bespricht mit seinem Receiver die Paßroute. Anschließend hat der QB max. 4 Sek. Zeit, bis er den Ball geworfen haben muß. Der Safety spielt Mann gegen Mann und versucht

1. den Ball abzufangen
2. den Ball abzuklatschen
3. bei vollständigem Paß (Receiver hat den Ball gefangen) den Tackle zu machen.

In dieser Übung sehen die Safeties naturgemäß schlecht aus, da der Quarterback die ganze Zeit freie Sicht auf den Paßempfänger hat und nicht bedrängt wird.

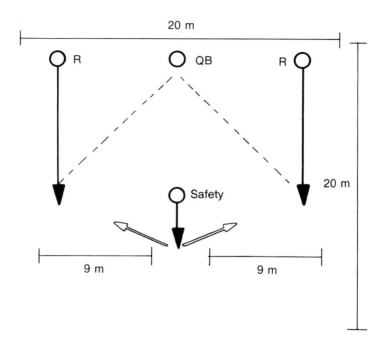

Der gleiche Aufbau wie in der vorherigen Übung. Der Safety spielt jedoch gegen zwei Receiver. Diese laufen auf Kommando „FLY", d.h. geradeaus. Nach 4 Sek. wirft der OB zu einem der Paßempfänger. Der Safety, der sich in der Mitte befindet, muß kurz nach dem Wurf entscheiden, welcher Receiver den Paß bekommen soll. Er muß dann schnellstens zu diesem Paßempfänger und den Tackle machen.

Dies ist schon eine Übung im Vorgriff auf die Zonendeckung, denn der Safety befindet sich in der Mitte der Zone und reagiert auf den Wurf.

Es kommt auch vor, daß der Ball von einem anderen Spieler vorher abgefälscht wird. Dadurch ist Chance eines abgefangenen Passes gegeben. Mit folgender Übung kann die Reaktion hierzu trainiert werden.

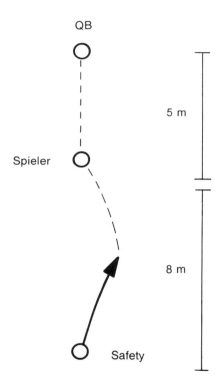

Ein Quarterback wirft den Ball leicht in Kopfhöhe zu dem ersten Spieler. Dieser steht mit dem Gesicht zum Quarterback. Der Spieler fängt den Ball nicht, sondern fälscht diesen nach oben oder zur Seite leicht ab. Sobald der Quarterback geworfen hat, läuft der Safety in dessen Richtung. Er versucht dann die veränderte Flugrichtung des Balles zu erkennen und den Ball zu fangen. Dann **sprintet** er zum Quarterback und übergibt den Ball.

Das nächste Diagramm kann zu kompletten Paßübungen für das gesamte Defense-Backfield benutzt werden. Das Zusammenwirken von Zonendeckung der Linebacker und Manndeckung der Safeties wird hier verbessert.

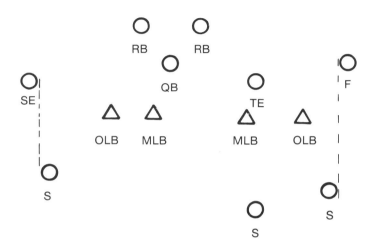

Dem Quarterback werden max. 4 Sekunden Zeit für den Wurf gegeben.
Die Linebacker decken wie schon besprochen die Zonen, die OLB denken an die Spezialaufgabe — äußere Räume decken und Mann gegen Mann zu den Runningbacks.
Die Safeties spielen wie gehabt ihre Paßempfänger in Manndeckung. Die Offense sollte ab und zu einen Laufspielzug „einschleusen", damit die Defense ehrlich spielt.

Bisher haben wir bei den Safeties nur die Manndeckung gezeigt. Diese ist bei regelmäßigem Training für die Safeties sehr schnell und einfach zu erlernen. Es gibt jedoch auch die Möglichkeiten, die Safeties in der Zonendeckung spielen zu lassen. In diesem Fall wird der hintere Raum wie bei den Linebackern aufgeteilt.

ÜBUNG ZUR ZONENDECKUNG

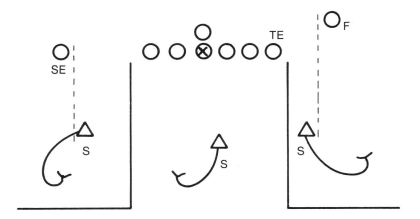

Nach dem Snap (Center gibt den Ball nach hinten) läuft der Safety in die Mitte seiner Zone und wartet auf den Paßempfänger (Receiver).

Dort bleibt er, bis der Quarterback den Ball geworfen hat. Erst dann, wenn der Receiver in seiner Zone ist, nähert er sich und macht den Tackle oder den Interception (abgefangener Paß). Bei normalem Feld hat der Safety ca. 8 m bis zum Rand seiner Zone. Er muß in der Lage sein, jeden Receiver, der sich in dieser Entfernung befindet, zu tackeln.

Die Zeit hierfür ist durch die Flugdauer des Balles vorgegeben.

Zonendeckung eignet sich gegen eine Offense, die ihre Paß-empfänger oft über Kreuz (Cross Pattern) in Paßrouten schickt. Sie kann meist nur von erfahrenen Safeties gespielt werden, eignet sich aber nicht besonders für den Einstieg in den Football.

Häufig sehen wir auch Paßempfänger, die in Bewegung (Motion) gehen, d.h. vor dem Snap parallel zur Line of Scrimmage laufen. Wie reagieren die Safeties darauf?

In der Zonendeckung reagiert von den Safeties niemand. Nach dem Snap und erkanntem Paßspiel warten sie in ihrer Zone wie die Spinne im Netz auf die Fliegen.

Bei der oft gespielten Manndeckung wird der Paßempfänger einfach übergeben, und zwar an den nächsten Safety.

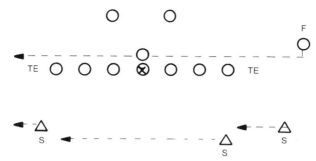

Wenn der Flanker (F) in Motion geht, ist der rechte Safety solange für ihn zuständig, bis er den nächsten Receiver erreicht hat. Hier ist dies der rechte Tight End (TE). Der rechte Safety tritt quasi an die Stelle des mittleren Safety und übernimmt dessen TE. Der mittlere Safety übernimmt den Flanker, bis dieser die Höhe des linken TE erreicht hat. Der linke Safety übernimmt den über den TE hinauslaufenden F, und „sein" TE wird vom mittleren Safety übernommen.

Warum wird das so kompliziert gemacht? Man könnte auch einfach den rechten Safety mitlaufen lassen und die anderen Safeties bleiben bei ihren Paßempfängern.

Hier darf nicht vergessen werden, daß in Deutschland 70—80% Laufspielzüge gemacht werden. Die äußeren Safeties bilden in der Regel mit dem OLB ein kleines schlagkräftiges Team gegen den Sweep. Das Verständnis dieses Teams geht durch das Mitlaufen verloren. Der OLB spielt meistens mit „seinem" Safety auf der gleichen Seite und über einen längeren Zeitraum entsteht fast „blindes Zusammenspiel".

Dieser Sachverhalt gilt für alle Defensespieler, speziell auch für die Safeties, die im Laufe der Zeit „blind" zusammenspielen und genau wissen, was wer wann macht.

An dieser Stelle sei noch ein Gedankengang zu den MLB erlaubt. Wenn ein Team über einen starken MLB verfügt, kann man auch mit vier Safeties spielen. Dies bietet sich insbesondere an, wenn die Offense über einen außergewöhnlichen Paßempfänger verfügt. Der 4. Safety soll dann den Safety unterstützen, der mit diesem Receiver Probleme hat. Es wird dann in doppelter Manndeckung gespielt. Das Sandwichprinzip ist sehr beliebt, d.h. der Receiver befindet sich zwischen den beiden Safeties.

BLITZ

Auf den vergangenen Seiten haben wir aufgezeigt, in welcher Art und Weise die Defense auf die Offense reagieren kann. Die Defense kann jedoch auch agieren (angreifen) und das Spiel ihren Willen aufdrängen.

Wir hatten beschrieben, wie und wo die einzelnen Defensespieler zu stehen haben und welche Reaktion erfolgen sollte.

Was passiert nun, wenn Defensespieler ihre vorgesehenen Positionen verlassen und tief in das Offense-Backfield eindringen? Im Grunde genommen wird der Spielzug schon während der Entwicklung gestört und vielleicht verhindert. Den Vorgang, daß Defensespieler ihre Position verlassen und im Offense-Backfield für Verwirrung sorgen, nennt man Blitz.

Doch dieser Vorgang ist ein zweischneidiges Schwert. Der Blitz ist nur erfolgreich, wenn die Offense den Blitz nicht erkennt.

Welche Gefahr bringt der Blitz für die Defense?

Auf der nächsten Seite ist eine Paß-Situation dargestellt. Der Outsidelinebacker (OLB) soll blitzen, um den Quarterback zu sacken.

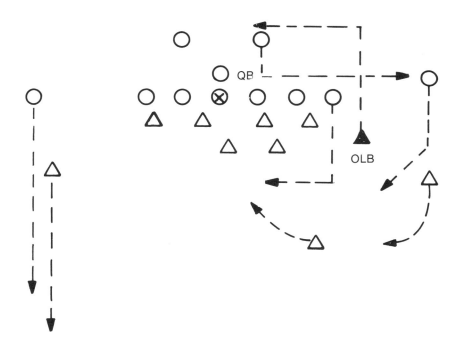

Der FULLBACK läuft ein Swing Pattern. Die Ends laufen zunächst ins Defense-Backfield und ziehen die Safetys mit. Wir hatten gelernt, daß die OLB beim Paßspiel sowohl Aufgaben in der Zonen- als auch in der Manndeckung ausüben.

Sie sollen die Runningbacks beim Paß in Manndeckung übernehmen. In dieser Situation ist der OLB von dieser Aufgabe befreit, er soll den Quarterback jagen. Kommt er nicht schnell genug an den Quarterback heran und kann dieser den Paß auf den Fullback werfen, hat dieser freie Bahn. Der Raumgewinn dürfte auf jeden Fall zum First Down reichen, da die Safetys sich zunächst nach hinten orientieren.

Wenn es dem OLB jedoch gelingt, den Quarterback zu tackeln, führt das zu einem großen Raumverlust, und die psychologische Wirkung eines QB-Sacks darf nicht unterschätzt werden.
Der Blitz darf aber niemals im Alleingang beschlossen werden! Es erfordert etwas mehr Zusammenspiel der verbleibenden Defensespieler. In unserem Diagramm hätte z.B. der 2. MLB die Deckungsaufgabe übernehmen müssen. Das kann er aber nur, wenn er von dem Blitz weiß.
Blitzen können alle Backfield-Spieler einzeln oder auch in Gruppen. Bei den Safetys soll man mit den Blitzen jedoch vorsichtig sein, da ein freistehender Paßempfänger schnell zum Touch Down führt.
Hauptsächlich blitzen die Linebacker. Die Wahl der Mittel ist dabei beliebig nach Situation. Von außen, durch die Mitte, über Kreuz. Es wird gerne in den Rücken des Quarterback geblitzt, da er den Blitzer dann sehr spät bemerkt.
Meistens geht die Defense den harten Weg. Sie blitzt dort, wo auch die Offense stark ist, also auf der starken Seite.

Das Offense-Backfield

Nachdem wir bereits die Offenseline sowie die gesamte Defense besprochen haben, wenden wir uns nun zu den „Punktemachern". In den vorherigen Kapiteln waren die Ballträger, Paßempfänger und Quarterbacks bereits an vielen Übungen beteiligt. Diese Übungen sind natürlich nicht nur für die Defense oder Offenseline gedacht, man kann auch gezieltes Training des beteiligten Offense-Backfields daraus ableiten. Viele Übungen erwirken auch den Ehrgeiz des einzelnen Spielers, so daß man schon eine Menge Läufe hinter sich hat oder Pässe fangen konnte.

Zusätzlich gibt es aber auch noch einige sehr wichtige Dinge, die nur die Backfieldspieler betreffen. Bevor wir damit beginnen, einige allgemeine Worte zu den „Punktemachern".

Der Quarterback (QB) — Der Spielmacher

Als Chef der Offense hat er die schwerste Position. Er sagt die Spielzüge an, die zu Touch Downs führen sollen und somit zum Erfolg. Neben dem Coach ist er der Denker und Lenker im Angriff. Er muß die Schwächen der eigenen Spieler genauestens kennen, um sie sinnvoll einzusetzen. Aber er muß auch die gegnerische Defense durchschauen und die geeignetsten Spielzüge anwenden. Er sollte willensstark und vorbildlich sein, und in bedrängten Situationen die Nerven behalten. Regt sich der QB auf, wird meistens das gesamte Team angesteckt und nichts klappt mehr richtig.

Spielerisch sollte er auch ein guter Runningback und Paßempfänger sein. So kann er bestens mit seinen Mitspielern zusammenarbeiten, weil er die Schwierigkeiten dieser Spieler genau kennt.

Beim Laufspiel ist das „Timing" zwischen dem QB und seinen Ballträgern wichtig. Schnell und präzise muß er den Ball nach dem Snap des Centers an den jeweiligen Ballträger mittels Hand Off oder Pitch weitergeben. Beim Fake ist seine Körpertäuschung wichtig, damit die Defense zuerst auf den falschen Spielzug reagiert und der richtige Ballträger mehr Zeit zum Laufen bekommt. Und wenn er bei einem Sneak (durch die Mitte) oder bei einem Bootleg (Sweep) selbst mit dem Ball läuft, ist er als normaler RB unterwegs. Ohne eingespielte QB ist das Offensespiel meistens unfähig und ein gefundenes Fressen für die Defense. Beim Paßspiel ist natürlich ein guter Wurfarm nötig, dies besonders bei weiten Pässen.

Auch hier ist das „Timing" mit den Paßempfängern sehr wichtig. Macht der QB einen Fehler beim Paßspiel, ist die Möglichkeit der gegnerischen Defense, einen Paß abzufangen sehr groß. Und er muß noch aufpassen, daß er nicht gesackt (getackelt) wird bevor er den Ball geworfen hat.

Es würde ganze Bücher füllen, sich genauestens über die Position des QB auszulassen.

Deshalb gehen wir jetzt lieber weiter in den Positionen und zeigen danach einige Übungen, die der QB perfekt beherrschen sollte.

Der Runningback (RB) — Der Ballträger

Man unterscheidet zwischen einem Fullback und einem Halfback.

Der Fullback (FB)

Als Ballträger wird der Fullback nicht so oft eingesetzt, weil er sich meistens um das Vorblocken kümmern muß, d.h. er läuft beim Blast vor dem Ballträger oder beim Sweep als erster zur Seite. Aber auch beim Paßspiel blockt er vor, nämlich seinem QB. Und wenn er selbst mit dem Ball läuft, dann meistens einen Dive. Demzufolge sollte man den kräftigsten und größten Runningback als Fullback nehmen. Schnell sollte er auch sein, weil sonst die Gefahr besteht, daß der Spieler, dem er vorblocken soll, ihn überholt.

Der Halfback (HB)

Da er meistens mit dem Ball läuft, macht er auch oft die Punkte. Deshalb ist der Halfback mit den schnellsten Spielern, neben den Safeties, zu besetzen. Schnelligkeit sowie Wendigkeit in den Bewegungen erleichtern dem HB seinen Lauf mit dem Ball. Sehr zäh muß ein HB auch sein, da er die meisten Tacklings ertragen muß. Gutes Vorbereitungstraining ist deshalb sehr wichtig, um Verletzungen zu vermeiden.
Beide Runningbackarten müssen einen guten „Ball-Instinkt" haben, d.h. im entscheidenden Moment den richtigen Weg gehen und Meter erzielen. Der Ball sollte bei den Bewegungen „eins" mit dem Körper werden und erst nach dem Abpfiff vom Ballträger freigegeben werden. Und da die Runningbacks auch Pässe empfangen können, sollte man ihre Fangsicherheit immer wieder trainieren.

Die Receiver (Paßempfänger)
Der Split End (SE)

Der Split End steht immer am weitesten von der Offenseline weg, auf der Scrimmage-Line. Er ist der bevorzugte Paßempfänger des Teams. Dies gilt besonders für weite Pässe. Aber auch Blockaufgaben kommen ihm zu. Meist soll er die Safeties beschäftigen, die auf seiner Seite stehen. Er muß sehr schnell und äußerst fangsicher sein. Nach dem Catch (Fangen des Balles) muß er den Ball sichern und gegen die Defense vielleicht noch einige Laufmeter machen. Besonders sollte seine Sprungkraft entwickelt werden, um gegen mehrere Defensespieler den Ball fangen zu können.

Der Tight End (TE)

Der Tight End ist ebenfalls ein Paßempfänger, aber mit einer doppelten Aufgabe. Da er eng an der Offenseline steht, muß er auch wie ein Linespieler blocken können. Daraus ergibt sich, daß er größer und kräftiger als ein Split End sein sollte. Trotzdem muß er schnell und fangsicher sein.

Bei Läufen um die eigene Line (End Around) ist zusätzlich sein ganzes Können als Ballträger gefragt. In Deutschland wird der TE meistens vernachlässigt und findet auch bei den gegnerischen Defensespielern wenig Beachtung. Richtig eingesetzt ist er aber die gefährlichste „Waffe" einer Offense und sollte dementsprechend auch eingesetzt werden.

Der Flanker (F)

Der Flanker hat verschiedene Aufgaben zu erfüllen. Zum einen soll er als Paßempfänger fungieren, aber genauso ist er als Ballträger einzusetzen. In Deutschland allerdings ist der Flanker in diesen Hinsichten noch unterbeschäftigt und er wird meistens als Vorblocker benutzt. Demzufolge sind seine Voraussetzungen klar. Schnell, kräftig, fangsicher und eine gute Übersicht beim Vorblocken im freien Feld.

Alle diese balltragenden Spieler sollten sich neben allen Anforderungen, die man an sie stellt, eine wichtige Sache merken:
— Niemals zurück! —
Bedeuten soll dies, daß der Ballträger nicht bei jedem Versuch unbedingt sofort einen Touch Down laufen soll. Mit einigen Metern immer wieder zum First Down streben, um so letztendlich den Touch Down zu erzielen, reicht. Viele Spieler wollen immer wieder zuviel und verschenken durch riskante Manöver schon gewonnene Meter. Besonders ärgerlich ist dies, wenn bereits ein First Down erreicht wäre, aber durch eine Ausweichbewegung dieser wieder verschenkt wird.

Denn viele kleine Schritte führen auch zum Ziel — dem Sieg —.

Nach soviel Erläuterungen wollen wir uns nun den wichtigsten Voraussetzungen in Form von Übungen zuwenden.

DER SNAP

Das Spiel beginnt mit dem Snap des Balles durch den Center nach hinten zum Quarterback. Dies ist eine der wichtigsten Übungen für das Verständnis zwischen Center und QB. Wenn diese beiden Spieler bereits dabei einen Fehler machen, ist meist der ganze Spielzug nicht mehr durchführbar und die Gefahr eines Fumbles oder QB Sack gegeben.

Der Center hat den Ball auf der Scrimmageline. Mit einer Hand hält er den Ball, mit der anderen Hand ist er bereits auf eine Block gegen den Defensespielers vorbereitet. Sein Blick ist nach vorne gerichtet.
Der QB steht eng hinter ihm und hat unter dem Gesäß des Centers seine Hände ausgestreckt.
Auch der QB hat seinen Blick nach vorne auf die Defense gerichtet und kontrolliert deren Aufstellung.

Auf das Kommando des Quarterbacks reicht der Center den Ball nach hinten, ohne dabei durch seine Beine nach hinten zu schauen.

Bei der Ballübergabe geht gleichzeitig der freie Arm des Centers nach vorne, um den Abwehrblock zu machen.

Nach der Ballübergabe geht der Quarterback nach hinten und führt die Ballübergabe oder den Paßwurf des angesagten Spielzuges aus.
Der Center benutzt den freigewordenen Arm zur Unterstützung seines Abwehrblockes.

Der Center hält beide Arme vor sich und setzt bei Bedarf den Block gegen den Defensespieler an. Der Quarterback führt den Spielzug durch.

DER HAND OFF

Bei dieser Übung kann man einen QB und einen RB benutzen, zusätzlich sollte man aber diese Übung noch unter Hinzuziehung des Centers erweitern (Snap und Hand Off).

Der QB hält den Ball wie nach dem Snap. Der RB steht in seiner Ausgangsposition (Dreipunktstand).

Der QB dreht sich zur Seite des heranlaufenden RB und übergibt diesem den Ball. Er legt den Ball zwischen die Hände des RB. Dessen Hände bilden bei der Übergabe eine Art Tasche (Pocket), um den Ball sofort unter Kontrolle zu haben und gegen angreifende Defensespieler zu sichern.

Danach läuft der QB nach hinten und der Runningback läuft mit dem gesicherten Ball in seiner Pocket durch die vorgesehene Lücke des Spielzuges.
Wichtig für den RB ist zunächst das sichere Festhalten des Balles, da er sofort mit einem Kontakt gegen einen Defensespieler rechnen muß.
Bei einem Fumble während des Hand Off muß er sofort den freien Ball wieder zurückerobern und für seine Mannschaft sichern.

DER PITCH

Nach dem Snap dreht sich der QB herum und läuft in Richtung des RB. Dieser läuft seitwärts in Richtung des angesagten Spielzuges.

Der QB hat den Ball in beiden Händen und sich in Richtung des RB gedreht. Der RB öffnet im Laufen sein Pocket, um den Ball sicher zu fangen.

Jetzt wirft der QB den Ball mit beiden Händen in Hüfthöhe zum RB.

Der Ball überbrückt die Entfernung in Brusthöhe.

Der Ball fliegt in die Pocket des RB. Dieser hat währenddessen seinen Lauf nicht unterbrochen oder abgebremst.

Hat der RB den Ball, sichert er diesen zuerst und läuft dabei den angesagten Spielzug.

Bei dieser Ballübergabe ist das Vorblocken der Mitspieler sehr wichtig, weil sonst ein schneller Tackle im Backfield der Offense möglich ist.

Die Entfernung zwischen QB und RB sollte beim Pitch 3 m nicht überschreiten, die Gefahr eines abgefangenen Pitch oder Fumble ist sonst zu groß.

DER FAKE (Täuschung)

Der Fake ist in fast allen Spielzügen einfügbar. Durch den Fake wird die Defense zuerst in die falsche Richtung gelenkt oder zum Angriff auf einen Nichtballträger verleitet.
Der Fake muß schnell und sicher ausgeführt werden. Die Defense muß annehmen, daß der Ball übergeben wurde und sich so zuerst auf den falschen Ballträger konzentrieren. Dadurch gewinnt die Offense mehr Zeit für den wirklichen Spielzug und kann diesen meistens erfolgreich durchführen.

Der Ball wird vom QB nach dem Snap in die Pocket des RB gelegt und dabei sofort mit einer Hand wieder herausgenommen. Mit der anderen Hand wird so getan, als ob der Ball in der Pocket des Ballträgers verschwindet. Der falsche Ballträger muß dann wie bei einem normalen Spielzug seine Lücke durchlaufen und den Eindruck erwecken, er habe den Ball. Wenn er sich stark nach vorne gebeugt in die Lücke begibt, ist für die Defense nur schwer erkennbar, ob er den Ball hat oder nicht.

Der RB verschließt die Arme eng zu einem Pocket und beugt sich nach vorne.
QB versteckt den Ball hinter seinem Bein.

Der RB läuft „seinen" Spielzug und der QB wendet sich mit dem verdeckten Ball dem normalen Spielzug zu.

ZICK-ZACK-Lauf

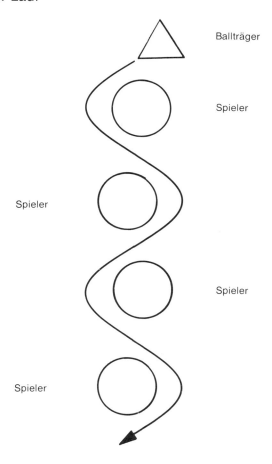

Balltråger

Spieler

Spieler

Spieler

Spieler

Wichtig ist es, durch Spieler den Zick-Zack-Lauf zu machen und nicht um Dummies herum. Dabei sollte der Ballträger darauf achten, zwar sehr eng an den Spielern vorbeizulaufen, diese aber nicht zu berühren.
Als Erweiterung kann diese Übung in der Art verändert werden, daß die Spieler versuchen, dem Ballträger den Ball aus der Hand zu schlagen.

Kontaktübung mit dem Ball gegen Defensespieler

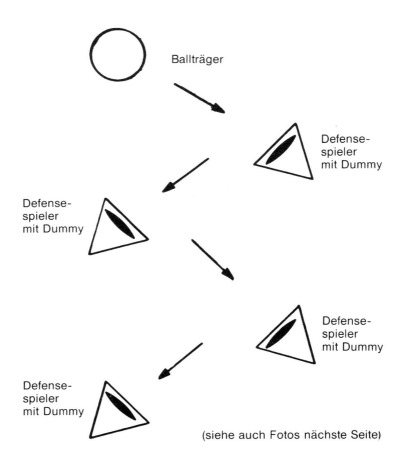

Ballträger

Defense-
spieler
mit Dummy

Defense-
spieler
mit Dummy

Defense-
spieler
mit Dummy

Defense-
spieler
mit Dummy

(siehe auch Fotos nächste Seite)

(Siehe auch Fotos auf der nächsten Seite)

Wichtig ist das Halten des Balles in der Pocket (Ball in Armbeuge).

Trotz des Blockkontaktes darf der Ball nicht losgelassen werden. Diese Übung ist später für den Ballträger sehr hilfreich, wenn er getacklet wird und sich angewöhnt hat, den Ball auf keinen Fall loszulassen, auch wenn er sich beim Fallen abstützt. Wenn keine Dummies vorhanden sind, sollten sich die Defensespieler verstärkt die Arme mit Schützern versehen, um Verletzungen zu vermeiden.

GASSENTACKLING

Die Gassen mit Dummies, Autoreifen oder Spielern bilden.

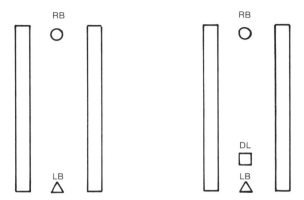

Diese Übungen können noch erweitert werden. Wichtig ist das Vorblocken des Ballträgers und dessen Reaktion, um an den Defensespielern vorbeizukommen.

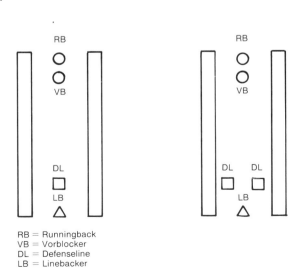

RB = Runningback
VB = Vorblocker
DL = Defenseline
LB = Linebacker

DER PASS (Wurf)

Nach dem Snap läuft der QB in seine Ausgangsstellung, um den Paß zu werfen.

Die rechte Schulter ist nach hinten gedreht. Der Ball ist in der rechten Wurfhand.

Beim Wurf wird der Wurfarm nach oben gestreckt.

Der Oberkörper wird nach vorne gedreht und der Ball verläßt den ausgestreckten Arm.

Nach dem Wurf ist der Wurfarm nach vorne gestreckt und kann bei Bedarf einen heranlaufenden Defensespieler zum eigenen Schutz abblocken.

PASS FANGEN

Der QB wirft den Paß. Der Paßempfänger läuft seine Paßroute
und öffnet die Arme nach dem
Wurf, um den Ball sicher zu
fangen.

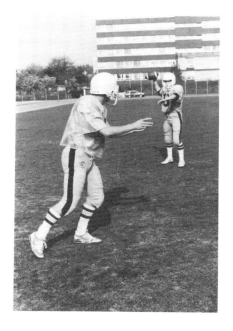

Der Ball kommt dann in die ausgestreckten Arme. Der Paßempfänger muß den Ball dann sofort in seine Pocket nehmen, um ihn
zu sichern. Denn meist kommt im direkten Anschluß zum Fang ein
harter Tackle und oft wird der Ball dabei verloren.

BLOCK- und PASSÜBUNG

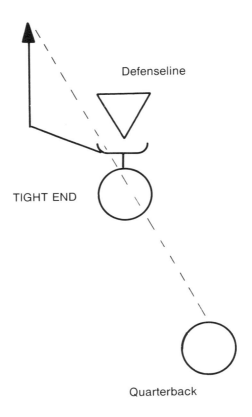

Diese Übung ist besonders für die Position des Tight End erforderlich.

Der TE muß zuerst seinen normalen Block machen und sich dann vom Linespieler lösen, um seine Paßroute zu laufen und einen Paß zu empfangen. Besonders Kurzpässe sollten dabei berücksichtigt werden.

PASSÜBUNG

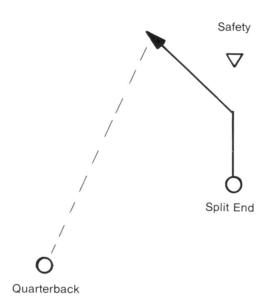

Der Split End läuft eine Paßroute, die nicht mit dem Quarterback abgesprochen wurde. Er versucht sich vom Safety zu lösen und den Ball zu fangen.

Der Quarterback trainiert dadurch das schnelle Erfassen von Paßrouten und den präzisen Wurf zum Paßempfänger.

Am Anfang ist diese Übung ohne Defensespieler gut und sollte auch mit Ansage der Paßrouten durch den Quarterback erfolgen.

WURF- UND FANGÜBUNGEN

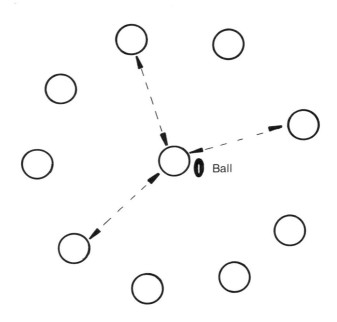

Ball

9 Spieler bilden einen Kreis. In der Mitte steht der Quarterback und wirft abwechselnd zu jedem Spieler ohne besondere Reihenfolge. Der Spieler muß den Ball fangen, in die Pocket (Ball mit Arm und Körper sichern) nehmen und dann den Ball zurückwerfen.

Diese Übung kann natürlich noch verändert werden, z.B. weniger Kreisspieler, zwei Quarterbacks in der Mitte usw.

WURF- UND FANGÜBUNGEN

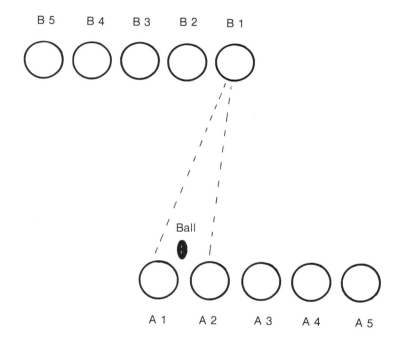

Zwei Reihen mit je 5 Spielern. Spieler A 1 wirft den Ball zu Spieler B 1 und läuft an das Ende der Reihe B. B 1 wirft den Ball zu A 2 und läuft an das Ende der Reihe A usw.

Diese Übung kann natürlich noch verändert werden, z.B. mit mehr oder weniger Spielern, nach dem Fangen des Balles mit dem Ball laufen, zwei Bälle usw.

WURF- UND FANGÜBUNGEN

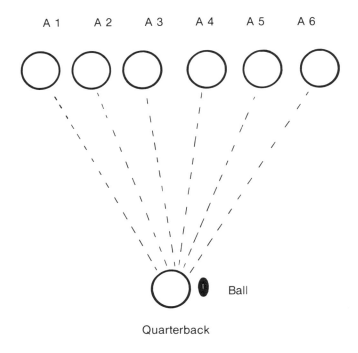

Quarterback

Sechs Spieler stehen mit zwei Schritten Abstand Zwischenraum nebeneinander. Der Quarterback steht 10 m davor und wirft den Ball nacheinander zu A 1, A 2, A 3 usw. Jeder Spieler fängt den Ball, nimmt diesen in die Pocket und wirft dann den Ball zum Quarterback zurück.

Diese Übung kann natürlich noch verändert werden, z.B. mit mehr oder weniger Spielern, engere oder weitere Abstände, Werfen ohne bestimmte Reihenfolge usw.

Das Offense-Playbook

Ein Team sollte einige Monate vor Beginn der Saison mit dem Erarbeiten eines Playbooks (Spielzügebuch) beginnen.

Der Coach (Trainer) erstellt die Grundformationen und die Spielzüge. Das Team erlernt diese Spielzüge dann im Training (mit und ohne Defensekontakt). Das Timing des Offenseteams ist die Voraussetzung eines guten Spieles, somit sehr wichtig und immer wieder zu trainieren. Denn nur was genauestens klappt, führt zu Punkten im Spiel.

Mit der Zeit kann man die Spielzüge hervorheben, die dem Team besonders liegen. Was am besten funktioniert, sollte auch zum Hauptteil der Offensespielweise benutzt werden. Spielzüge, die zu kompliziert sind oder für die man keine geeigneten Spieler hat (keine Pässe ohne guten Quarterback oder Paßempfänger) sollten vermieden werden. Jeder im Team muß in der Lage sein, ein Playbook zu erstellen. Denn nur so ist die Garantie gegeben, daß jeder Spieler auch versteht, was in einem Playbook, besonders dem des eigenen Teams, steht.

Am Anfang sieht ein Playbook zwar mehr aus wie eine lose Blattsammlung, über die ein Heer von Hühnern maschiert ist. Aber wenn man erst einmal den Durchblick hat, ist die sogenannte Geheimsprache der Footballer leicht erkennbar und für jeden Spieler zu verstehen.

Für eine Anfängermannschaft oder ein neues Team reichen drei verschiedene Formationen.

Pro Formation nimmt man dann z.B. 10 verschiedene Laufspielzüge für jede Seite (Formationen rechts / links) und schon hat man 60 verschiedene Laufspielzüge.

Zusätzlich kann man dann noch einige einfache Paßspielzüge dazunehmen, wobei der Quarterback im Spiel immer die verschiedenen Paßrouten mit Meterzahl ansagen kann.

193

So ergeben Lauf- und Paßspielzüge bereits für Anfänger eine große Anzahl von Spielzügen. Später ist man in der Lage, durch diese Grundbasis, enorm viele neue Spielzüge zu entwickeln. Locker kommen so schon mal einige Hundert Spielzüge zusammen. Ob diese aber dann genau so gut funktionieren, wie die Grundbasis, ist fraglich. Als Amateure hat man nicht genug Zeit und die Möglichkeiten, wie Profis Spielzüge zu erarbeiten und dann wie diese zu spielen.

Aber es gibt schon einige Mannschaften in Deutschland, die über Jahre hinaus zusammen spielen und bei diesen Teams sind eine Unmenge Spielzüge selbstverständlich. Diese Vielfalt der Spielmöglichkeit erhöht natürlich auch für den Zuschauer das Vergnügen Football „made in Germany".

Beginnen wir nun mit der Erstellung eines Playbooks.

Nachfolgend sind drei Möglichkeiten der Numerierung der Spiel-zuglöcher(lücken) aufgezeigt. In den folgenden Erklärungen benutzen wir die Numerierung A).

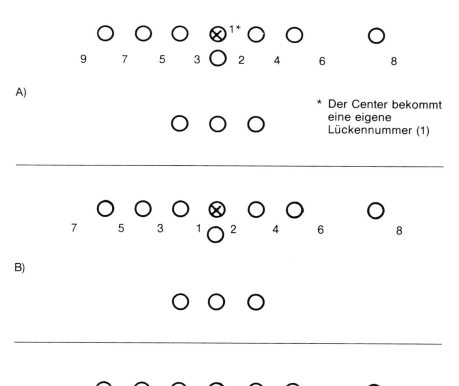

A)

* Der Center bekommt eine eigene Lückennummer (1)

B)

C)

Danach bekommen alle Ballträger eine Zehnerziffer als Numerierung.
Auch hier ist es jedem Team natürlich wieder selbst überlassen, „seine Zahlen" auszusuchen. Wir benutzen in den folgenden Spielzügen und Formationen untenstehende Zahlen.

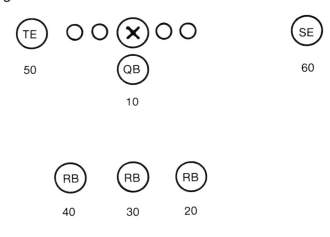

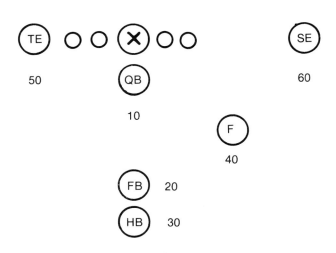

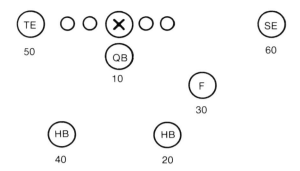

Jetzt haben also die Lücken Einerziffern und die Spieler Zehner-
ziffern.
Wenn es jetzt z.B. heißt — 24 DIVE —, dann läuft der 20er
Spieler durch die 4er Lücke.

In den nachfolgenden Skizzen sind einige Begriffe und Abkürzungen, die jetzt noch einmal erklärt werden:

Center = Immer der Spieler mit dem Kreuz
TE = Tight End (Paßempfänger)
SE = Split End (Paßempfänger)
QB = Quarterback (Spielmacher)
RB = Runningback, welche sich in (Ball-
träger)
HB = Halfback
FB = Fullback und
F = Flanker (auch Slotman genannt) auf-
teilen.
Der ausgemalte Spieler ist der Ballträger.
Fake = Täuschungsspielzug
H = Handoff (Ball wird übergeben)
P = Pitch (Ball wird mit beiden Händen
zugeworfen)
gebogenes T = Blockrichtung der Offensespieler
ausgemalter Pfeil = Laufrichtung Ballträger
nicht ausgemalter Pfeil = Laufrichtung des Spielers ohne Ball
zur Täuschung oder als Notpaß-
empfänger.

Laufspielzüge

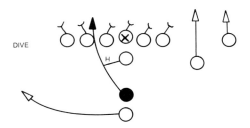

I-SLOT right
25 DIVE (Der 20er Spieler geht durch die 5er Lücke)

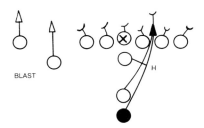

I-SLOFT Left
34 BLAST (Der 30er Spieler geht durch die 4er Lücke, BLAST der 20er Spieler blockt vor)

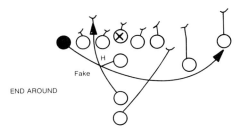

I-SLOT right
58 END AROUND (Der Tight End geht außen herum, die anderen Backfieldspieler blocken den Tight End ab). Vor der Ballübergabe an den TE kann der QB noch einen FAKE 25 DIVE machen.

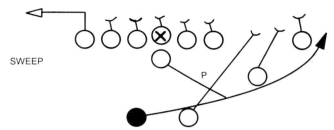

SWEEP

SLOT right
48 SWEEP (Der 40er Spieler läuft außen durch die 8er Lücke.
SE und F blocken ihm vor)

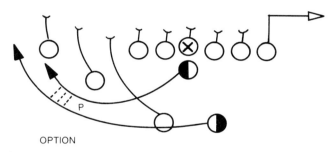

OPTION

SLOT left
29 OPTION (Der 10 Spieler läuft einen SWEEP durch die 9er
Lücke, parallel dazu läuft der 20er Spieler mit und bekommt je
nach Stellung der Defensespieler den Ball zugepitcht)

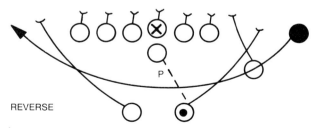

REVERSE

SLOT right
69 REVERSE (Der 20er Spieler bekommt den Ball und läuft einen
SWEEP über die rechte Seite. Auf halbem Weg übergibt er den
Ball an den 60er Spieler, welcher ihm außen laufend entgegen-
kommt. Der 60er läuft dann einen Sweep durch die 9er Lücke)

CROSSBUCK

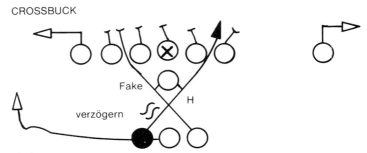

T-SPLIT right
44 CROSSBUCK (Der 40er Spieler macht einen DIVE durch die 4er Lücke, vorher kann man noch einen FAKE 25 DIVE machen)

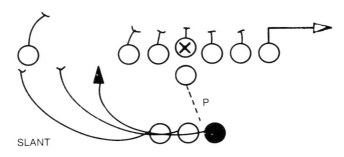

T-SPLIT left
27 SLANT (Der 20er Spieler läuft wie bei einem SWEEP, läuft dann aber plötzlich in die 7er Lücke eng an der Line)

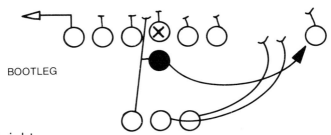

T-SPLIT right
18 BOOTLEG (Der 10er Spieler läuft einen SWEEP durch die 8er Lücke, vorgeblockt von allen RB's)

FORMATIONEN

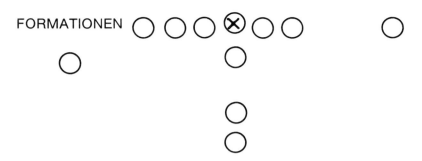

I-Formation / SPLIT right / FLANKER left

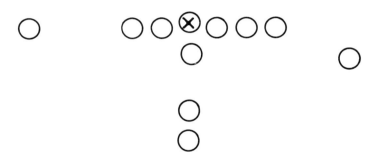

I-Formation / SPLIT left / FLANKER right

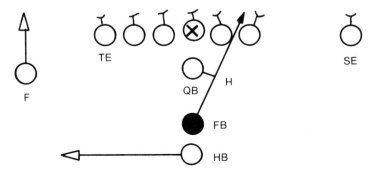

Ansage: I-SPLIT right / FLANKER left — 24 Dive

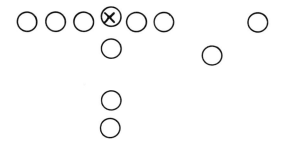

I-Formation / SLOT right
(SLOT = Flanker in der Lücke zwischen dem Split End und Tackle)

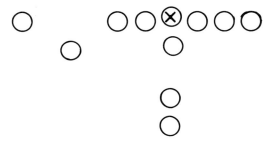

I-Formation / SLOT left
(Beachte: Flanker steht ca. 1—2 Meter nach hinten versetzt)

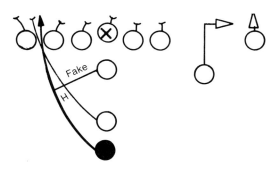

Ansage: I-SLOT right — 37 BLAST, vorher kann man noch gut
einen FAKE 25 DIVE machen

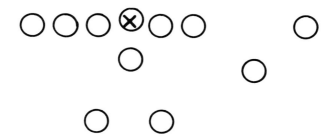

SLOT — Formation right

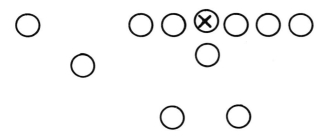

SLOT — Formation left

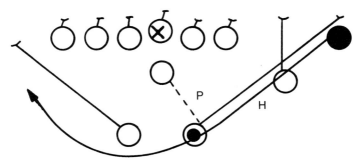

Ansage: SLOT right — 69 REVERSE
(vorher als FAKE einen 28 SWEEP)

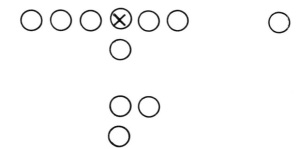

POWER I — Formation right

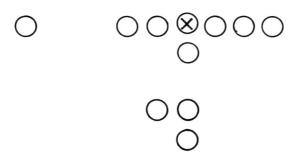

POWER I — Formation left

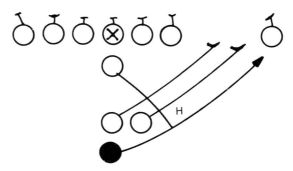

Ansage: POWER I right — 38 SWEEP

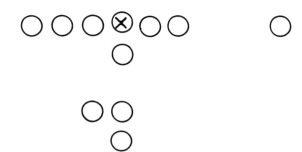

POWER I — Formation left / SPLIT right

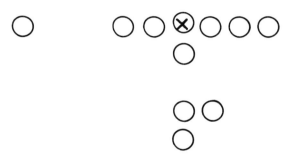

POWER I — Formation right / SPLIT left

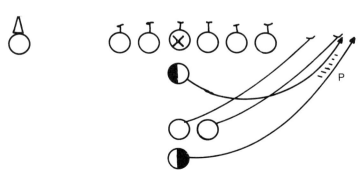

Ansage: POWER I right / SPLIT left — 38 OPTION

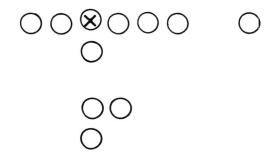

POWER I — Formation STRONG right
(STRONG = alles auf einer Seite)

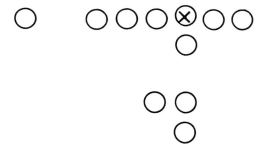

POWER I — Formation STRONG left

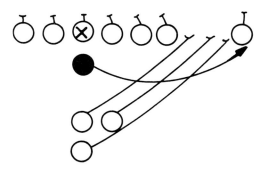

Ansage: POWER I STRONG right — 18 BOOTLEG

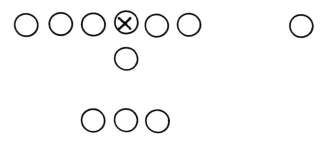

T — Formation / SPLIT right

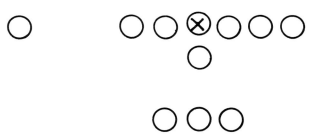

T — Formation / SPLIT left

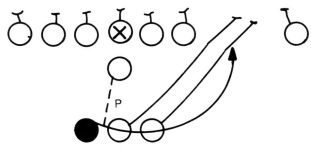

Ansage: T / SPLIT right — 46 SLANT

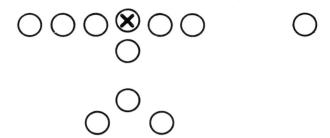

WISHBONE — Formation / SPLIT right
(WISHBONE = Stellung der drei RB wie eine Wünschelrute)

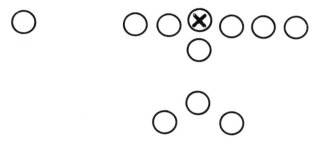

WISHBONE — Formation / SPLIT left

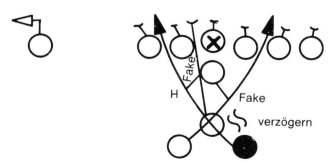

Ansage: WISHBONE / SPLIT left — FAKE 33 DIVE — FAKE 44
DIVE — 25 CROSSBUCK

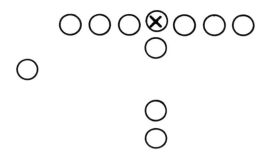

DOUBLE TIGHT / I-Formation / FLANKER left

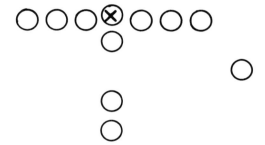

DOUBLE TIGHT / I-Formation / FLANKER right

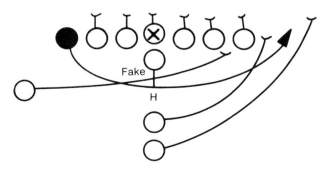

Ansage: DOUBLE TIGHT / I / FLANKER left — FAKE 48 SWEEP —
58 ENDAROUND

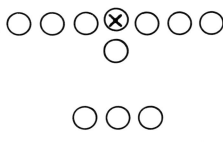

DOUBLE TIGHT — Formation / T — Formation

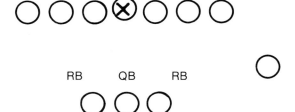

DOUBLE TIGHT — Formation / FLANKER right / SHOT GUN
(SHOT GUN = Der Center wirft den Ball nach hinten zum Quarterback, der zwischen den RB's steht)

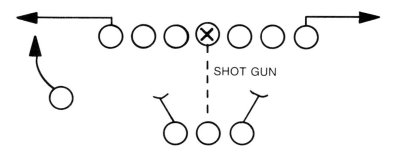

Ansage: DOUBLE TIGHT / FLANKER left / SHOT GUN-Paßplay
Kurzpässe auf FLANKER oder TE's

Paßrouten für Split End und Tight End

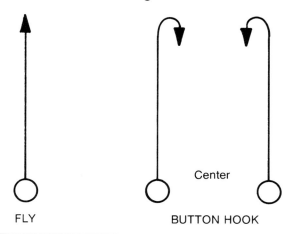

FLY   BUTTON HOOK

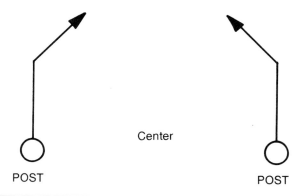

POST   POST

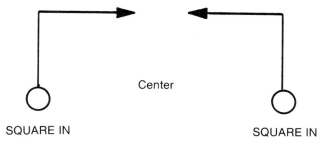

SQUARE IN   SQUARE IN

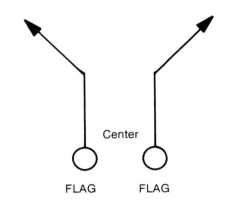

Center

FLAG   FLAG

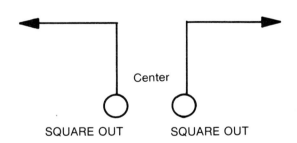

Center

SQUARE OUT   SQUARE OUT

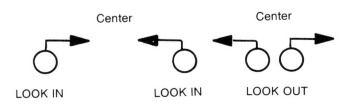

Center   Center

LOOK IN   LOOK IN   LOOK OUT

Paßrouten für die Runningback's aus dem Backfield

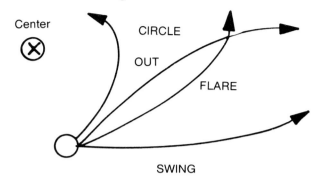

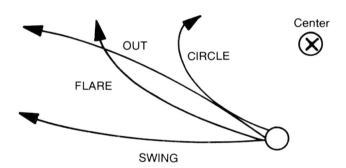

Alle gezeigten Paßrouten können natürlich auch anders benannt werden oder in ihrer Form verändert werden. Wichtig ist, daß alle Spieler diese Routen genau kennen und bei Ansage auch genau laufen, ansonsten kann der Quarterback seine Paßempfänger im Spiel nicht schnell genug ausmachen und mit einem präzisen Paßwurf bedienen.

Zu jeder Route sagt der Quarterback die Meterzahl an, die der Paßempfänger laufen soll. Auch daran sollten sich die Paßempfänger einigermaßen halten, weil sonst die Bälle zu kurz oder zu weit geworfen werden. Außerdem ist die Gefahr des Abfangens eines Passes durch die Defense dadurch sehr groß.

Paßzonen

Man kann das Spielfeld aber auch in Paßzonen aufteilen.

Links hinten	Mitte hinten	rechts hinten
oder	oder	oder
1	2	3
Mitte links	Mitte	Mitte rechts
oder	oder	oder 5 m
4	5	6
links vorne	Mitte vorne	rechts vorne
oder	oder	oder 5 m
7	8	9

Seite links   Seite rechts

Auch hier ist es natürlich wieder jedem Team selbst überlassen, wie die Zonen benannt werden. Für ganz fachmännische Teams kann man auch Zone plus Route ansagen, wird aber am Anfang sehr schwierig sein. Die Paßrouten reichen für den Anfang aus.

Paßspielzug

Ansage: SLOT left / POWER PASS PLAY /
SE 8 SQUARE IN / F 4 SQUARE OUT / TE 2 FLAG

Erklärung: Der Quarterback geht zurück und stellt sich zwischen die Halfback's. Diese sollen den Quarterback schützen, indem sie als Blocker den Quarterback abschirmen. Die Paßempfänger laufen ihre angesagten Paßrouten und der Quarterback sucht sich den für ihn am günstigsten plazierten Paßempfänger aus und wirft den Paß.
Dadurch, daß die Paßempfänger alle weit auseinanderlaufen, muß die Defense im Backfield weit auseinandergehen und die Paßempfänger abdecken. Sollte der Quarterback keinen günstig plazierten Paßempfänger sehen, kann er immer noch selbst nach vorne gehen.

WICHTIG: Die Linespieler dürfen sich nicht nach vorne bewegen.

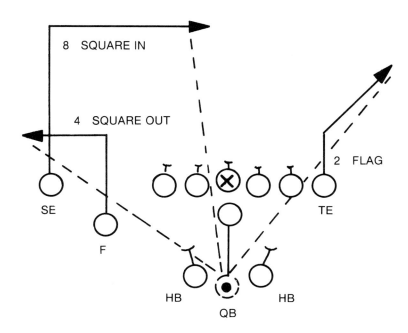

Ansage: SLOT right / POWER PASS PLAY
          SE 6 POST / F 8 FLY / TE 2 SQUARE IN

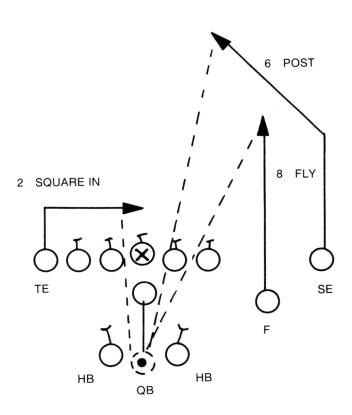

Ansage: SLOT left / POWER PASS PLAY
            SE 20 FLY / F 8 SQUARE IN / TE 4 SQUARE OUT

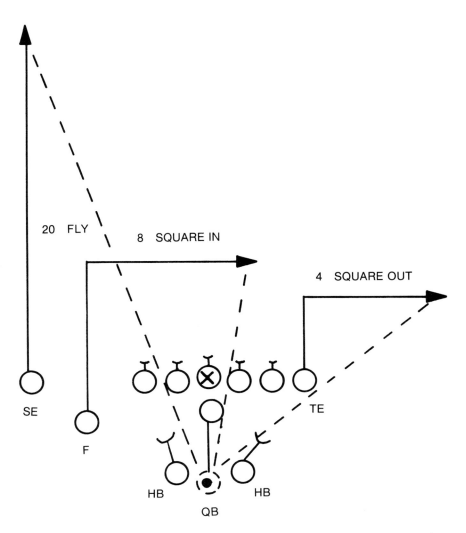

Ansage: SLOT right / ROLLOUT right
          TE 1 SQUARE IN / F 7 FLY / SE 11 FLY

Erklärung: Der Quarterback läuft zur rechten Seite, vor ihm die
beiden Halfback's, die ihn abschirmen. Außen angekommen kann
der Quarterback einen Paß werfen oder, wenn die Paßempfänger
nicht frei sind, selbst laufen.
Die Paßempfänger sind diesmal alle auf eine Seite geschickt worden, um dem Quarterback den Wurf aus dem Lauf zu erleichtern.

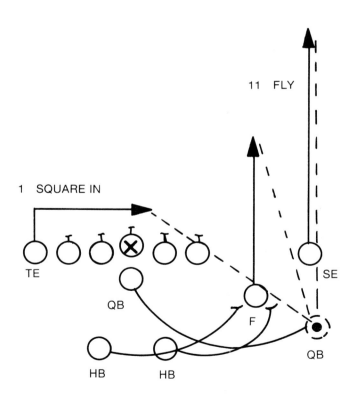

Ansage: SLOT right / ROLLOUT right
TE 5 FLY / F 6 FLAG / SE 4 POST / 40er FLARE

Erklärung: Wieder wird ein ROLLOUT right gespielt, diesmal allerdings mit 4 Paßempfänger, denn der 40er Halfback läuft nicht als Vorblocker, sondern als Paßempfänger auf die andere Seite. Dieser Spielzug ist nicht einfach, da a) der Quarterback nur einen Vorblocker hat und b) er aus dem Lauf in verschiedene Richtungen werfen muß. Dazu muß er schnellstens erkennen, wer am günstigsten seiner Paßempfänger steht.

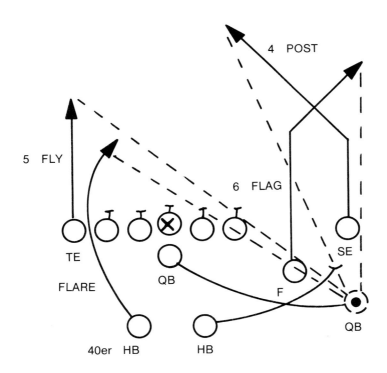

Das Defense-Playbook

Genau wie ein Offense-Playbook kann man ein Defense-Playbook erstellen. Man muß dabei aber nicht immer die ganze Defense erwähnen, es reicht schon, die bestimmten Positionen anzusprechen, wie z.b. die Defenselinespieler.

In den nachfolgenden Diagrammen haben wir jeweils die gesamte Defense aufgezeichnet, um für sie das Bild der Defense klarer ersichtlich zu machen. Es ist natürlich ihre Sache, wie sie die jeweiligen Playbooks der Defense gestalten.

In den Diagrammen haben wir folgende Abkürzungen genommen:

S	=	Saftey
LB	=	Linebacker
OLB	=	Outsidelinebacker
MLB	=	Middlelinebacker
DE	=	Defense End
DT	=	Defense Tackle
NG	=	Noise Guard

Mit Zahlen und Wörtern können sie jetzt ihre bestimmten Defenseformationen benennen und so für die gegnerische Offense unkenntlich machen: z.b. GREEN 44 GAP auf DOWN, was heißen kann:

GREEN ist ein Kennwort für einen Linebacker Blitz, 44 GAP stellt die Linespieler in die Lücken zwischen die Offenselinespieler, auf DOWN soll die Offense ablenken und heißt der rechte Linebacker soll blitzen.

Es sind der Fantasie keine Grenzen gesetzt, und es wird klar, daß die Defense nicht ein Haufen dummer Prügler ist, die nur versuchen können, den Ballträger zu stoppen.

44 MAN

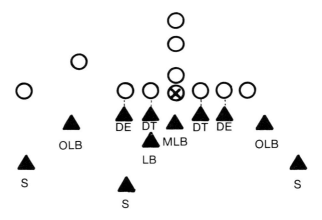

Diese Aufstellung besteht aus 4 Linespielern, 4 Linebackern und 3 Safetys. Das Kommando „MAN" bezieht sich auf die 4 Linespieler, die Mann gegen Mann zur Offenseline stehen sollen. Der Center wird dabei freigelassen und vom Middlelinebacker übernommen.

44 GAP

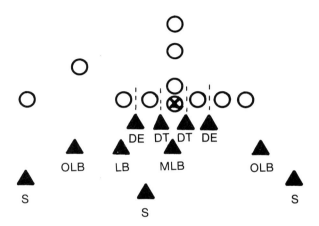

Auch diese Aufstellung besteht aus 4 Linespielern, 4 Linebackern und 3 Safetys. Das Kommando „GAP" bezieht sich auf die 4 Linespieler, die diesmal gegenüber den Lücken, die zwischen den Offenselinespielern entstehen, stehen sollen. Der Center wird vom Middlelinebacker übernommen.

54 GAP

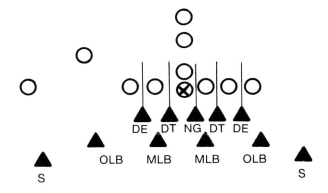

Diese Aufstellung besteht aus 5 Linespielern, 4 Linebackern und 2 Safetys. Diesmal hat der Center einen Gegenspieler in der Defenseline. Das Kommando „GAP" bezieht sich wieder auf die Defenseline, die auf „Lücke" stehen und je nach Spielzug die Lücken verteidigen oder beim Paßspiel durchbrechen, um den Quarterback zu sacken. Die Linebacker stehen etwas zurück und greifen erst an, wenn klar ist, ob es sich um ein Paßspiel oder Laufspiel handelt.

54 DOPPELBLOCK

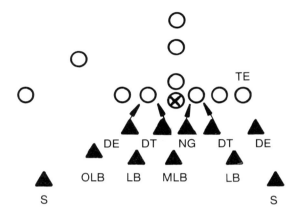

5 Linespieler, 4 Linebacker und 2 Safetys bilden die Formation. Ein Linespieler blockt den Tight End an, die anderen 4 Linespieler blocken jeweils zu zweit einen Offenseguard. Die Linebacker stehen wieder etwas zurück und warten zuerst den Spielzug ab, um dann einzugreifen.

53 MAN (mit Noise Guard)

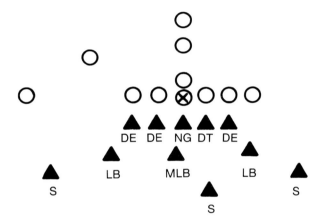

Diesmal stehen die 5 Linespieler „MAN" zu ihren Gegenspielern in der Offenseline. Der Center hat als direkten Gegenspieler den sogenannten Noise Guard. 3 Linebacker stehen zurück und warten wie die 3 Safetys den Spielzug ab, um dann einzugreifen, wenn feststeht, ob es sich um einen Lauf- oder Paßspielzug handelt.

3/4/4

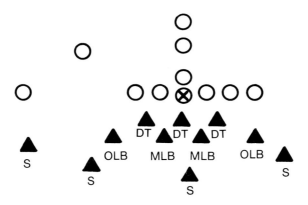

Diese Formation besteht aus 3 Linespielern, 4 Linebackern und 4 Safteys. Es ist eine klare Paßverteidigungsaufstellung, da man das Backfield verstärkt hat. Die 3 Linespieler müssen die Line halten können und werden bei einem Laufspielzug durch die zwei Middlelinebacker unterstützt. Es sollten nicht alle sofort auf Paßspiel reagieren und zurücklaufen, sonst geht ein guter Quarterback selber und macht den First Down. Erst abwarten, dann angreifen.

43 MONSTER

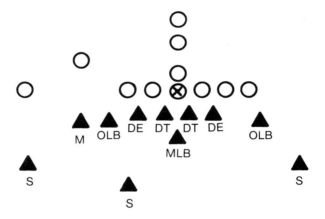

Die Aufstellung besteht aus 4 Linespielern, 3 Linebackern, 3 Safetys und dem „MONSTER". Dies ist ein Linebacker, der selbständig jeweils die starke Seite der Offense angreift und teilweise auch nach Absprache versucht, alleine zu blitzen.

83 GOALLINE

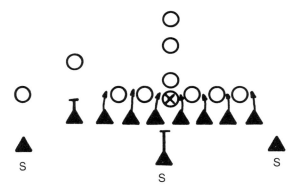

Diesmal besteht die Formation aus 8 Linespielern und 3 Safetys.
Mit dieser Formation versucht man, kurz vor der eigenen Endzone
das Laufspiel des Gegners zu stoppen oder bei Paßspiel den
Quarterback zu sacken.
Wenn nicht genug Linespieler zur Verfügung stehen, nimmt man
die stärksten Linebacker dazu.

Spezial-Teams

Spezial-Teams sind Mannschaftsteile mit einer besonderen Aufgabe. Ohne diese Teams läuft im Football gar nichts. Bevor überhaupt eine Angriffs- oder Verteidigungsmannschaft (Offense oder Defense) auf das Feld kommt, muß das Spezial-Team seine Arbeit verrichtet haben.

Die Hauptaufgabe besteht darin, den Ball von einem Spieler kicken zu lassen.

Zu Beginn eines jeden Matches stehen sich das KICKOFF- bzw. KICKRETURN-Team auf dem Feld gegenüber (siehe Diagramm nächste Seite).

Beim KICKOFF wird der Ball auf die 35 m-Linie plaziert. Die Kicker steht etwas zurück, während die anderen Spieler sich gleichzeitig auf dem Feld hinter der Ballinie aufstellen und verteilen. Der Ball wird vom Kicker auf einen Ständer (Kickingtee) gestellt und von diesem in Richtung des Gegners geschossen.

Mit dem Kickoff wird das Spiel eröffnet bzw. nach einem erzielten Touch Down neu begonnen. Die Mannschaft, die den Ball ins Spiel bringt, ist die verteidigende Mannschaft (Defense).

Kickoff-Team

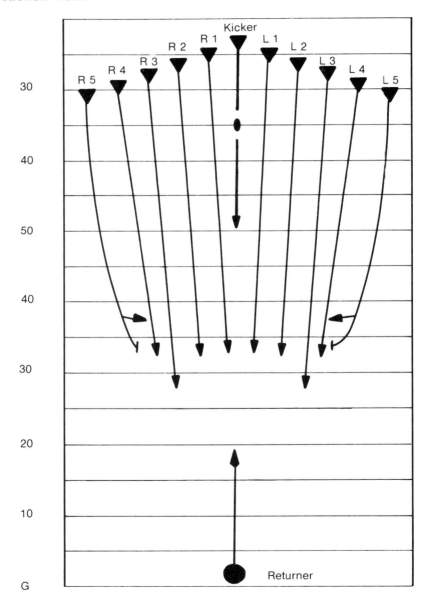

Um dem Gegner möglich wenig Raum zu schenken, sind folgende Voraussetzungen nötig:

1. Der Ball muß weit im gegnerischen Feld landen; am besten kurz vor der Endzone,

2. je höher der Ball durch die Luft fliegt, desto mehr Zeit haben die Mitspieler, in die gegnerische Hälfte einzudringen, um dort den Ballträger zu tackeln,

3. die verteidigenden Spieler müssen sich diszipliniert an ihre gedachte Lauflinie halten: diese Linien sind fast parallel zu den Seitenlinien und sollen sicherstellen, daß jeder Teil des Spielfeldes zunächst von einem Spieler abgesichert ist. Erst wenn klar erkennbar ist, wo der Ballträger entlangläuft, schwenken die anderen Spieler ein und versuchen an den Ballträger zu gelangen.

Ein weiterer Vorteil beim Kickoff ist, daß der Ball, nach dem Kick, sowohl vom Angreifer als auch vom Verteidiger erobert werden kann. Wenn der Ball gemäß den Regeln mindestens 10 m durch die Luft geflogen ist und der Gegner den Ball nicht sichern konnte, erhält die Mannschaft den Ballbesitz, die den Ball erobert hat.

Und damit kommen wir zur bedeutungsvollen Aufgabe des KICKRETURN-Teams.

Oberstes Gebot ist: zuerst den Ball sichern! Das ist schwerer als man es sich vorstellt, denn der Ball kommt meistens mit hoher Geschwindigkeit und in einem ungünstigen Winkel angeflogen.

Außerdem versuchen die Kickoff-Spieler, so schnell wie möglich an den gegnerischen Ballempfänger zu gelangen, um ihn tief in seiner eigenen Hälfte zu tackeln.

Der Ballträger ist der wichtigste Spieler und muß von seinen Mitspielern geschützt werden. Wenn er einen Ballverlust kurz vor der eigenen Endzone verursacht, endet dies meist mit einem Touch Down für den Gegner.

Kickreturn-Team

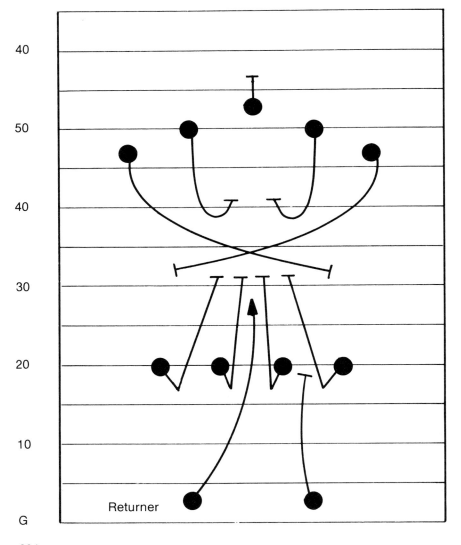

Returner

Das Kickreturn-Team besteht aus 3 verschiedenen Gruppen, die unterschiedlich auf dem Feld plaziert sind.

Die erste Reihe, zum Ball gerichtet, besteht aus fünf Blockern, die die erste Angriffswelle des Kickoff-Teams stoppen sollen. Sie achten auch auf kurze Kicks. Wenn es ein langer Kick ist, ziehen sie sich schnell in ihre Hälfte zurück und blocken ihrem Ballträger vor.

Die zweite Gruppe, in der Regel vier Spieler, sollen sicherstellen, daß ihr Ballempfänger „in Ruhe" den Ball fangen kann. Sie konzentrieren sich also auf die schnellen Leute des Kickoff-Teams.

Die dritte Gruppe besteht aus zwei Ballempfänger, die jeweils kurz vor ihrer eigenen Endzone auf den Ball warten. Derjenige, der nicht den Ball fängt, hilft dem Ballträger und blockt ihm vor.

Für den Ballträger gilt: je weiter er nach vorne läuft, desto besser für seine Mannschaft.

An der Stelle, wo er zu Boden gebracht wird, durch einen Tackle und in Ballbesitz bleibt, erhält seine Angriffsmannschaft (Offense) die ersten 4 Versuche (First Down).

Punt / Punt Return

Wenn die angreifende Mannschaft vergeblich versucht hat,
einen Raumgewinn zu erzielen
und nur noch einen Versuch
(4. Versuch) hat, so ist es angebracht, den Ball zu punten.
Es sei denn, man ist nahe genug zum gegnerischen Tor und
kann ein Fieldgoal versuchen.
Dazu kommen wir später.

Punten bedeutet das Wegschie-
ßen des Balles aus der Hand
zum Gegner.

Punten ist vor allem deshalb so wichtig, weil nach dem 4. und letzten erfolglosen Versuch, die 10 m-Distanz zu überbrücken, der Ballbesitz automatisch wechseln würde. Und dann wäre es geradezu töricht, den Ball dem Gegner an seinem Ausgangspunkt zu überlassen. Zumal dies leider oft in der eigenen Spielfeldhälfte ist. Wenn hingegen der Ball nach vorne geschossen wird, hat man die Möglichkeit, den Übergabeort des Balles nach vorne zu verlagern. Das gibt dann der eigenen Defense (Verteidigungsmannschaft) mehr Raum, denn sie steht dann nicht mit dem Rücken kurz vor der eigenen Endzone. Anders als beim Kickoff kann der Punt nicht von beiden Mannschaften aufgenommen werden. Dieses Privileg hat nur das Puntreturn-Team. Es versucht dann, den Ball so weit wie möglich nach vorne zu tragen, während das Punt-Team dies auf alle Fälle verhindern will. Für das Puntreturn-Team besteht zusätzlich noch die Möglichkeit, den Ball nicht anzunehmen und ihn auf den Boden fallen zu lassen.

Diese Notlösung wendet man aber nur dann an, wenn der Gegner a) zu kurz gepuntet hat oder b) die Gefahr eines schnellen Tackels und damit verbunden ein Ballverlust möglich wäre. In diesem Fall darf das Punt-Team den am Boden liegenden Ball nur berühren, und es beginnt der Gegner von dieser Stelle seine normalen Spielzüge (First Down).

Puntaufstellung (1. Möglichkeit)

Puntaufstellung (2. Möglichkeit)

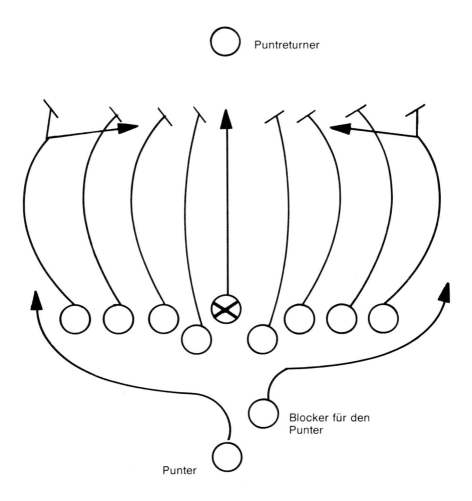

Puntreturner

Blocker für den
Punter

Punter

Punt Return-Team (1. Möglichkeit)

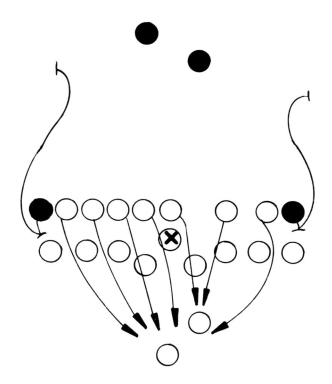

Bei diesem Punt Return Team ist das Übergewicht auf den Versuch eines Abblocken des Balles beim Punt gelegt. Die inneren 7 Defensespieler versuchen durchzubrechen und den Ball abzublocken.

Nur die beiden äußeren Spieler blocken zuerst die äußeren Offensespieler und laufen dann nach hinten, um den Puntreturner (Defensespieler, der den Ball fängt) abzublocken.

Einer der beiden hinteren Defensespieler fängt den Ball und der andere Spieler blockt ihm vor. Danach versucht man so viele Meter wie mögich nach vorne zu kommen.

Punt Return-Team (2. Möglichkeit)

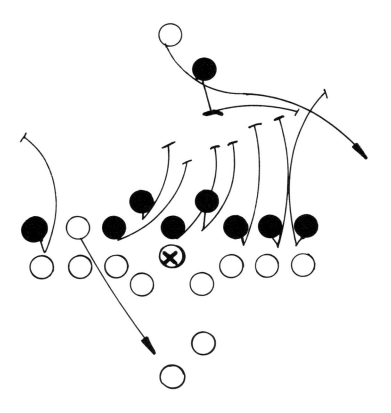

Bei dieser Möglichkeit ist das Abblocken des Puntreturners oberstes Gebot. Ihm soll durch diese Art ein sicherer Fang des Balles und zusätzlich noch der Weg nach vorne freigehalten werden.

Nur ein äußerer Linespieler versucht alleine bis zum Punter durchzukommen und den Kick abzublocken.

Extrapunkt und Fieldgoal

Zu guter Letzt müssen wir noch den Extrapunktversuch und das Fieldgoal (Feldtor) erwähnen.

Nach jedem erzielten Touch Down erhält das Angriffsteam (Offense) noch die Möglichkeit, einen Zusatzpunkt zu erzielen.

Der Ball wird auf die 3-Meter-Linie gelegt und von dort ins Spiel gebracht. Meistens wird der Ball mit einem Kick durch die Vertikalstangen durch das Endzonen-Tor geschossen, dafür gibt es einen Punkt. Oder es besteht die Möglichkeit, durch einen Conversion zwei Punkte zu erzielen. Dann muß der Ball allerdings von der 3-Meter-Linie in die Endzone getragen oder geworfen und gefangen werden.

Dies ist allerdings risikoreicher und deshalb wird meist der Kick durchgeführt. (Bei den Profis in den USA gilt die Conversion-Regel übrigens nicht, bzw. es gibt dafür nur einen Punkt).

Ein Fieldgoal ist ein Kick durch die Vertikalstangen, zählt allerdings nur 3 Punkte. Ein Fieldgoal ist auch keine Belohnung nach einem Touch Down, sondern im Gegenteil, nur ein halber Touch Down, da man den Ball auf die eine oder andere Weise nicht in die Endzone hat bringen können. Dann benutzten viele Teams ihren 4. und letzten Versuch dazu, ein Fieldgoal zu erzielen.

Theoretisch kann dies von jedem Punkt auf dem Footballfeld aus geschehen, hängt aber sehr von der Muskelkraft und Qualität des Kickers ab. Bis zu 40 m Entfernung vom Tor liegt noch im Bereich des Möglichen, alles andere ist absolute Ausnahme.

Wenn der Center den Ball mit einem Shotgun nach hinten ins Spiel gebracht (geworfen) hat, fängt ihn ein Mitspieler und hält den Ball für den Kicker auf den Boden oder auf ein Spezial-Kickingtee.

Von dort aus schießt dann der Kicker den Ball durch die Stangen des Endzonentores.

Aufstellung beim Zusatzpunkt oder Fieldgoal
(Seitenansicht)

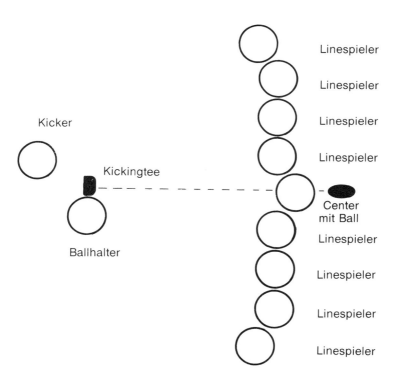

Flag-Football und Touch-Football

Wollen Sie Football auch mal in der Turnhalle, am Strand oder auf einer Spielwiese spielen, ohne sich gleich eine Ausrüstung anziehen zu müssen, dann spielen Sie doch einfach mal Flag- oder Touch-Football.

Man kann diese Arten aber nicht nur in der Freizeit spielen, sondern auch sehr gut ins normale Trainingsprogramm aufnehmen.

Beim Flag-Football tackelt man den Ballträger nicht, sondern versucht ihm die Flaggen zu entreißen, die er an der Hüfte trägt.

Am besten trägt jeder Spieler, der mit dem Ball laufen darf, einen Gürtel, an dem er mit Klettverschluß jeweils rechts und links an der Hüfte und über dem Steißbein eine Flagge oder einen Stoffstreifen befestigt. Sobald ihm einer dieser Streifen abgerissen wird, endet der Spielzug.

Die weiteren Regeln sind wie beim normalen Football, allerdings werden die harten Zusammenstöße vermieden und übertriebene Härte verboten. Wenn man dann nicht alles so eng sieht, läßt sich auch mit wenigen Spielern ein nettes Footballmatch spielen.

Beim Touch-Football gilt das Gleiche wie beim sonstigen Football, allerdings wird der Ballträger nicht getackelt, sondern je nach Absprache mit einer oder zwei Händen am Oberkörper abgeklatscht. Um z.B. viel Paßspiel machen zu können, kann man die Regeln noch verändern und der Defense nicht erlauben, über die Scrimmageline zu kommen oder nur normal gehen zu dürfen.

Auch hier sollten harte Zusammenstöße und übertriebene Härte strengstens verboten sein, um unnötige Verletzungen zu vermeiden.

In den nachfolgenden Diagrammen haben wir nur zwei von vielen Beispielen gegeben, wie man Flag- oder Touch-Football spielen kann.

Flag-Football

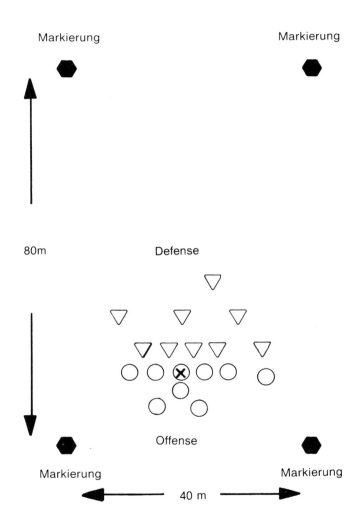

z.B. 9 Spieler gegen 9 Spieler, als Markierungen können Autoreifen, Dummies, Kleidungsstücke etc. verwendet werden.

Touch-Football

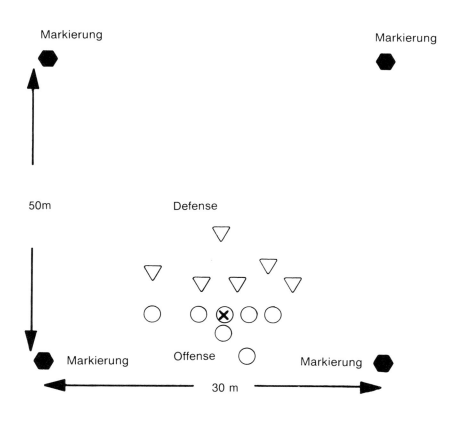

z.B. 6 Spieler gegen 7 Spieler, Markierungen wie beim Flag-Football.

Kraft- und Konditionstraining

American Football stellt vielseitige körperliche Anforderungen an die Aktiven. Neben Kraft, Schnelligkeit und Beweglichkeit ist auch eine gehörige Portion Ausdauer vonnöten. Die Basis für diese Fähigkeiten werden im Winter beim Konditionstraining erarbeitet. Kraft, Schnellkraft und Beweglichkeit kann sich der Football-Spieler am besten in der „Folterkammer" aneignen.

Dabei sollte der Trainer seinen Athleten einen individuellen Plan aufstellen. Denn die körperlichen Fähigkeiten der einzelnen Spieler sind recht unterschiedlich. Dem einen fehlt es an Schnellkraft, dem nächsten an Beweglichkeit oder am Gewicht. Dabei sollten vor allem die Schwächen ausgemerzt werden. Viele Sportler neigen dazu, nur ihre „Schokoladenseite" intensiv zu trainieren. Damit ist keine optimale Leistung zu erzielen. Wer zum Beispiel nur auf Muskelzuwachs trainiert, wird zwar am Ende bärenstark sein, aufgrund schlechter Schnellkraft und Ausdauer aber im Spiel Schwierigkeiten haben, sein „Power" auch voll einzusetzen.

Dazu kommt noch eins: nach einer längeren Trainingszeit in einer speziellen Übung sind auf diesem Gebiet nur noch mit sehr erheblichem Aufwand Verbesserungen zu erzielen. Demgegenüber sind die Leistungssteigerungen in bisher kaum trainierten Übungen anfangs enorm.

Das Training im Kraftraum beginnt mit einer rund 20 minütigen Aufwärmarbeit. Hierzu eignen sich am besten Dehnübungen, die in hervorragender Weise auch die Beweglichkeit des Athleten verbessern. Wer ohne sich aufzuwärmen, mit schweren Gewichten trainiert, riskiert erhebliche Verletzungen.

Kraft wird physikalisch in der Formel p (Kraft) = m (Masse) = b (Beschleunigung) ausgedrückt. Daraus ist zu ersehen, daß die Kraft auf zwei verschiedenen Wegen zu steigern ist. Durch Erhöhung der Masse und durch Verbesserung der Geschwindigkeit. Grundsätzlich sollten im Training beide Komponenten gesteigert werden. Ob der Sportler mehr auf Masse oder auf Schnelligkeit trainiert wird, bestimmt seine Position beim Spiel und sein momentaner Leistungsstand.

Um einen optimalen Kraftzuwachs zu erreichen, genügt es, mit 75% der Maximalleistung in dieser Disziplin zu trainieren. Von jeder Übung werden 5—8 Wiederholungen gemacht.

Als Faustregel gilt: Schafft der Sportler mehr als 8 Wiederholungen, ist das Gewicht zu leicht, schafft er weniger als 5, ist es zu schwer.

Vor allem Football-Spieler, die vorher kein Krafttraining gemacht haben, müssen ihre Maximalleistung öfters überprüfen, da sie sich gerade in den ersten Monaten erheblich steigert.

Von jeder Übung sind fünf Sätze zu machen. Der letzte Satz wird allerdings nur mit 50—60% der Maximalleistung absolviert. Dafür werden aber 20—30 Wiederholungen gemacht. Dies dient vor allem der Kraftausdauer.

Die Kraftausdauer ist im American Football wichtiger als die meisten Spieler denken. Schließlich muß der Gegner beim Match nicht nur 5—8mal getackelt werden, sondern 20—40mal. Das klappt aber nur, wenn auch die Kraftausdauer stimmt.

Die Pausen zwischen den Sätzen sind mit Dehn- und Lockerungsübungen zu überbrücken. Ein reines Krafttraining mit schweren Gewichten führt zu einem erheblichen Verlust der Beweglichkeit. Mit ausgiebiger Gymnastik kann dem vorgebeugt werden.

Im Kraftraum sind Football-spezifische Übungen zu bevorzugen. Mit nur 8 verschiedenen Übungen können alle im Football wichtigen Muskeln durchtrainiert werden.

Bankdrücken

Der Sportler liegt mit dem Rücken auf der Bank. Die Hantel wird breit gepackt und zur Brust gesenkt. Dann wird sie bis zur Streckung der Arme in die Höhe gehoben.
Dabei ist zu beachten, daß die Hantelstange nicht auf den Brustkorb „auftitscht". Auch ein Hohlkreuz beim Heben ist auf jeden Fall zu vermeiden (Verletzungsgefahr).

Armcurl

Die Langhantel gut schulterbreit fassen. Die Ellenbogen fest am Körper anlegen. Dann die Hantel zur Brust hochheben. Die Ellenbogen bleiben am Körper. Auf keinen Fall das Gewicht mit „Bauchschwung" in die Höhe bringen.

Schulterzug

Die Langhantel eng (etwa zwei Hand breit) fassen. Die Handrücken zeigen nach außen. Dann wird das Gewicht zum Kinn gezogen und wieder gesenkt. Der Oberkörper bleibt ruhig.

Schulterpresse

Der Footballer sitzt auf einer Bank mit hoher Rückenlehne. Das Gewicht wird von der Schulter aus hochgedrückt und wieder zum Nacken gesenkt.

Beinpresse

Der Sitz an der Kraftmaschine wird so eingestellt, daß die Beine etwa einen Winkel von 90 Grad bilden. Dann wird das Gewicht in die Höhe gedrückt.

Beincurl

Der Sportler liegt mit dem Bauch auf dem Beintisch. Dann wird das Gewicht mit den Hacken zum Gesäß gebracht.

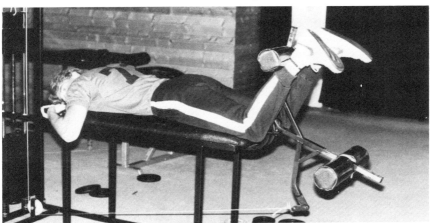

Beinstrecken

Der Football-Spieler sitzt auf dem Beintisch. Dann das Gewicht mit den Unterschenkeln in die Höhe bringen.

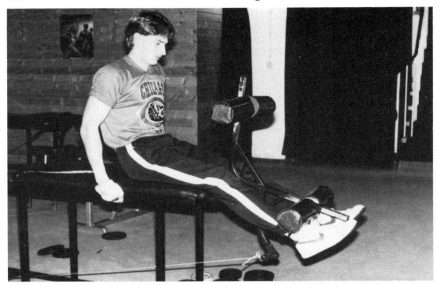

Sit ups

Mit dem Rücken auf das Bauchbrett legen. Dann den Oberkörper, Hände im Nacken verschränkt, in die Höhe bringen. Zur Erschwerung kann auch ein Gewicht in den Händen gehalten werden.

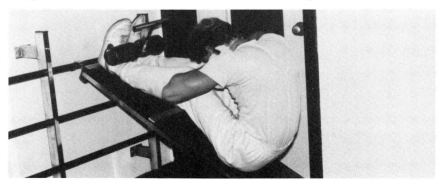

Wichtig für den Football-Spieler ist vor allem die Beinkraft. In den Oberschenkeln sitzen die meisten Muskeln. Klar, daß hier die meiste Kraft sitzt. Beherrscht der Spieler die Football-Techniken, so kann er seine Beinkraft sozusagen maximal an den Gegner bringen. Eine Kraft, die mit den Armen allein gar nicht zu erreichen ist. Das heißt natürlich nicht, daß jetzt das Armtraining vernachlässigt werden soll.

Zur Vermeidung von Rückenverletzungen beim Training mit schweren Gewichten ist grundsätzlich eine breiter Gewichthebergürtel zu tragen.

Maximalkraft ist beim American Football wichtig. Schnelligkeit ebenso. Bei etlichen Spiel-Positionen sollte die Steigerung der Masse und der Maximalkraft sogar auf keinen Fall auf Kosten der Schnelligkeit gehen. Denn hier liegt der Haken. Eine hohe Steigerung der Maximalkraft durch Gewichtszunahme senkt mit ziemlicher Sicherheit die Sprintfähigkeit (außerdem auch die Beweglichkeit und vor allem die Ausdauer) des Athleten.

Ein Runningback, der vorher durch pfeilschnelle Antritte und Kondition bestach, ist letztendlich nur noch die Hälfte wert, wenn er zwar kräftiger, dafür aber wesentlich langsamer und auch kurzatmig ist. Das gilt auch für alle anderen Backfieldpositionen. Bei diesen Spieler-Positionen kommt die Formel Kraft = Masse x Beschleunigung besonders zum Ausdruck. Wer zwar 20 kg mehr wiegt, dafür aber erheblich langsamer geworden ist, bringt nicht mehr, sondern weniger „Power" an den Gegner.

Ideal ist natürlich eine Steigerung der Maximal- und der Schnellkraft. Das aber ist nur möglich, wenn auf ein extremes Massetraining verzichtet wird.

Die Verbesserung der Schnelligkeit wird durch verschiedene Trainingsmittel erreicht.

Sie sollte mit Football-spezifischen Übungen angestrebt werden.

Dazu gehören:

1. Sprints aus Football-spezifischen Stellungen heraus über rund 36 m
2. Laufen mit extrem schneller Trittfolge. Dabei wird fast auf der Stelle getreten (blitzschnelles Trippeln)
3. Laufen mit schneller Trittfolge, bei dem die Oberschenkel bis an die Brust gezogen werden
4. Rück- und Seitwärtslaufen im Sprinttempo
5. Treppentraining in Variationen (Treppensprint, bei dem jede Stufe benutzt wird, Treppenlauf mit 2 oder 3 Stufen, Hüpfen mit einem Bein über 1 oder 2 Stufen etc. Gut sind Treppen mit rund 40 Stufen)
6. Alle Arten von Sprüngen in Serien (Streck- und Hocksprünge)
7. Sprints mit einem etwa gleich schweren Partner auf dem Rücken

Beim Schnelligkeitstraining ist eine gute Aufwärmarbeit noch viel wichtiger als beim Krafttraining. Ein kalter Muskel reißt extrem leicht, wenn er plötzlich durch Sprintübungen gefordert wird. Deshalb sollte ein rund 20minütiger Dauerlauf nebst 10 Minuten Gymnastik „Pflicht" vor jedem Schnellkraft-Training sein.

Außerdem ist noch auf eins zu achten. Es hat keinen Sinn, einen offensichtlich überforderten Spieler bis zum „Kotzen" über den Platz zu scheuchen. Um die Schnelligkeit zu trainieren, müssen die Muskeln halt schnell bewegt werden. Merkt der Trainer, daß der Spieler „platt" ist, so sollte er ihn zum Duschen schicken. Ein Weitertrainieren bringt nämlich für die Schnelligkeit absolut nichts mehr, wenn der Spieler nur noch in der Lage ist, wie eine Schnecke über den Platz zu „kriechen". Das Gegenteil ist der Fall. Im umgekehrten Fall müssen natürlich diejenigen motiviert werden, die offensichtlich aus Bequemlichkeit das Programm nur mit halber Lunge durchziehen.

Das Schnellkraft-Training wird am besten mit 10 Minuten Gymnastik abgeschlossen.

Um die Ausdauer zu trainieren — auch sie ist im American Football äußerst wichtig — bieten sich Langläufe an. Da die Leistungsunterschiede hier besonders groß sind, sollte der Coach verschiedene Gruppen bilden. Es hat abolut keinen Sinn, einen Athleten, der die 500 m in 16 Minuten laufen kann, mit einem Spieler zusammen trainieren zu lassen, der diese Strecke bestenfalls in 23 Minuten schafft. Der eine wäre bei einem gemeinsamen Training unter- der andere überfordert. Das Tempo müssen sie so wählen, daß die Aktiven sich während des Trainings noch unterhalten können. Den Schluß bildet dann ein langgezogener Spurt. Probleme bilden sehr konditionsschwache Läufer. Sie müssen langsam aufgebaut werden. Zu Beginn der Saison sollte aber auch der schwerste Line-Spieler in der Lage sein, wenigstens 5 Kilometer an einem Stück laufen zu können.

Ein reines Langlauftraining — das für viele Spieler langweilig ist — kann auch aufgelockert werden mit Gymnastik, Sprinteinlagen, Armkraftübungen usw. Eine Trainingseinheit könnte etwa so aussehen:

20 Minuten warmlaufen
10 Minuten Gymnastik mit Strecksprüngen
 3 Sprints über 36 m
25 Liegesützten, bei denen der Partner die Beine hochhält
15 Minuten laufen
kurze Gymnastik
Treppentraining
15 Minuten laufen
3—5 Sprints
abschließend Gymnastik

Dabei wird die Kondition ganz allgemein verbessert.

Die Ernährung

Eine wichtige Rolle in der Leistung eines Sportlers spielt die Ernährung. Durch die hohen Belastungen im Training und vor allem im Wettkampf werden enorme Energiemengen verbraucht. Das können bei einem eisenharten Fight bei schweren Athleten schon einmal über 8000 Kalorien sein.

Dies ist natürlich der Ausnahmefall. Trotzdem aber liegt der Energiebedarf eines American Football-Spielers ganz erheblich höher als der eines „Stubenhockers". Je nach Körpergewicht, Trainingsumfang und -intensität werden täglich zwischen 4000—7000 Kalorien „verputzt".

Zur Deckung des Energiebedarfs ißt der Mensch bekanntlich Nahrungsmittel, aus denen er seine Nährstoffe bezieht. Während die Zahl der Nahrungsmittel riesengroß ist, sind die eigentlichen Nährstoffe auf Kohlenhydrate, Eiweiß und Fette begrenzt. Sie werden durch den Stoffwechsel mit Hilfe von Sauerstoff verbrannt. Dabei liefert 1 Gramm Kohlehydrate ebenso 4,1 Kalorien wie 1 Gramm Eiweiß; Fett dagegen 9,3 Kalorien.

Die Nährstoffe lassen sich bis zu einem gewissen Grad gegenseitig ersetzen. Bei der Energielieferung sind zum Beispiel 100 Gramm Kohlenhydrate gleich 100 Gramm Eiweiß. 100 Gramm Fett ersetzen 230 Gramm Eiweiß oder Kohlenhydrate. Daraus dürfen aber keine falschen Schlüsse gezogen werden. Nicht nur die tägliche Energiemenge muß stimmen, auch die Zusammensetzung der drei Nährstoffgruppen muß im richtigen Verhältnis zueinander stehen. Dazu nimmt das Eiweiß eine Sonderstellung ein. Es ist für den Muskelaufbau unentbehrlich und kann dabei weder durch Kohlenhydrate noch durch Fett ersetzt werden.

Ebenso wichtig ist es, daß der Sportler seinem Körper die lebenswichtigen Substanzen, die keine Energien liefern, zuführt. Das sind Vitamine, Mineralien, Spurenelemente usw.

Viele Sportler vernachlässigen eine ausgewogene Ernährung. Sie werden mit Sicherheit nicht ihre volle Leistungsstärke erreichen. Viele glauben auch an eine „Wunderernährung". Dabei gibt es die extremsten Richtungen. So hoffen viele auf eine Leistungssteigerung, indem sie wahllos Vitamine sowie Mineralien etc. in sich „hineinstopfen". Sicherlich braucht der trainierende Körper mehr diese lebenswichtigen Substanzen als „Otto Normalverbraucher". Eine extreme Dosierung über den wirklichen Verbrauch hinaus steigert die Leistung allerdings nicht.

Eines kann generell gesagt werden: Durch eine richtige Ernährung wird die Leistungsfähigkeit erheblich gesteigert. Es gibt aber mit Sicherheit keine noch so ausgeklügelte Ernährungsmethode, die aus einem Freizeitsportler einen Weltklasse-Athleten macht. Zur Spitzenleistung gehören neben der richtigen Ernährung und viel Training auch ein enormes Maß an Talent für die jeweilige Disziplin.

Für die richtige Ernährung hat der Wissenschaftler Prof. Dr. Josef Nöcker im übrigen vier Grundregeln aufgestellt:

1. Der Kalorienbedarf muß ausreichend gedeckt sein.
2. Die Zufuhr von Eiweiß muß ebenfalls ausreichend sein.
3. Die vom Körper nicht herstellbaren lebenswichtigen Substanzen wie Vitamine, Spurenelemente, Mineralien usw. müssen dem Körper ebenfalls in ausreichender Menge zugeführt werden.
4. Das Essen sollte schmackhaft sein, ohne daß dabei die Nährwerte zerstört werden.

Die Forderung, das Essen schmackhaft zuzubereiten, kommt nicht von ungefähr. Wer eine „Spezialnahrung" — weil sie eine geschickte Werbung als das „Nonplusultra" empfohlen hat — tagtäglich mit Widerwillen herunterwürgt, wird kaum seine volle Leistung im Training und Wettkampf bringen.

Seelisches Wohlbefinden ist ein wichtiger Faktor, um mit Elan eine Aufgabe anzupacken.

Die Psyche ist aber mit Sicherheit gestört, wenn einem das Essen sozusagen permanent „vermiest" wird.

Forschungen führender Ernährungswissenschaftler haben ergeben, daß fünf Mahlzeiten besser sind als drei. Kleine Portionen über den ganzen Tag verteilt, belasten den Körper wesentlich weniger.

Deshalb regelmäßig Zwischenmahlzeiten einnehmen!

Nach Prof. Dr. Nöcker sollte die Gesamtenergiemenge folgendermaßen verteilt werden:

Erstes Frühstück:	rund 20% der Gesamtenergie
Zweites Frühstück:	rund 15% der Gesamtenergie
Mittagessen:	rund 25% der Gesamtenergie
Nachmittag:	rund 15% der Gesamtenergie
Abendessen:	rund 25% der Gesamtenergie

Die letzte Mahlzeit vor dem Spiel- und allgemeinen Konditionstraining sollte kohlenhydratreich und die vor dem reinen Krafttraining relativ eiweißreich sein.
Im American Football werden sowohl erhebliche Kraft- als auch Ausdauerleistungen verlangt. Dem muß sich die Ernährung anpassen. Also rund 60% des Tagesbedarfs per Graubrot, Müsli, Kartoffeln, Reis, Honig, Fruchtsäfte etc. decken. „Kohlenhydrate sind die Energiereserven, die es erlauben, eine hohe Ausdauerleistung mit hoher Intensität und geringstem Sauerstoffverbrauch zu erbringen", schreibt der bekannte Mediziner Dr. Peter Konopka in seinem Buch „Sport, Ernährung, Leistung".

Nicht vernachlässigt werden darf die Eiweißzufuhr (Proteine). Nur so können kräftige Muskeln gebildet werden. Die Proteine sind die Baustoffe des Lebens. Sie können — wie schon gesagt — dabei weder durch Kohlenhydrate noch durch Fette ersetzt werden. Wenigstens 1,8 Gramm Proteine pro Kilo Körpergewicht, besser allerdings 2,0 bis 2,2 Gramm sind nötig, um den Bedarf des American Footballspielers zu decken. Sollen bei einem zu leichten Spieler relativ schnell Muskeln aufgebaut werden, so können auch eine Zeitlang bis zu 3 Gramm eingenommen werden. Eine höhere Eiweißzufuhr ist allerdings absolut nicht zu empfehlen, sie führt dann mit Sicherheit zu Nierenschäden. Zwar kann kein Mensch ohne Eiweißzufuhr (Tod durch Muskelschwund) leben, aber ein Zuviel ist letztendlich ebenso schädlich. Auf die richtige Dosierung kommt es an.

Auf jeden Fall sollte bei erhöhter Protein-Aufnahme kräftig getrunken werden, um die Nieren gut durchzuspülen.

Eiweiß ist nicht gleich Eiweiß. Es setzt sich aus Aminosäuren zusammen. Einige davon kann der Mensch selber aufbauen, einige nicht. Sie werden auch „essentielle" Aminosäuren genannt. Fehlt nur eines dieser lebenswichtigen Bausteine, so kommt es bereits zu körperlichen Beeinträchtigungen. Nicht in allen Nahrungsmitteln sind die Aminosäuren in der Zusammensetzung enthalten, wie sie der Körper braucht. So enthält das Getreideeiweiß des Brotes zum Beispiel zu wenig Lysin. Milch dagegen hat einen Überschuß daran. Wird zum Brot Milch getrunken, so wird das Defizit an Lysin ausgeglichen.

Es gibt tierisches und pflanzliches Eiweiß. Das tierische ist dem pflanzlichen Eiweiß überlegen. Es ist sozusagen „hochwertiger". Zwei Drittel des täglichen Bedarfs sollten deshalb aus tierischen Proteinen gedeckt werden. Hochwertiges Eiweiß ist hier in Milch und Milchprodukten, magerem Fleisch, fettarmer Wurst usw. enthalten. Zur Deckung des täglichen Eiweißbedarfs können auch Proteinpräparate gekauft werden.

Der Fettanteil sollte 25% nicht überschreiten. Zuviel Fett in der Nahrung senkt die Ausdauerleistung. Aufpassen muß man hier auf die „versteckten" Fette: Kuchen, viele Wurstsorten, Pommes frites etc. sind deshalb nicht zu empfehlen.

Natürlich muß auch der Vitaminhaushalt stimmen. Der hart trainierende Football-Spieler hat einen erhöhten Bedarf an Vitamin C und E sowie der Vitamine der B-Kette. Nach Prof. Ludwig Prokop kann der Bedarf an Vitamin E fünfmal höher sein als normal. Bei Vitamin C ist er um das Dreifache gesteigert. Aber — wie schon gesagt — extreme Dosierungen bringen nichts. Wer glaubt, nur weil er in irgendeiner Form die 10fache Menge zu sich nimmt, bringt es dadurch automatisch zum Weltklasse-Athleten, der irrt gewaltig. Zu hohe Dosen der Vitamine A und D werden sogar ausgesprochen gefährlich. Beim Vitamin ist es praktisch so wie beim Eiweiß. Kein Vitamin D führt letztendlich zum Tode (Knochenerweichung), zuviel ebenso (Kalkablagerungen in den Organen).

Selbstverständlich muß auch der Mineralstoffverlust beim Training und Wettkampf ausgeglichen werden. Hier sind hervorragende Elektrolyt-Getränke auf dem Markt.

Das Football-Regelbuch

Football ist traditionsgemäß das Spiel der Schulen und Universitäten in den USA.

Daher werden von den Spielern, Trainern und anderen, mit dem Spiel verbundenen Personen, nur die höchsten Ansprüche hinsichtlich der Sportlichkeit und dem Verhalten verlangt.

Die Trainervereinigung in den USA hat das Regelwerk des American Football als Teil ihres Ehrenkodexes aufgenommen und allen ihren Trainern aufgegeben, die Regeln gewissenhaft zu lesen und zu beachten.

Der Ehrenkodex verbietet das Erreichen eines Vorteils durch Vereitelung oder Mißachtung der Regeln. Ein Trainer oder ein Spieler, der versucht, einen Vorteil durch die Mißachtung der Regeln zu erreichen, wird als ungeeignet angesehen, am Football-Spiel teilzunehmen. Football ist und sollte ein aggressiver, rauher Mannschaft-Kontaktsport sein. Aber das Spiel bietet keinen Platz für unfaire Taktiken, Unsportlichkeit oder Aktionen, die dazu geeignet sind, einen Gegenspieler zu verletzen.

In den USA hat sich das Regel-Komitee um die Regeln und um berechtigte Strafen bemüht, um alle Formen der übermäßigen Härte, unfairer Taktiken und unsportlichen Verhaltens zu verbieten.

Aber Regeln allein können letztendlich diese Ziele nicht erreichen. Nur die ununterbrochenen besten Bemühungen aller Trainer, Spieler, Schiedsrichter und aller Freunde des Football-Spiels können die hohen moralischen Maßstäbe bewahren, die das Publikum zu Recht von dem Spiel erwartet.

Aus diesem Grund wurden die Regeln, als ein Führer für Trainer, Spieler, Schiedsrichter und anderer Verantwortlicher, veröffentlicht.

Diese hier vorliegende, deutsche, freie Übersetzung der amerikanischen Regeln gilt nicht als offizielles, deutsches Regelwerk und verlangt keinen Anspruch auf Vollständigkeit.

Sie soll aber dem deutschen Football-Interessierten eine Möglichkeit geben, die Regeln des AMERICAN FOOTBALL zu verstehen und danach zu spielen.

Nachfolgend werden einige Punkte, die besondere Aufmerksamkeit erfordern, aufgeführt.

EHRE DES TRAINERS

Die vorsätzliche Aufforderung eines Trainers, zur Verletzung der Regeln ist unentschuldbar.

Absichtliches Halten, Schlagen des Balles, illegale SHIFTS, das Vortäuschen von Verletzungen, Behinderungen oder illegales Vorwärts-PASS-Spiel, das als „Vorwärts-FUMBLE" gespielt wird, dienen nicht gerade der Charakterbildung der Spieler.

Das Unterrichten oder Entschuldigen absichtlicher Härte, einschließlich des Blockens unterhalb der Gürtellinie von der Seite her, die für den Geblockten nicht einsehbar ist, ist an jeder Stelle des Spielfeldes unentschuldbar.

Erteilen solcher Anweisungen sind nicht nur unfair einem Gegner gegenüber, sie wirken auf die jungen Menschen demoralisierend, die auf die Fürsorge eines Trainers vertrauen. Diese Anweisungen haben keinen Platz in einem Spiel, das einen beachtlichen Anteil im Erziehungsprogramm eines jungen Menschen hat.

Das Wechseln der Trikotnummern während des Spieles, um einen Gegner zu täuschen, ist ein unmoralischer Akt.

Der Football-Helm ist zum Schutz der Spieler geschaffen und erforderlich geworden und soll nicht als Waffe benutzt werden.

In den USA hat die dortige Trainervereinigung folgendes festgelegt:

a) Der Helm soll nicht als Kontaktstoßwaffe beim Trainieren, besonders beim Trainieren des Tackelns und Blockens, benutzt werden.

b) Selbstantreibende, mechanische Apparaturen sollen beim Trainieren des Blockens oder Tackelns nicht benutzt werden.

c) Bei Spielern, Trainern und Schiedsrichtern sollte größter Wert darauf gelegt werden, daß SPEARING ausgeschlossen wird.

Die Einnahme von untherapeutischen Drogen beim Footballspiel steht nicht im Einklang mit den Zielen und dem Umfang eines Amateurathleten und ist verboten.

ILLEGALES BENUTZEN VON HAND UND ARM

Rücksichtsloses Benutzen von Hand und Arm ist unfaires Spielen und läßt Unvermögen erkennen. Es gehört nicht in das Spiel.

Der Zweck des Spieles ist es, den Ball durch Strategie, Können und Schnelligkeit in die gegnerische Zone zu tragen, ohne den Gebrauch illegaler Techniken.

Vielleicht könnte ein gutes Spiel erfunden werden, bei dem es der Zweck ist, den Ball so weit wie möglich durch Halten des Gegners zu tragen, aber das wird dann kein Football-Spiel sein.

Es wird möglicherweise ein Mannschafts-Catch-Spiel werden.

„SCHLAGEN DES BALLES"

„Schlagen des Balles" durch ein unfaires Benutzen von Startsignalen ist nicht anderes als bewußter Entzug eines gegnerischen Vorteils.

Ein ehrliches Startsignal ist guter Football; aber ein Zeichen, das den Start eines Teams für den Bruchteil einer Sekunde, bevor der Ball ins Spiel gebracht wird, zum Ziel hat, in der Hoffnung, es würde von den Schiedsrichtern nicht bemerkt werden, ist nichts als kurzsichtige Rechtsbrechung.

Es ist dasselbe, als wenn ein Spieler in einem 100-Meterlauf ein geheimes Abkommen mit dem Starter hätte, um von ihm, eine Zehntelsekunde vor dem Startschuß, eine Warnung zu erhalten.

ILLEGALES SHIFTING

Ein ehrlicher SHIFT ist guter Football, aber die Verkürzung der Ein-Sekunden-Pause und SHIFTING in solcher Weise, um den Spielstart zu simulieren oder eine unfaire Taktik zu gebrauchen, um ein gegnerisches OFFSIDE zu provozieren, kann als ein bewußter Versuch gedeutet werden, um einen unberechtigten Vorteil zu erreichen. Solche Taktiken können im Football nicht toleriert werden.

VORTÄUSCHEN EINER VERLETZUNG

Einem verletzten Spieler muß der volle Schutz der Regeln gewährt werden. Jedoch das Vortäuschen einer Verletzung durch einen unverletzten Spieler, mit dem Ziel, eine zusätzliche, unverdiente Zeit für sein Team zu erreichen, ist unehrlich, unsportlich und widerspricht dem Geist der Regeln.
Solche Taktiken können unter rechtschaffenen Sportsleuten nicht toleriert werden.

GESPRÄCH MIT DEM GEGNER

Gespräche unter Gegnern, wenn sie kurz davor sind, beleidigend oder unflätig zu werden, sind durch die Regeln nicht verboten, aber kein guter Sportler ist jemals schuld an einem unflätigen Gespräch seinem Gegner gegenüber.

GESPRÄCH MIT DEN SCHIEDSRICHTERN

Wenn ein Schiedsrichter eine Strafe verhängt oder eine Entscheidung trifft, so tut er nur seine Pflicht, so, wie er es für richtig hält. Er ist auf dem Spielfeld, um die Sauberkeit des Football-Spiels aufrecht zu erhalten und seine Entscheidungen sind endgültig und entscheidend. Sie sollen von den Trainern und den Spielern akzeptiert werden.

In den USA hat die Trainervereinigung festgelegt:

a) Offizielle und inoffizielle Kritik an Schiedsrichtern von Spielern oder dem Publikum sollen wohlüberlegt sein.

b) Wenn ein Trainer selbst, oder wenn er es zuläßt, daß jemand von seiner Bank, sich an einen Schiedsrichter wendet und sich während dem Verlauf des Spieles unhöflich äußert oder ein Verhalten erlaubt, das Spieler oder Zuschauer zu einem Verhalten gegenüber einem Schiedsrichter anstiftet, so ist das eine Verletzung der Spielregeln und muß für ein Mitglied des Trainerberufes als unwürdig angesehen werden.

SPORTLICHKEIT

Der Footballspieler, der vorsätzlich eine Regel verletzt, ist schuldig an unfairem Spiel und unsportlichem Verhalten.

Egal, ob der Regelverstoß geahndet wird oder nicht, der gute Ruf des Spieles wird dadurch in Verruf gebracht, obwohl es die Pflicht des Sportlers ist, den guten Namen seines Sportes aufrecht zu erhalten.

Inhaltsverzeichnis der Regeln

Erklärung zum besseren finden wie folgt:
Regel 2-21-2 = Regel 2-*Abschnitt* 21-*Artikel* 2

XVI   Regelwerk-Inhaltsverzeichnis

Regel 1

Das Spiel, die Spieler, die Ausrüstung

A b s c h n i t t 1 Allgemeine Bestimmungen

Artikel 1 Das Spiel

a) Das Spiel sollte zwischen zwei Mannschaften (TEAMS) mit nicht mehr als 11 Spielern, auf einem rechtwinkligen Spielfeld, mit einem aufgepumpten Ball ausgetragen werden.

b) Ein Team kann mit weniger als 11 Spielern spielen, wird aber bestraft, wenn die folgenden Auflagen nicht beachtet werden:
   1. wenigstens 5 Spieler müssen sich beim Empfangen eines FREE KICK innerhalb von 5 Metern ihrer RESTRAINING LINE aufhalten (Regel 6-1-2).
   2. beim SNAP müssen sich wenigstens 7 Spieler auf der OFFENSIV SCRIMMAGE LINE befinden, von ihnen dürfen nicht weniger als 5 von 50—79 numeriert sein (Regel 2-21-2, 7-1-3-b-1)
   AUSNAHME: Regel 1-4-2-b.

Artikel 2 GOAL LINES

Für jedes Team soll, an entgegengesetzten Ende des Feldes eine Endzone eingerichtet werden.

Jedem Team soll die Möglichkeit gegeben werden, mit dem Ball in die Endzone des anderen Teams vorzurücken, entweder durch Laufen mit dem Ball oder durch Werfen oder Kicken des Balles.

Artikel 3 Sieger und Endergebnis

a) Jedem Team sollen Punkte zuerkannt werden, die regelgemäß erzielt wurden und, sofern das Spiel nicht abgebrochen wird, hat am Ende des Spieles das Team mit den meisten Punkten, einschließlich der Extra-Punkte, gewonnen.

b) Spielende und Punktestand werden von REFEREE bekannt gegeben.

c) Das Ergebnis eines vorzeitig abgebrochenen Spiels wird als Endergebnis zum Zeitpunkt des Abbruches bezeichnet.

Artikel 4 Aufsicht über das Spiel

a) Das Spiel soll unter der Aufsicht von entweder vier, fünf, sechs oder sieben Schiedsrichter gespielt werden:
   ein REFEREE, ein UMPIRE, ein LINESMAN, ein FIELDJUDGE, ein BACK-JUDGE, ein LINE-JUDGE und ein SIDE-JUDGE.
   Der Einsatz von BACK-, SIDE- und LINE-JUDGE ist freigestellt.

b) Die Rechtsprechung (Schiedstätigkeit) beginnt mit dem vorgesehenen Hochwerfen der Münze in der Mitte des Feldes. Sie endet, wenn der REFEREE das Endergebnis bekannt gibt.

XVI Regelwerk

Artikel 5   TEAM-CAPTAINS (Spielführer)

a) Jedes Team bestimmt einen oder mehrere Spieler als TEAM-CAPTAINS, von denen jeweils ein Spieler als Sprecher mit den Schiedsrichtern in allen Angelegenheiten tätig wird. Eine vom TEAM-CAPTAIN zuerst getroffene Wahl, die seinem Team angeboten wurde, kann nicht mehr zurückgenommen werden.

b) Jeder Spieler kann ein TIME-OUT beantragen, das seinem Team angerechnet wird.

Artikel 6   Personen, die den Regeln unterliegen

Alle Spieler, Ersatzspieler, Trainer, Physiotherapeuthen, Cheerleader, Musiker, Maskottchen in Uniform und andere Personen, die den Teams verbunden sind, unterliegen den Regeln und müssen den Anordnungen der Schiedsrichter Folge leisten. Mit dem Team verbunden sind die Personen, die sich berechtigt in der TEAM-ZONE aufhalten.

A b s c h n i t t 2   Das Spielfeld

Artikel 1   Ausmaße

Das Spielfeld soll ein rechteckiges Feld sein, mit den Ausmaßen, Linien, Zonen, Toren und Pylonen, wie sie im Spielfelddiagramm verzeichnet sind.

a) Alle Begrenzungslinien müssen mit einer weißen, 10 cm breiten Markierung versehen sein. (Ausnahme: Seiten- und Endlinien können 10 cm überschreiten.) Das Material soll ungiftig sein und darf weder Augen noch Haut verletzen.

b) Kurze Meterlinien (YARDLINES), die 10 cm lang sind, sind an der Innenseite der Seitenlinien und an den Innenfeldlinien (HASH MARKS) vorgeschrieben.

c) Es wird empfohlen, eine deutliche weiße Zone zwischen der Seitenlinie und der COACHING-LINE zu markieren.

d) Abweichendes, dekoratives Material ist in den Endzonen erlaubt, aber es wird empfohlen, daß das Material nicht näher als 10 cm an jede Linie heranreicht.
Abweichendes, dekoratives Material außerhalb der Seiten- und Endlinien ist erlaubt.

e) Befinden sich in den Endzonen Markierungen in weißer oder den GOAL-LINES entsprechender Farbe, so dürfen diese nicht näher als 10 cm an die Außenlinien und GOAL-LINES aufgetragen werden.

f) Abweichendes, dekoratives Material ist innerhalb der Seitenlinien und zwischen den GOAL-LINES erlaubt, dürfen aber die Meterlinien, die GOAL-LINES und die Seitenlinien nicht verdecken.

g) GOAL-LINES dürfen unterschiedlicher Farbe sein.

h) Werbung innerhalb des Spielfeldes ist verboten.

i) Die Distanzmarkierungen (10, 20, 30 usw.) sollen 15 cm lang und 10 cm breit sein. Sie sollen vorzugsweise 9 m vom Spielfeldrand entfernt sein.

Artikel 2   Abmessungen

Die Abmessungen werden von den Innenseiten der Begrenzungslinien vorgenommen.

Das Feld, das sich innerhalb der Seiten- und Endlinien befindet, ist „in Bounds" (innerhalb) und das Feld um und einschließlich der Seiten- und Endlinien ist „out of bounds" (außerhalb).

Die gesamte Breite der GOAL-LINE gehört zur Endzone.

Artikel 3   Seitenlinien und COACHING-LINE

a) An den äußeren Seiten- und Endlinien befinden sich ca. 30 cm breite, neutrale Zonen, die mit einer ca. 30 zu 60 cm starken, gestrichelten Linie abgegrenzt sind.

Stadien, in denen die Gesamtfeldfläche das nicht zuläßt, sind ausgenommen. Dort sollen die Begrenzungslinien nicht näher als 15 cm an die Seiten- und Endlinien angebracht werden.

Die Begrenzungslinien sollen 10 cm breit und gelb sein. Keine Person außerhalb der TEAM-ZONE darf diese Zone betreten (siehe Regel 9-1-5-a, 9-2-1-b-1 und Felddiagramm).

b) Es wird empfohlen, diese Begrenzungslinien im Abstand von 15 cm um die ganze TEAM-ZONE zu ziehen.

c) In Höhe der 25-Meter-Linien sollen im Abstand von 15 cm zu den Seitenlinien je eine deutliche COACHING-LINE gezogen werden.

d) Diese COACHING-LINE soll außerhalb der TEAM-ZONE in Höhe jeder Distanzmarkierung (10, 20 usw.) mit einer 10x10 cm starken Linie, in Richtung der Endzonen verlängert werden. Diese so entstandene Zone ist für die Kettencrew und den Versuchsanzeiger vorgesehen.

Artikel 4   TEAM-ZONE (Mannschaftszone)

a) Hinter der jeweiligen COACHING-LINE sollen die TEAM-ZONEN auf jeder Seite des Spielfeldes, in Höhe der 25-Meter-Linien eingerichtet werden.

b) Die Anzahl der Personen, die sich in der TEAM-ZONE aufhalten dürfen, sind auf die Spieler in Ausrüstung und maximal 40 andere Personen, die zum Spielbetrieb gehören, begrenzt. Diese 40 Personen, die keine Ausrüstung tragen, müssen spezielle Ausweise tragen.

c) Den Trainern ist es gestattet, die Zone zwischen der Begrenzungslinie und der COACHING-LINE zu betreten. Jedoch nur innerhalb der 25-Meter-Linien. Dieses ist die COACHING-ZONE.

d) Die Errichtung der TEAM-ZONEN von den jeweiligen 25-Meter-Linien aus, gehört zu den Aufgaben des Spielmanagements.

e) Es darf sich kein Rundfunk- oder TV-Personal, inclusive Journalisten in den TEAM-ZONEN oder den COACHING-ZONEN aufhalten Dies gilt auch für deren Ausrüstung.

Diesem Personenkreis ist es auch verboten, mit den Personen innerhalb der TEAM-ZONEN in irgendeiner Form zu korrespondieren.

f) Das Spielmanagement soll Personen, die gemäß der Regel nicht autorisiert sind, sich in den TEAM- und COACHING-ZONEN aufzuhalten, entfernen.

Artikel 5   GOALS (Tore)

a) Jedes Tor soll zwei aufrecht stehende, ca. 6 m hohe Pfosten haben, die mit einer weißen, horizontalen Querlatte verbunden sind.
Diese Querlatte muß sich ca. 3 m über dem Boden befinden.
BEACHTE: Ab 1987 müssen die Pfosten mindestens 9 m lang sein.

b) Über der Querlatte müssen die Pfosten weiß sein und müssen mindestens 7,10 m auseinander stehen (von den Innenseiten aus gemessen), jedoch nicht weiter als 7,30 m auseinander (von den Außenseiten aus gemessen).

c) An den weißen Toren darf kein dekoratives Material befestigt sein (Ausnahme: an den Enden der Pfosten befindliche 10x100 cm große Wimpel, die die Windrichtung anzeigen, sind erlaubt).

d) Die Höhe der Querlatte wird von deren Oberkante bis zum Boden gemessen.

e) Aufstellbare Tore können benutzt werden.

f) Sollte eines der Tore nicht benutzbar sein, muß bei einem Zusatz- oder FIELDGOAL-Versuch wie folgt verfahren werden:
Ein Team, das zu einem Zusatzversuch berechtigt ist, braucht keinen ZWEI-PUNKTE-Versuch (CONVERSION) zu unternehmen, wenn die Tore nicht benutzbar oder regelwidrig sind.
Das Team ist unter den gleichen Bedingungen zu einem FIELDGOAL-Versuch berechtigt.
Hat man sich zu einem KICK entschlossen, muß in Richtung des gegnerischen Tores gekickt werden.
Sollten aus irgendeinem Grund die Originaltore nicht benutzbar sein, so ist die Heimmannschaft für das Vorhandensein eines tragbaren Tores verantwortlich. Dieses Tor muß dann aufrecht gehalten werden.

Artikel 6   PYLONE

Es sind 10x10x30 cm große Pylone erforderlich. Diese Pylone sollen rot oder orange sein und werden an den acht Innenecken der Endzonen aufgestellt. Da sie auf den Endzonenlinien stehen, gehören sie zur Endzone.

Artikel 7   Meterkette und Versuchsanzeiger

Die offizielle Meterkette und der Versuchsanzeiger sollen ungefähr 1,80 m außerhalb der Seitenlinien postiert werden.

a) Die Kette sollte zwei Stangen haben, die nicht niedriger als 1,5 m sein sollten. Die Stangen müssen exakt 10 Meter voneinander entfernt sein, wenn die Kette gerade gespannt ist.

b) Der Versuchsanzeiger sollte an einer Stange befestigt sein, die nicht niedriger als 1,5 m ist.

c) Ein inoffizieller zusätzlicher und ein inoffizieller Anzeiger, die die noch zu erreichenden Meter zum FIRST DOWN anzeigen, können ca. 1,80 m außerhalb der Seitenlinien benutzt werden.

d) Inoffizielle, rot oder orange, rutschfeste Pfeile, die die zu erreichende Meterlinie verdeutlichen, können an beiden Seiten, außerhalb der Seitenlinien,
auf den Boden gelegt werden. Diese Pfeile sollen rechtswinklig sein, aus
weichem Material und mit den Ausmaßen ca. 25x80 cm. Die Spitze muß
dann zur Seitenlinien zeigen.

e) Alle Stangen sollen flache Enden haben.

Artikel 8   Markierungstafeln und Hindernisse

Alle Markierungstafeln und Hindernisse sollen so plaziert und konstruiert werden, daß eine Gefährdung der Spieler ausgeschlossen ist. Das beinhaltet alles
Gefährliche für Jedermann auf den Begrenzungslinien
Der REFEREE soll alle Markiertafeln oder Hindernisse, die diesen Anforderungen nicht entsprechen, zurückbeordern.

Artikel 9   Umfang des Spielfeldes

Es darf kein Material oder keine Vorrichtung benutzt werden, um den Umfang
des Spielfeldes zu verändern und einem Spieler oder einem Team einen Vorteil
zu verschaffen.

A b s c h n i t t 3   Der Ball

Artikel 1   Spezifizierung

Der Ball soll folgende Merkmale aufweisen:

a) Neu oder nahezu neu (ein nahezu neuer Ball ist ein Ball, der nicht gealtert
ist und die Qualität und die Eigenschaften eines neuen Balles enthält).

b) Hülle bestehend aus vier rauhen Lederstücken, ohne Vertiefung außer den
Nähten;

c) ein Satz von acht gleichmäßig verteilten Schnüren;

d) natürliche braune Farbe;

e) zwei weiße, 2,5 cm breite Streifen, die 7,5—8,1 cm von den Enden des Balles
entfernt angebracht sind und auf den zwei Lederstücken angebracht sind,
die an die Schnüre grenzen;

f) Längsumfang ca. 70,5—72,3 cm; Querumfang ca. 52,7—54 cm; Länge ca.
27,6—29 cm;

g) aufgepumpt mit einem Druck von ca. 5,6—6,1 kg/ccm;

h) Gewicht ca. 396,9—425,25 gr.;

i) der Ball darf nicht gealtert sein;

j) professionelle Football-Liga-Embleme sind nach 1986 verboten.

AUSNAHME: Ein Gummi- oder gummiähnlicher Ball kann von einem oder
beiden Teams benutzt werden.

Artikel 2 Aufsicht und Durchführung

a) Der REFEREE soll vor und während des Spieles die Bälle testen und allein entscheiden, welche Bälle (nicht mehr als 6 Bälle pro Team) für das Spiel verwendet werden. Der REFEREE muß überprüfen, ob die ihm angebotenen Bälle den Regeln (1-3-1) entsprechen.

b) Das Heimteam ist für eine Ballpumpe zuständig.

c) Das Heimteam ist verantwortlich für das Vorhandensein legaler Bälle und muß dem Gegner angeben, mit welchen Bällen gespielt werden soll (Art und Marke).

d) Während des Spiels darf jedes Team einen neuen oder nahezu neuen Ball ihrer Wahl benutzen, wenn es in Ballbesitz ist, der Ball den Regeln entspricht und vom REFEREE geprüft wurde.

e) Das Gastteam ist verantwortlich für die Beschaffung von Bällen ihrer Wahl, wenn sie im Ballbesitz sind und die Bälle des Heimteams nicht akzeptieren. Diese Bälle müssen den Regeln entsprechen.

f) Alle Bälle, die benutzt werden sollen, müssen 60 Minuten vor Spielbeginn dem REFEREE zum Test vorgelegt werden.
   1. Wählt ein Team einen Gummi- oder gummiähnlichen Ball zum Spielgebrauch, so müssen dem REFEREE nur Gummi- oder gummiähnliche Bälle zur Genehmigung vorgelegt werden.
   2. Wählt ein Team einen Lederball zum Spielgebrauch, so müssen dem REFEREE nur Lederbälle zur Genehmigung vorgelegt werden.
   3. Ein Team darf während des Spiels nicht von einem Gummiball auf einen Lederball und umgekehrt wechseln.

g) Wird der Ball näher an den Seitenlinien als an den HASH-MARKS „tot", ungeeignet zum Spiel, zum Messen in einer Seitenzone gebraucht oder unerreichbar, so soll ein Ersatzball geholt werden.

h) Der REFEREE oder der UMPIRE sollen bestimmen, ob jeder Ball den Regeln entspricht, bevor dieser ins Spiel gebracht wird.

i) Muß ein Ball gemessen werden, so soll wie folgt verfahren werden:
   1. Alle Messungen sollen vorgenommen werden, nachdem der Ball auf 5,89 kg/ccm aufgepumpt wurde.
   2. Der Längsumfang soll um die Enden herum gemessen werden, jedoch nicht über die Schnüre.
   3. Die Länge soll mit einem Zirkel gemessen werden, von einem Ende bis zum anderen, jedoch nicht in den Kerben.
   4. Der Querumfang soll um den Ball herum gemessen werden, über das Ventil, über EINE Schnur, aber nicht über zwei sich kreuzende Schnüre.

Artikel 3 Ballmarkierungen

Markieren eines Balles, um dadurch einen Vorteil für einen Spieler oder eine Spielsituation zu erreichen, ist verboten.
STRAFE: LIVE-BALL-FOUL — 15 Meter vom PREVIOUS SPOT

A b s c h n i t t 4   Spieler und deren Ausrüstung

Artikel 1   Vorgeschriebene Numerierung

Folgende Numerierung des Angriffs-Teams (OFFENSE) ist streng vorgeschrieben:

80—99	70—79	60—69	50—59	60—69	70—79	80—99
x	x	x	x	x	x	x
END	TACKLE	GUARD	CENTER	GUARD	TACKLE	END

x
QUARTERBACK

1—49
BACKS

x	x	x
HALFBACK	FULLBACK	HALFBACK

Das Diagramm zeigt nur eine der vielen Angriffsformationen.

Artikel 2   Vorgeschriebene Nummern

a) Alle Spieler müssen von 1—99 numeriert sein.

b) Bei einem SCRIMMAGE-DOWN müssen wenigstens fünf der auf der SCRIMMAGE-LINE stehenden Angriffsspieler die Nummern 50—79 haben.
AUSNAHME: Während einer SCRIMMAGE-KICK-Formation bleibt ein Spieler, der ursprünglich von der vorgeschriebenen 50—79-Numerierung ausgenommen war, beim SCRIMMAGE-KICK ein unberechtigter RECEIVER während des gesamten Versuches und er muß sich auf der SCRIMMAGE-LINE zwischen den Spielern am Ende der SCRIMMAGE-LINE aufstellen.

c) Zwei Spieler des gleichen Teams dürfen nicht dieselbe Nummer tragen.

d) Während des Spieles dürfen keine Nummern getauscht werden, mit der Absicht, den Gegner zu täuschen.
STRAFE: 5-Meter vom PREVIOUS SPOT

e) Markierungen in der Nähe der Nummern sind nicht erlaubt.
STRAFE: LIVE-BALL-Foul — 5-Meter vom PREVIOUS-SPOT (S 23)

Artikel 3   Unterschiedliche Farben

a) Spieler unterschiedlicher Teams müssen unterschiedlich farbige Trikots tragen.
Spieler eines Teams müssen gleiche Trikots tragen.

b) Ein weißes Trikot ist eines, von dem sich nur die Spielernummer, Name und Schule des Spielers, Spiel-, Schul- oder Gedenkabzeichen abheben.
Traditionelle Institutsabzeichen können auf den Ärmel und/oder den Schultern plaziert werden.
Die Farbe der Trikots muß sich DEUTLICH von der Farbe der Trikotnummern abheben.

XVI Regelwerk

Artikel 4 Vorgeschriebene Ausrüstung

Alle Spieler sollen die vorgeschriebene, folgende Ausrüstung tragen. Die Ausrüstung muß professionell hergestellt worden sein und darf nicht gealtert sein. Sie muß geeignet sein, um Verletzungen vorzubeugen:

a) weiche Knieschützer, wenigstens 3,5 cm dick, die über dem Knie, innerhalb der Hose getragen werden.
   Weder PADS, noch sonstige schützende Ausrüstung dürfen außerhalb der Hose getragen werden.

b) Kopfschutz (Helm) mit einem VIERPUNKT-Kinnriemen. Ist der Kinnriemen nicht vollständig verschlossen, so ist das eine Regelverletzung. Schiedsrichter sollen den Spieler darauf hinweisen, wenn weniger als 4 Riemen befestigt sind, ohne ein TIME-OUT zu verhängen, es sei denn, der Spieler ignoriert die Warnung.

c) Schulterschützer, Hüftschützer mit Steißbeinschutz, Oberschenkelschützer

d) ein im Mund zu tragender Zahnschutz, der die oberen Zähne überdeckt

e) ein Trikot mit weiten Ärmeln, die die Schulterschützer vollständig verdecken, das nicht gealtert oder zerrissen sein darf und nicht gegen Regel 1-4-4-f verstößt.

f) Zahlennummern in arabischer Block- oder Gotikschrift, wenigstens 20—25 cm hoch, dauerhaft auf dem Trikot angebracht, müssen sich auf Brust und Rücken befinden und sich farblich vom Trikot abheben.
   Jede Spielernummer muß die gleiche Farbe haben, eine deutliche farbliche Abgrenzung ist erlaubt.
   Individuelle Schriftzeichen müssen ca. 3,5 cm von den Zahlen entfernt sein, persönliche Nummern müssen sich auf Brust und Rücken befinden.

BEACHTE: Trägt ein Spieler nicht die vollständige vorgeschriebene Ausrüstung gemäß Regel 1-4-4, so wird das Team mit einem TEAM-TIME-OUT belastet. Verletzung der Regel siehe auch Regel 3-3-6 und 3-4-2-c.

NOCSAE: Alle Spieler müssen einen Helm tragen, der ein Warnzeichen, das auf das Verletzungsrisiko hinweist und ein amtliches Prüfzeichen des Herstellers oder des Testers, gemäß den Regeln der NOCSAE-Norm, enthällt. Alle derart getesteten Helme müssen das Prüfzeichen der NOCSAE-Testnorm tragen.

NOCSAE = National Operating Comitee on Standarts for Athletic Equipment

Artikel 5 Unvorschriftsmäßige Ausrüstung

Es dürfen keine Spieler eingesetzt werden, die eine unvorschriftsmäßige Ausrüstung tragen. Jede Unklarheit, die sich über die Vorschriftsmäßigkeit der Ausrüstung ergibt, entscheidet der UMPIRE.
Nicht vorschriftsmäßige Ausrüstungsteile sind:

a) Ausrüstungsteile, die nach der Meinung des UMPIRE geeignet sind, den Gegner zu verwirren oder Teile, die künstliche Glieder enthalten, die einen Gegner verletzen können

b) harte, geschliffene und unnachgiebige Stoffe an der Hand, dem Handgelenk, dem Unterarm oder dem Ellenbogen eines Spielers, wenn diese

Stoffe nicht von allen Seiten mit Schaumgummi oder einem ähnlichen Material, nicht dünner als 1,5 cm dick gepolstert sind.
Harte und unnachgiebige Stoffe sind nur erlaubt, um eine Verletzung zu schützen und Hand- oder Armschützer (Gipsverband oder Schiene) sind nur erlaubt, um einen Bruch oder eine Verrenkung zu schützen.

c) harte und unnachgiebige Stoffe in Oberschenkel- oder Schienenbeinschützern, wenn diese nicht an beiden Seiten und an allen Ecken überlappend mit Schaumgummi oder einem ähnichen Material mit gleichen Eigenschaften, nicht dünner als 1,5 cm gepolstert sind.
Therapeutische oder vorbeugende Kniestützen, die unter der Hose getragen werden, müssen so bedeckt sein, daß sie im Falle des Verrutschens der Hose nicht freigegeben werden.

BEACHTE: Beginnend mit der Saison 1990 sind Oberschenkelschützer aus hartem Material illegal, außer wenn die gesamte Oberfläche mit einem Schaumstoff bedeckt ist, der wenigstens 0,5 cm an der Außenseite und wenigstens 1 cm an der Innenseite dick ist und die Ecken überdeckt.

d) vorstehende Metallteile oder andere harte Gegenstände an der Ausrüstung oder der Kleidung eines Spielers
e) Schuhe mit Schraubstollen jeder Art
f) Schuhe ohne Noppensohle
g) Tape oder andere Bandagen an Hand, Handgelenk, Unterarm oder Ellenbogen, soweit sie nicht gebraucht werden, um eine Verletzung zu schützen und sie vom UMPIRE genehmigt worden sind
h) Schutzhelm, Trikot oder sontige Gegenstände, die geeignet sind, den Ball zu verbergen, außerdem alle Gegenstände, die die Farbe des Balles haben.
i) Klebbares Material, Schmiere, Öl oder andere schlüpfrige Substanzen an der Kleidung, der Ausrüstung oder am Spieler, wenn die Substanzen geeignet sind, den Ball oder den Gegner zu beeinflussen.
j) jeder Gesichtsschutz, ausgenommen solche, aus nichtbrechbarem Material mit runden Ecken, mit elastischem Material überzogen, das geeignet ist, Brüche, Splitter oder sonstige scharfen Kanten, die andere Spieler verletzen könnten, zu überdecken
k) Schulterschützer, deren vordere runde Enden der Achselstücke im Radius größer sind, als die Hälfte der Dicke des Materials
l) Beschriftungen, außer der Spielernummer auf den Trikots, des Namens des Spielers, Schul-, Spiel- oder Gedenkabzeichen. (Dies gilt auch für Handtücher oder ähnliche Stücke, die zur Ausrüstung benutzt werden.)
m) Handschuhe, die farblich dem Trikot des Gegners gleichen oder nicht der Regel 1-4-5-d entsprechen

BEACHTE: Spieler mit illegaler Ausrüstung dürfen nicht am Spiel teilnehmen, sollte ein Schiedsrichter erkennen, daß ein Spieler mit illegaler Ausrüstung spielt, so wird das Team mit einem TEAM-TIME-OUT belastet. Bei Verletzung der Regel — siehe Regel 3-3-6 und 3-4-2-c

AUSNAHME: Wird die Ausrüstung während des Spieles im Sinne der Regel 1-4-5 illegal, so muß der Spieler das Spielfeld verlassen, das Team wird aber nicht mit einem TEAM-TIME-OUT belastet.

Artikel 6 Bestrafung bei Nichttragen vorgeschriebener oder illegaler Ausrüstung

Beim Gebrauch illegaler Ausrüstungsteile oder beim Fehlen vorgeschriebener Ausrüstungsteile soll wie folgt verfahren werden:

a) jedes der ersten drei Regelverletzungen beim Tragen illegaler oder unvollständiger Ausrüstung wird mit der Belastung eines TIME-OUT bestraft. Der vierte Regelverstoß in einer Halbzeit erfordert eine 5-Meter-Strafe. Die Verzögerung für ein viertes TIME-OUT kann die erste Regelverletzung wegen Tragens illegaler bzw. unvollständiger Ausrüstung sein. Die ersten drei TIME-OUT können bereits von dem zu bestrafenden Team genommen worden sein.

1. Die TIME-OUT sind zu gewähren.
2. Hat der Gegner ein Foul begangen, so heben die ersten Regelverletzungen die Fouls nicht auf (keine aufhebende Wirkung, wenn dem Team noch TIME-OUT zur Verfügung stehen).
3. Sind alle TIME-OUT genommen, so ist die nächste Verletzung eine DEAD-BALL-Verzögerungs-Strafe vom SUCCEEDING-SPOT
4. Ein TIME-OUT ist zu nehmen (Signal durch Schiedsrichter), dem verursachenden Team wird die Regelverletzung angezeigt und dem TEAM-CAPTAIN und dem Trainer sind durch die Schiedsrichter in der Nähe der Seitenlinie das Vergehen anzuzeigen.

b) Schiedsrichter sollen vor dem Signal „Ball spielfertig" feststellen, ob die Spieler vollständige oder illegale Ausrüstung tragen. Nur in einem Notfall soll die 25-Sekunden-Uhr angehalten werden.

c) Auf dem Spielfeld darf kein Trikot gewechselt werden, das Wechseln muß in der TEAM-ZONE von dem Spieler vorgenommen werden, der das Trikot wechseln will.
Wenn festgestellt wird, daß das Trikot nicht mit der Regel 1-4-4-e übereinstimmt und/oder das Team mit einem TEAM-TIME-OUT belastet wird, so wird die Strafe am SUCCEEDING-SPOT vollstreckt. Eine Verzögerung wird gemäß Regel 3-4-2-b-2 bestraft.
Spieler können während eines TIME-OUT zerrissene Trikots wechseln und zum Spiel zurückkehren. Ein Spieler kann ein Trikot wechseln und während einer Verzögerung, die durch die Durchführung einer Strafe hervorgerufen wird, auf das Feld zurückkehren.
Dies aber nur, wenn das Spiel nicht durch dieses Handeln seinerseits unterbrochen wurde.

d) Ein Handschuh darf nicht ganz oder teilweise durch Tape verdeckt werden. Tape darf nur benutzt werden, um Handschuhverschlüsse zu sichern.

Artikel 7 Erklärung des Trainers

Der Trainer oder sein bezeichneter Vertreter müssen dem UMPIRE vor dem Spiel erklären, daß alle Spieler:

a) informiert wurden, welche Ausrüstungsteile vorgeschrieben und welche illegal sind

b) mit der vorgeschriebenen Ausrüstung ausgestattet sind

c) über die richtige Trageweise und das Vorhandensein der vorgeschriebenen Ausrüstung informiert wurden

d) darüber informiert wurden, daß sie dem Trainerstab anzeigen müssen, wenn die Ausrüstung während des Spiels illegal wird.

Artikel 8   Verbotene Signaleinrichtungen

Elektronische, mechanische oder andere Signaleinrichtungen, die es den Spielern ermöglichen, mit irgendeiner Informationsquelle vorsätzlich zu kommunizieren, sind verboten.

AUSNAHME: eine medizinsich vorgeschriebene Hörhilfe für schwerhörige Spieler

STRAFE: 15-Meter und Disqualifizierung des Spielers, wird als DEAD-BALL-Foul am SUCCEEDING-SPOT geahndet

Artikel 9   Verbotene Gegenstände auf dem Spielfeld

a) Fernsehapparate oder Monitore sind an der Seitenlinie oder an anderen Orten des Spielfeldes verboten

b) Trainingsfilme oder ähnliche Filme sind während des Spieles oder der Pausen verboten

c) Kommunikationseinrichtungen der Medien, einschließlich Kameras, Schallvorrichtungen und Mikrofone sind in der TEAM-ZONE verboten

d) Mikrofone dürfen nur vom REFEREE benutzt werden, um Strafen oder andere Spielmitteilungen anzugeben; sie dürfen nur von ihm bedient werden. Mikrofone dürfen zu keinem anderen Zweck benutzt werden und müssen ansonsten ausgeschaltet sein.
Andere Schiedsrichter als der REFEREE dürfen keine Mikrofone benutzen.

e) Mikrofone, die von Trainern getragen werden, um von Medien Mitteilungen zu erhalten, sind während des Spiels verboten.

Artikel 10   Trainer-Mikrofone

Kopfhörer und Mikrofone eines Trainers sind vor und während des Spieles nicht Bestandteil der Regeln.

XVI   Regelwerk

Regel 2

Definitionen

A b s c h n i t t 1   Anerkannte Regeln und Schiedsrichterzeichen

Artikel 1   Anerkannte Regelung

a) Eine anerkannte Regelung (A.R.) ist eine offizielle Entscheidung, die auf Tatsachen beruht.
Sie dient zur Verdeutlichung und Anwendung der Regeln. Die Relation zwischen den Regeln und einer anerkannten Regelung ist analog zur Relation zwischen gesetzlichem Recht und einer Entscheidung der Bundesgerichte. Besteht ein Konflikt zwischen einer offiziellen Regel, den Regelauslegungen und einer anerkannten Regelung, so hat die Regel den Vorrang.

b) Die Schiedsrichterzeichen richten sich nach den offiziellen Footballzeichen von 1—47.

A b s c h n i t t 2   Der Ball: lebend, tot, frei

Artikel 1   Lebender Ball

Ein lebender Ball ist ein Ball im Spiel. Ein PASS, KICK oder FUMBLE, bei denen der Ball noch nicht den Boden berührt hat, ist ein lebender Ball im Flug.

Artikel 2   Toter Ball

Ein „toter" Ball ist ein Ball, der nicht im Spiel ist, bzw. der nicht gespielt wird.

Artikel 3   Freier Ball

Ein freier Ball ist ein lebender Ball, der sich nicht im Besitz eines Spielers befindet, während:

a) eines Laufspielzuges

b) eines SCRIMMAGE- oder FREE-KICK, bevor Ballbesitz erlangt oder wiedererlangt wurde, oder wenn der Ball nach der Regel „tot" ist

c) die Zwischenzeit, in der ein legaler Vorwärts-PASS berührt wurde und bevor er dann vollständig, unvollständig oder abgefangen wird
BEACHTE: Diese Zwischenzeit ist der Zeitraum während eines Vorwärts-PASS-Spiels, nachdem der Ball in irgendeiner Weise berührt wurde.

d) Alle Spieler sind berechtigt, einen Ball, der durch ein FUMBLE oder einen Rück-PASS zum freien Ball wird, zu berühren oder zu erobern; aber die Berechtigung zum Berühren eines freien Balles durch einen KICK wird bestimmt durch die KICK-Regel (Regel 6) und die Berechtigung zum Berühren eines Vorwärts-PASSES wird bestimmt durch die PASS-Regel (Regel 7).

Artikel 4   Spielfertiger Ball

Ein „toter " Ball ist zum Spiel bereit, wenn der REFEREE:

a) bei laufender Uhr seine Pfeife bläst und anzeigt „Ball bereit" (S 1)
   AUSNAHME: Regel 3-3-3-f-4-c und f.
b) bei stehender Uhr seine Pfeife bläst und entweder das Signal „Uhr starten"
   (S 2) oder das Signal „Ball bereit" (S 1) anzeigt.

Artikel 5   „In Besitz"

„In Besitz" ist die Abkürzung für das Halten oder Kontrollieren eines lebenden
Balles oder eines Balles, der gekickt werden kann.

a) Ein Spieler ist „in Besitz", wenn er den Ball hält oder kontrolliert;
b) ein Team ist „in Besitz", wenn einer seiner Spieler „in Besitz" ist oder versucht, einen PUNT, DROPKICK oder einen PLACE-KICK zu machen;
   während eines geworfenen Vorwärts-PASSES durch einen seiner Spieler
   und wenn der Ball sich im Flug befindet oder wenn der Ball zuletzt „in Besitz" war, nachdem er zum freien Ball wurde.

Artikel 6   „Gehört zu"

„Gehört zu" im Vergleich zu „in Besitz" bezeichnet das vorübergehende Recht
auf einen „toten Ball".

Die Rechtmäßigkeit eines solchen vorübergehenden Rechts ist belanglos, denn
der Ball muß beim nächsten Mal, in Vereinbarung mit den Regeln, bestimmt
durch die tatsächliche Situation, ins Spiel gebracht werden.

Artikel 7   Fangen, Abfangen und Wiedererobern

Fangen ist der Versuch eines Spielers, in den Besitz eines fliegenden Balles zu
kommen,

a) ein Fangen eines gegnerischen FUMBLE oder PASS wird INTERCEPTION
   (Abfangen) genannt,
b) RECOVER (Zurückerobern, Wiedererobern) ist das Sichern eines lebenden
   Balles, nachdem dieser den Boden berührt hat
c) Um einen Ball zu fangen, abzufangen oder wiederzuerobern, muß ein Spieler,
   der springen muß, um einen Ball zu fangen, abzufangen oder wiederzuerobern, den Boden innerhalb des Spielfeldes berühren oder so aufgehalten
   werden, daß die Voraussetzungen der DEAD-BALL-Regel (4-1-3-a) zutreffen
   1. Wenn ein Fuß zuerst innerhalb des Spielfeldes landet und der RECEIVER
      den Ball in Besitz oder Kontrolle über ihn hat, gilt der Ball als gefangen
      oder abgefangen, auch dann, wenn ein anschließender Schritt oder Fall
      des RECEIVERS ihn aus dem Spielfeld bringt.
   2. Ein Fangen des Balles durch einen knienden oder in Bauchlage befind-
      lichen Spieler im Spielfeld, ist ein Fangen oder Abfangen (Regel 7-3-1
      und 2 oder Regel 7-3-6 und 7).
   3. Verlust des Balles bei gleichzeitigem Wiederaufkommen auf den Boden
      ist kein Fangen, Abfangen oder Wiedererobern
   4. Besteht ein Zweifel, so ist das Fangen, Abfangen oder Wiedererobern
      NICHT VOLLSTÄNDIG.

Artikel 8   Gleichzeitiges Fangen oder Erobern

Ein gleichzeitiges Fangen oder Erobern des Balles ist gegeben, wenn gegnerische Spieler, die sich innerhalb des Spielfeldes befinden, gemeinsam Besitz eines lebenden Balles erlangen.

A b s c h n i t t   3   Blocken

Artikel 1   Erlaubter Block

Blocken ist das Behindern eines Gegners durch erlaubtes Berühren mit dem Körper des Blockers.

Artikel 2   Unterhalb der Gürtellinie

a) Blocken unterhalb der Gürtellinie ist legal, wenn der anfängliche Kontakt unterhalb der Gürtellinie des Gegners, der nicht Ballträger ist und mit einem oder beiden Füßen auf dem Boden steht, mit irgendeinem Teil des Körpers des Blockers.

b) Blocken unterhalb der Gürtellinie richtet sich nach dem ursprünglichen Kontakt des Blockers.
Ein Blocker, der den ersten Kontakt des Blocks über der Gürtellinie ansetzt und dann unter die Gürtellinie rutscht, hat nicht gefoult.
Berührt ein Blocker zuerst die Hände des Gegners an der Gürtellinie oder darüber, so blockt er regelgerecht über der Gürtellinie.

c) Die Position des Balles beim SNAP ist der Orientierungspunkt der konstant bleibt, wenn Regel 9-1-2-c angewandt wird.
Blocken in Richtung des Balles ist immer bezogen auf die Position des Balles beim SNAP.

Artikel 3   CHOP-BLOCK

Ein CHOP-BLOCK ist ein illegaler, verzügerter Block gegen oder unterhalb des Knies eines Gegners, der von einem anderen Teammitglied des Blockers zur selben Zeit geblockt wird. Ein CHOP-BLOCK ist dann verzögert, wenn er mehr als eine Sekunde nach dem ersten Kontakt eines Teammitgliedes erfolgt.

Artikel 4   Rahmen (des Körpers)

a) Der Rahmen des Körpers eines Blockers ist die Front des Körpers an den Schultern und darunter.

b) Der Rahmen des Körpers eines Gegners ist an den Schultern und darunter, außer dem Rücken (siehe Regel 9-3-3-a-1-c-Ausnahmen).

A b s c h n i t t   4   CLIPPING

Artikel 1   CLIPPING

a) CLIPPING ist ein regelwidriger Block, bei dem der Block, außer gegen den Ballträger, von hinten erfolgt, bzw. wenn der erste Kontakt des Blocks von hinten erfolgt.

Das beinhaltet das Laufen oder Fallenlassen des eigenen Körpers gegen die Rückseite des Beines oder der Beine des Gegners, der kein Ballträger ist.
b) Die Position des Kopfes oder seiner Füße bezeichnen nicht unbedingt den Punkt des ursprünglichen Kontaktes.

A b s c h n i t t 5   CRAWLING

Artikel 1   CRAWLING (Krabbeln)
CRAWLING ist der Versuch des Ballträgers, den Ball noch weiter nach vorn zu bringen, obwohl ein Teil seines Körpers, ausgenommen einer Hand oder eines Fußes, den Boden berührt.
AUSNAHME: Regel 4-1-3-b

A b s c h n i t t 6   DOWN (Versuch) und Zwischen den Versuchen

Artikel 1   Versuch und Zwischen den Versuchen
Ein Versuch (DOWN) ist ein Teil des Spieles, der mit dem SNAP oder einem FREE KICK beginnt, nachdem der Ball spielfertig ist und endet, sobald der Ball das nächste Mal „tot" wird.
Zwischen den Versuchen ist der Zeitraum, während der Ball „tot" ist.

A b s c h n i t t 7   FAIR CATCH

Artikel 1   FAIR CATCH
a) Ein FAIR CATCH ist ein Fangen des Balles, jenseits der neutralen Zone, durch einen Spieler des B-Teams, der ein gültiges, ungültiges oder illegales Zeichen, während eines FREE KICK oder eines SCRIMMAGE KICK, gibt, wenn der Ball jenseits der neutralen Zone den Boden noch nicht berührt hat.
b) Ein gültiges, ungültiges oder illegales FAIR-CATCH-Signal nimmt dem RE-CEIVING-TEAM die Möglichkeit, mit dem Ball Raum zu gewinnen. Der Ball wird für „tot" erklärt an dem Punkt, an dem der Ball gefangen oder wieder-erorbert wurde oder an dem Punkt des Regelverstoßes, wenn das Fangen dem Signal vorausgeht.
c) Schützt der RECEIVER seine Augen vor der Sonne, so ist der Ball lebend und kann in Richtung Endzone des Gegners getragen werden.

Artikel 2   Gültiges Zeichen
Als gültiges Zeichen gilt ein Signal, bei dem der Spieler des B-Teams seine offensichtliche Absicht anzeigt, daß er den Ball fangen will. Dabei muß er seine Hand austrecken und über dem Kopf hin- und herwinken. Dieses Zeichen muß mehr als einmal gegeben werden.

Artikel 3 Illegales Zeichen

a) Ein illegales Zeichen ist ein gültiges oder ungültiges eines Team-B-Spielers jenseits der neutralen Zone, nachdem ein SCRIMMAGE-KICK gemacht wurde und ein FAIR CATCH-Signal nach der Regel nicht zulässig ist.

b) Ein illegales Zeichen ist ein gültiges oder ungültiges Zeichen durch einen Team-B-Spieler nach einem FREE-KICK, wenn ein FAIR CATCH-Signal gemäß der Regel nicht zulässig ist.

Artikel 4 Ungültiges Zeichen

Ein ungültiges Zeichen ist irgendein Zeichen eines Team-B-Spielers, das nicht den Anforderungen des gültigen Zeichens entspricht.

Abschnitt 8 Vorwärts, jenseits, Vorwärtsbewegung

Artikel 1 Vorwärts, jenseits

Vorwärts, jenseits und die Vorwärtsbewegung bezeichnen, in Relation beider Teams zueinander, die Richtung zur gegnerischen Endzone.
Rückwärts und hinter sind rückwärtige Bewegungen.

Artikel 2 Vorwärtsbewegung (FORWARD PROGRESS)

Vorwärtsbewegung ist der Ausdruck, mit dem das Ende der Bewegung des Ballträgers in Richtung zur gegnerischen Endzone bezeichnet wird und bezeichnet die Position des Balles, wenn dieser innerhalb oder außerhalb des Spielfeldes „tot" wird.

Abschnitt 9 FOUL und VIOLATION

Artikel 1 FOUL

Ein FOUL ist ein Regelverstoß, für den eine Distanzstrafe vorgeschrieben ist.
Eine VIOLATION Ist eine Regelverletzung, für die keine Distanzstrafe vorgeschrieben ist und die kein FOUL aufhebt.

Abschnitt 10 FUMBLE, MUFF, TOUCH, BAT, Blocken eines KICK

Artikel 1 FUMBLE

FUMBLE ist jede Aktion, mit Ausnahme eines PASSES oder eines KICK, die aus dem Verlust des Ballbesitzes eines Spielers resultiert.

Artikel 2 MUFF

Ein MUFF ist der erfolglose Versuch, den Ball zu fangen oder wiederzuerobern, nachdem der Ball in dem Versuch berührt wurde.

Artikel 3   BATTING (Wegschlagen)

BATTING ist das gewollte Wegschlagen oder die gewollte Flugbahnverände-rung des Balles mit der Hand oder dem Arm.

Artikel 4   TOUCHING (Berühren)

TOUCHING bezeichnet jeden Kontakt mit dem Ball, der nicht im Besitz eines Spielers ist. Es kann absichtlich oder unabsichtlich sein und wird immer durch einen Ballbesitz oder eine Ballkontrolle eingeleitet.
Die Berührung eines freien Balles durch irgend jemanden oder irgend etwas (mit Ausnahme der Berührung des Balles mit dem Torpfosten bei der Erzielung eines FIELDGOAL) auf einer Begrenzungslinie, gibt an, daß sich der Ball außerhalb des Spielfeldes befindet und an seinem vordersten Punkt im Spiel-feld „tot" ist.
AUSNAHME: Regel 6-1-4-a und b; Regel 6-3-4-a und b

Artikel 5   Blocken eines KICK

Blocken eines KICK ist die Richtungsänderung des Balles in der Nähe der Stelle, von der aus der Ball gekickt wurde.

A b s c h n i t t 11   LINIEN

Artikel 1   GOAL LINES

Jede GOAL LINE ist eine vertikale Zone (Wand), die die Endzone vom Spielfeld trennt, wenn sie von einem Ball berührt wird oder der Ball im Besitz eines Spie-lers ist. Die Endzone eines Teams ist die Endzone, die von dem Team vertei-digt wird.

Artikel 2   RESTRAINING LINE

Eine RESTRAINING LINE ist eine vertikale Zone (Wand), wenn ein Ball berührt wird oder wenn der Ball sich im Besitz eines Spielers befindet.

Artikel 3   YARDLINES (Meterlinien)

Die YARDLINE ist jede Linie des Spielfeldes, die parallel zur Endzone liegt. Die YARDLINES jeder Mannschaft, markiert oder unmarkiert, sind durch-gehend von der eigenen Endzone bis zur 50-Meter-Linie durchnumeriert.

Artikel 4   INBOUND LINES (HASH MARKS) (Innenfeldlinien)

Die zwei INBOUND LINES oder HASH MARKS sind je nach Breite des Spiel-feldes ca. 16 Meter von der Seitenlinie entfernt, liegen parallel zu den Seiten-linien und teilen das Spielfeld in drei Abschnitte.

Abschnitt 12 ÜBERGABE DES BALLES

Artikel 1 Ballübergabe

a) Übergabe des Balles bedeutet die Übergabe des Ballbesitzes zu einem anderen Teammitglied ohne Werfen (PASS), Fallenlassen oder Kicken des Balles.

b) Außer wenn es die Regeln erlauben, ist die Vorwärtsübergabe des Balles zu einem anderen Teammitglied unzulässig.

c) Der Verlust des Ballbesitzes bei der erfolglosen Durchführung der Ballübergabe (MUFF beim Empfänger) ist ein FUMBLE.

Abschnitt 13 HUDDLE

Artikel 1 HUDDLE

HUDDLE ist die Gruppierung von zwei oder mehr Spielern, nachdem der Ball spielfertig geworden ist, bevor oder nachdem sie, vor dem SNAP, eine SCRIMMAGE FORMATION eingenommen haben.

Abschnitt 14 HURDLING

Artikel 1 HURDLING (Springen)

a) HURDLING ist der Versuch eines Spielers, mit einem oder beiden Füßen oder Knien voran, über einen anderen Spieler zu springen, der seinerseits noch auf seinen Füßen steht.

b) „Auf seinen Füßen" heißt, daß sich kein Teil des Körpers des Gegners, außer einem oder beiden Füßen, im Kontakt mit dem Boden befindet.

c) HURDLING über einem LINEMAN, der mit seiner Hand auf oder nahe dem Boden ist, ist ein FOUL.

Abschnitt 15 KICKS

Artikel 1 Erlaubte und unerlaubte KICKS

Kicken ist das gewollte Wegschlagen des Balles mit dem Knie, dem Schienbein oder dem Fuß.

a) Ein legaler KICK ist ein PUNT, DROPKICK oder PLACE KICK gemäß den Regeln, durch einen Team-A-Spieler, bevor der Ballbesitz an das andere Team übergeht.
Kicken des Balles in anderer Weise ist illegal.

b) Jeder FREE KICK oder SCRIMMAGE KICK bleibt solange ein KICK, bis er gefangen, von einem Spieler wiedererobert oder „tot" wird.

c) Zurückkicken ist ein illegaler KICK.

Artikel 2   PUNT

PUNT Ist der KICK eines Spielers, der den Ball fallen läßt und ihn mit dem Fuß oder dem Knie wegtritt, bevor der Ball den Boden berührt.

Artikel 3   DROP KICK

Ein DROP KICK ist ein KICK eines Spielers, der den Ball fallen läßt und ihn wegtritt, sobald der Ball den Boden berührt.

Artikel 4   PLACE KICK

a) Ein FIELD GOAL-PLACE KICK ist der KICK eines Spielers des ballbesitzendem Teams, bei dem der Ball von einem Mitspieler auf dem Boden, vor dem KICK, gehalten wird oder der Ball auf einem KICKING-TEE steht.
Bei der Benutzung eines KICKING-TEE darf der Ball an seiner niedrigsten Stelle nicht mehr als 5 cm vom Boden entfernt sein.

b) Ein FREE KICK-PLACEKICK ist ein KICK eines Spielers des ballbesitzenden Teams, während der Ball auf einem KICKING-TEE teht oder von einem Mitspieler gehalten wird.
Bei der Benutzung eines KICKING-TEE darf der Ball an seiner niedrigsten Stelle nicht mehr als 5 cm vom Boden entfernt sein.

Artikel 5   FREE KICK

Ein FREE KICK ist ein KICK eines Spielers des ballbesitzenden Teams, unter der Einschränkung, die beiden Teams verbietet, sich jenseits oder hinter der festgesetzten RESTRAINING LINES aufzuhalten, bevor der Ball gekickt wurde. Ein Ball, der von einem KICKING-TEE herunterfällt, darf nicht gekickt werden.

Artikel 6   KICK OFF

Ein KICK OFF Ist ein FREE KICK, der jede Halbzeit startet und jedem Zusatzversuch oder FIELD GOAL folgt. Es muß ein PLACE KICK oder DROP KICK sein.

Artikel 7   SCRIMMAGE KICK

Ein SCRIMMAGE KICK ist ein KICK eines Team-A-Spielers, während eines SCRIMMAGE, bevor der Team-Ballbesitz gewechselt hat.
Ein SCRIMMAGE KICK hat die neutrale Zone erst dann gekreuzt, wenn der Ball den Boden, einen Spieler, einen Schiedsrichter oder irgend etwas jenseits der neutralen Zone berührt hat.

Artikel 8   RETURN KICK

Ein RETURN KICK ist ein KICK eines Spielers in Ballbesitz, nach dem Wechsel des Team-Ballbesitzes während eines DOWN. Dieser KICK Ist illegal.

Artikel 9   FIELD GOAL-Versuch

Ein FIELD GOAL-Versuch ist jeder PLACE KICK oder DROP KICK aus dem Kampfgeschehen heraus.

XVI Regelwerk

Artikel 10 SCRIMMAGE KICK-Formation

Eine SCRIMMAGE KICK-Formation ist eine Spielerformation, mit wenigstens einem Spieler, der sich sieben Meter oder mehr hinter der neutralen Zone befindet. Dabei darf sich kein Spieler derart aufstellen, daß er eine von-Hand-zu-Hand-Übergabe des Balles zwischen den Beinen des SNAPPERS annehmen kann.

Abschnitt 16 DOWN-Verlust

Artikel 1 Verlust eines DOWN (Versuch)

Verlust eines Versuches ist die Abkürzung für: Verlust des Rechts, einen Versuch zu wiederholen.

Abschnitt 17 Neutral Zone

Artikel 1 Die neutrale Zone

Die neutrale Zone ist der Zwischenraum zwischen den beiden SCRIMMAGE LINES beider Teams und ist errichtet, wenn der Ball spielfertig ist.
Diese Zone reicht jeweils vom Ball bis zu den Seitenlinien.

Abschnitt 18 ENCROACHMENT und OFFSIDE

Artikel 1 ENCROACHMENT

a) ENCROACHMENT tritt ein, wenn ein Angriffsspieler sich in oder jenseits der neutralen Zone befindet, nachdem der SNAPPER den Ball berührt hat und bevor der SNAP ausgeführt wurde.

b) ENCROACHMENT tritt ein, wenn Spieler des KICKING TEAM sich nicht hinter iher RESTRAINING LINE befinden, wenn der FREE KICK gekickt wurde oder wenn Spieler, ausgenommen der KICKER, sich weiter als 10 Meter vom Ball entfernt befinden, wenn der Ball spielbereit ist.

AUSNAHME: Der SNAPPER oder der KICKER und der Halter eines PLACE KICK beim FREE KICK begehen kein ENCROACHMENT, wenn sie sich jenseits ihrer SCRIMMAGE- oder RESTRAINING LINE aufhalten, wenn der Ball ins Spiel gebracht wird.

Artikel 2 OFFSIDE

OFFSIDE tritt dann ein, wenn ein Verteidigungsspieler sich in oder jenseits der neutralen Zone befindet, wenn der Ball aufgenommen wurde und wenn ein Gegenspieler oder der Ball illegal berührt wurde, bevor der Ball aufgenommen wurde oder wenn er sich nicht innerhalb seiner RESTRAINING LINE aufhielt, wenn der Ball gekickt wurde.

A b s c h n i t t 19   PASSES

Artikel 1   PASSING (Pässe werfen)

PASSING heißt den Ball werfen. Ein PASS bleibt solange ein PASS, bis der Ball gefangen oder durch einen Spieler abgefangen wurde oder wenn der Ball „tot" wird.

Artikel 2   Vorwärts- und Rück-PASS

a) Ein Rückpass-Versuch ist der PASS eines lebenden Balles, der zur oder parallel zur Endzonenlinie des PASSERS geworfen wird;
ein VORWÄRTSPASS-Versuch ist der PASS eines lebenden Balles in die Richtung zur gegnerischen GOALLINE. Während eines Vorwärts- oder Rückpasses ist der Punkt, an dem der Ball zuerst den Boden, einen Spieler, einen Schiedsrichter oder irgend etwas jenseits oder hinter dem Punkt, von dem der PASS aus geworfen wurde, berührt, ausschlaggebend dafür, ob es sich um einen Vorwärts- oder Rückpass gehandelt hat.

b) Hält ein Team-A-Spieler den Ball, um ihn in Richtung der neutralen Zone zu werfen, so fängt der PASS mit jeder vorsätzlichen Vorwärtsbewegung seines Armes an. Berührt ein Team-B-Spieler den PASSER eines Balles nachdem die Vorwärtsbewegung des Armes beginnt, und der Ball verläßt die Hand, gilt der Vorwärts-PASS, ungeachtet dessen, wo der Ball auf den Boden oder einen Spieler trifft.

c) Bestehen Zweifel, dann ist der Ball während eines versuchten Vorwärts-PASSES ein PASS und kein FUMBLE.

Artikel 3   Kreuzen der neutralen Zone

a) Ein legaler Vorwärts-PASS hat dann die neutrale Zone gekreuzt, wenn der Ball zuerst den Boden, einen Spieler, einen Schiedsrichter oder irgend etwas jenseits der neutralen Zone innerhalb des Spielfeldes berührt. Der Vorwärts-PASS hat die neutrale Zone NICHT gekreuzt, wenn der Ball zuerst den Boden, einen Spieler, einen Schiedsrichter oder irgend etwas anderes in oder hinter der neutralen Zone im Spielfeld berührt.

b) Ein PASSER hat die neutrale Zone gekreuzt, wenn sich irgendein Teil seines Körpers jenseits der neutralen Zone befindet.

c) Ein legaler Vorwärts-PASS ist jenseits oder hinter der neutralen Zone an dem Punkt, wo der Ball die Seitenlinie kreuzt.

Artikel 4   Fangbarer Vorwärts-PASS

Ein Vorwärts-PASS ist fangbar, wenn sich ein unberührter legaler Vorwärts-PASS jenseits der neutralen Zone befindet und ein berechtigter Team-A-Spieler eine geeignete Möglichkeit hat, den Ball zu fangen.

XVI Regelwerk

Abschnitt 20 STRAFE

Artikel 1 Strafe

Eine Strafe ist ein durch die Regel festgelegter Distanzverlust gegen ein Team, das ein FOUL begangen hat. Eine Strafe kann auch einen DOWN-Verlust (LOSS OF DOWN) beinhalten.

Abschnitt 21 SCRIMMAGE

Artikel 1 SCRIMMAGE (Kampfgeschehen)

Ein SCRIMMAGE ist das Kampfgeschehen beider Teams während eines DOWN, der mit einem SNAP beginnt.

Artikel 2 SCRIMMAGE-LINE (Kampflinie)

a) Die SCRIMMAGE-LINE für jedes Team ist die Meterlinie und ihre vertikale Zone (Wand), die den Punkt des Balles berührt, der am nahesten zur eigenen Endzone liegt und erstreckt sich bis zu den Seitenlinien.

b) Ein Spieler des Team-A ist auf seiner SCRIMMAGE-LINE beim SNAP, wenn er ungefähr mit der verlängerten Linie seiner Schultern parallel zur gegnerischen Endzone steht und sein Kopf die Zone durchbricht, die etwa durch die verlängerte Gürtellinie des SNAPPERS geht.

Artikel 3 BACKFIELD-LINE

Um legal im BACKFIELD zu stehen, darf ein Team-A-Spieler mit seinem Kopf die Linie, die sich durch die verlängerte Linie des hintersten Teils des nahesten Team-A-Spieler, außer dessen Beine oder Füße (mit Ausnahme des SNAP-PERS) auf der SCRIMMAGE-LINE zieht, nicht durchbrechen.

Abschnitt 22 SHIFT

Artikel 1 SHIFT

Ein SHIFT ist ein gleichzeitiger Positionswechsel von zwei oder mehreren Angriffs-Spielern, nachdem der Ball spielfertig für ein SCRIMMAGE ist und vor dem nächsten SNAP.

Abschnitt 23 SNAPPING

Artikel 1 SNAPPING (Aufnahme des Balles)

a) Legales Aufnehmen des Balles (ein SNAP) ist das Übergeben oder Zurückwerfen des Balles von seiner Position am Boden aus mit einer schnellen und durchgehenden Bewegung mit einer oder beiden Händen. Der Ball muß dabei die Hand (Hände) des SNAPPERS tatsächich verlassen.

b) Wenn der Ball während einer legalen Rückwärtsbewegung beim legalen SNAP aus der Hand des SNAPPES rutscht, ist das ein SNAP, und der Ball ist im Spiel, vorausgesetzt, der Ball war vorher für „bereit" (Regel 4-1-1) erklärt worden.

c) Während der Ball vor dem nächsten SNAP auf dem Boden liegt, muß die Längsachse des Balles rechtwinklig zur SCRIMMAGE liegen. Dabei darf kein Ende des Balles mehr als 45° aufgerichtet sein.

d) Sofern der Ball NICHT in einer rückwärtigen Bewegung bewegt wurde, startet diese Bewegung keinen legalen SNAP. Es ist kein legaler SNAP, wenn der Ball zuerst vorwärts bewegt oder aufgehoben wird.

e) Wird ein illegaler SNAP von Team B berührt, so ist der Ball „tot" und Team A ist zu bestrafen.

f) Der SNAP braucht nicht zwischen den Beinen des SNAPPERS durchgeführt werden, aber um legal zu sein, muß es eine schnelle und durchgehende Rückwärtsbewegung sein.

g) Der Ball muß auf oder innerhalb der INBOUND-LINES (HASH MARKS), aufgenommen werden.

Abschnitt 24 SPEARING

Artikel 1 SPEARING
SPEARING ist der absichtliche Gebrauch des Helmes, bei dem Versuch, einen Gegner übel zuzurichten.

Abschnitt 25 SPOTS

Artikel 1 ENFORCEMENT SPOT
ENFORCEMENT SPOT ist der Punkt, von dem aus eine Strafe (Distanzverlust) für ein FOUL oder eine Regelverletzung durchgeführt wird.

Artikel 2 PREVIOUS SPOT
PREVIOUS SPOT ist der Punkt, von dem aus der Ball zuletzt ins Spiel gebracht wurde.

Artikel 3 SUCCEEDING SPOT
Der SUCCEEDING SPOT, in Verbindung mit einem FOUL, ist der Punkt, an dem der Ball beim nächsten Mal ins Spiel gebracht worden wäre, wenn das FOUL nicht geschehen wäre. Der Zusatzversuchspunkt darf nicht der SUCCEEDING SPOT sein, außer wenn der Ball beim Zusatzversuch für spielfertig erklärt wurde.

Artikel 4 DEAD-BALL-SPOT
DEAD-BALL-SPOT ist der Punkt, an dem der Ball für „tot" erklärt wurde.

Artikel 5 SPOT OF FOUL

SPOT OF FOUL ist der Punkt, an dem sich ein FOUL ereignet hat. Liegt dieser Punkt außerhalb der Seitenlinien zwischen den GOAL LINES, sollte der Schnittpunkt der nahesten Seitenlinie und der Meterlinie genommen werden, die sich zum Punkt des FOULS erstreckt.

Artikel 6 OUT-OF-BOUNDS-SPOT

OUT-OF-BOUNDS-SPOT ist der Punkt, an dem der Ball gemäß der Regel für „tot" erklärt wird, an dem er ausgeht oder für außerhalb erklärt wird.

Artikel 7 IN-BOUNDS-SPOT

IN-BOUNDS-SPOT ist der Schnittpunkt der nahesten INBOUNDS-LINE mit der Meterlinie, die den DEAD-BALL-SPOT berührt oder mit dem Punkt, an dem der Ball, nach einer Strafe, in einer Seitenzone liegen bleibt.

Artikel 8 SPOT-WHERE-RUN-ENDS

SPOT-WHERE-RUN-ENDS ist der Punkt, an dem ein Lauf endet, das heißt, dort, wo der Ball für „tot" erklärt wird oder wo sich der Ballverlust eines Spielers, während eines Laufes, ereignet.
Der Punkt, an dem der Lauf endet, ist der Punkt:
a) an dem der Ball, gemäß der Regel, für „tot" erklärt wird
b) an dem ein Spieler den Ballbesitz durch ein FUMBLE verliert
c) an dem eine legale (illegale) Ballübergabe stattfindet
d) von dem aus ein illegaler Vorwärts-Paß geworfen wurde
e) von dem aus ein Rück-PASS geworfen wurde.

Artikel 9 SPOT-WHERE-KICK-ENDS

Ein KICK aus dem SCRIMMAGE heraus, bei dem der Ball die neutrale Zone kreuzt, endet an dem Punkt, an dem Ballbesitz erlangt, wiedererlangt oder der Ball, gemäß der Regel, für „tot" erklärt wird.
AUSNAHMEN:
1. Endet der KICK in Team B's Endzone, so ist der BASIC-ENFORCEMENT-SPOT Team B's 20-Meterlinie
2. Erfolgloser FIELD GOAL-Versuch — bei dem der Ball jenseits der neutralen Zone endet, ohne von Team B berührt worden zu sein — BASIC-ENFORCE-MENT-SPOT — PREVIOUS SPOT. Befindet sich der PREVIOUS SPOT zwischen Team B's 20-Meterlinie und deren Endzone und wird der Ball jenseits der neutralen Zone von Team B nicht berührt, so ist der Punkt, an dem der KICK endet, Team B's 20-Meterlinie.

Artikel 10 BASIS SPOT

Der BASIC SPOT ist die Anwendung des „3 und 1"-Prinzips, wobei die Durchführung einer Strafe entweder vom SPOT-WHERE-RUN-ENDS, vom SPOT-WHERE-KICK-ENDS oder dem PREVIOUS SPOT beginnt.

FOULS des ballbesitzenden Teams hinter dem BASIC-ENFORCEMENT-SPOT sind SPOT-FOULS.

Die BASIC SPOTS für die Durchführung bei Laufspielen, Vorwärts-PASS- Spielen und legalen KICKS werden wie folgt, nach dem „3 und 1"-Prinzip angewandt:

a) Endet der Lauf bei Laufspielen jenseits der neutralen Zone, ist der BASIC SPOT der Punkt, AN DEM DER LAUF TATSÄCHLICH ENDET und FOULS des ballbesitzenden Teams hinter dem BASIC SPOT sind SPOT FOULS (Regel 10-2-2-c-1)
   AUSNAHME: Regel 9-1-2-d und 9-3-3-a, b

b) Endet der Lauf bei Laufspielen hinter der neutralen Zone, so ist der BASIC SPOT der PREVIOUS SPOT und FOULS des ballbesitzenden Teams hinter dem BASIC SPOT sind SPOTFOULS (Regel 10-2-2-c-2)
   AUSNAHME: Regel 9-1-2-d u. 9-3-3-a

c) Bei Laufspielen, bei denen es keine neutrale Zone gibt (abgefangener PASS oder aufgenommener KICK und der Ball wird getragen oder bei FUMBLES und der Ball wird aufgenommen), ist der BASIC SPOT der Punkt, AN DEM DER LAUF TATSÄCHLICH GESTOPPT WIRD. FOULS des ballbesitzenden Teams hinter dem BASIS SPOT sind SPOTFOULS (Regel 10-2-2-c-3)

d) Bei legalen Vorwärts-PASS-Spielen ist der BASIC SPOT der PREVIOUS SPOT. FOULS des ballbesitzenden Teams hinter dem BAIS SPOT sind SPOTFOULS (10-2-2-d).
   AUSNAHMEN:
   1. PASS-Behinderung durch die DEFENSE kann ein SPOTFOUL sein.
   2. Illegales Benutzen der Hände, Halten oder CLIPPING durch die OFFENSE hinter der neutralen Zone sind keine SPOTFOULS und werden vom PREVIOUS SPOT aus geahndet (Regel 9-1-2-d und 9-3-3-a, b).

e) bei legalen KICK-Spielen ist der BASIC SPOT, vor dem Ballbesitzwechsel der PREVIOUS SPOT. FOULS des ballbesitzenden Teams hinter dem BASIC SPOT sind SPOTFOULS (Regel 10-2-2-e-AUSNAHMEN)
   AUSNAHMEN: Regel 9-1-2-d und 9-3-3-a, b

Artikel 11   POSTSCRIMMAGE KICK SPOT

Der POSTSCRIMMAGE KICK SPOT ist der Punkt, an dem der KICK endet. Team B behält den Ball nach der Strafdurchführung vom POSTSCRIMMAGE KICK SPOT aus.
FOULS hinter dem BASIC SPOT sind SPOTFOULS (Regel 10-2-2-e-5)

A b s c h n i t t 26   TACKLING

Artikel 1   TACKLING

TACKLING ist das Greifen oder Umreißen eines Gegners mit der Hand (Händen) oder dem Arm (Armen).

XVI Regelwerk

A b s c h n i t t 27 Mannschafts- und Spielerbezeichnungen

Artikel 1 Mannschaft A und B

Als Team A wird das Team bezeichnet, das den Ball ins Spiel bringt. Es behält die Bezeichnung, bis der Ball das nächste Mal für spielfertig erklärt wird. Der Gegner wird als Team B bezeichnet.

Artikel 2 Angriffsmannschaft (OFFENSE)

Die Angriffsmannschaft ist das ballbesitzende Team, bzw. das Team, zu dem der Ball gehört.
Das gegnerische Team ist das Verteidigungs-Team (DEFENSE).

Artikel 3 KICKER

Der KICKER ist jeder Spieler, der gemäß den Regeln einen PUNT, DROPKICK oder PLACEKICK tritt.
Er bleibt solange der KICKER, bis er genügend Zeit hatte, um seine Balance zu erlangen.

Artikel 4 LINEMAN und BACK

Ein LINEMAN ist jeder Spieler, der sich beim SNAP legal auf seiner SCRIMMAGE LINE befindet.
Ein BACK Ist jeder Spieler, dessen Kopf die Zone nicht bricht, die sich durch die verlängerte Linie des hintersten Teils des nahesten auf der SCRIMMAGE LINE stehenden Team-A-Spielers, außer dessen Beine oder Füße (außer dem SNAPPER) zieht.

Artikel 5 PASSER

PASSER ist der Spieler, der einen legalen Vorwärts-PASS wirft. Er ist der PASSER von dem Moment an, an dem er den Ball freigibt, bis zu dem Moment, in dem der PASS vollständig, unvollständig oder abgefangen wird.

Artikel 6 Spieler

Spieler ist jeder Teilnehmer am Spiel, der kein Ersatzspieler oder ersetzter Spieler ist und den Regeln unterliegt, wenn er sich innerhalb oder außerhalb des Spielfeldes aufhält.

Artikel 7 RUNNER

RUNNER ist der Spieler, der im Besitz eines lebenden Balles ist oder den Besitz vortäuscht.

Artikel 8 SNAPPER

SNAPPER ist der Spieler, der den Ball von seiner ruhenden Position am Boden aufnimmt.

Artikel 9 Ersatzspieler

a) Ein legaler Ersatzspieler ist der Ersatz für einen Spieler oder ein Spieler, der in dem Zeitraum zwischen den DOWNS zum vollständigen Team fehlt.

b) Ein legaler Ersatzspieler wird zum Spieler, sobald er das Spielfeld betritt, mit einem Spieler oder Schiedsrichter spricht, das HUDDLE betritt, in einer Angriffsposition postiert ist oder am Spiel teilnimmt.

c) Der Spieler, den er ersetzt, wird zum REPLACED PLAYER, wenn er das Feld verläßt.

Artikel 10   REPLACED PLAYER (ersetzter Spieler)

Ein ersetzter Spieler ist ein Spieler, der an einem vorherigen Spielzug teilgenommen hat und durch einen Ersatzspieler ersetzt wurde.

Artikel 11   PLAYER VACANCY

PLAYER VACANCY ist eine Situation, die entsteht, wenn ein Team weniger als 11 Spieler auf dem Spielfeld hat.

Artikel 12   Disqualifizierter Spieler

Ein disqualifizierter Spieler ist ein Spieler, der für die weitere Teilnahme am Spiel ausgeschlossen wurde.

A b s c h n i t t 28   TRIPPING

Artikel 1   TRIPPING (Beinstellen)

TRIPPING ist der Gebrauch des Unterschenkels oder des Fußes gegen einen Gegner (der nicht Ballträger ist), wobei dieser unterhalb des Knies getroffen wird.

A b s c h n i t t 29   ZEITEINRICHTUNGEN

Artikel 1   Spielzeituhr

Die Spielzeituhr ist jede Einrichtung, die von einem geeigneten Schiedsrichter benutzt wird, um die Spielzeit zu messen.

Artikel 2   25-Sekunden-Uhr

Die 25-Sekunden-Uhr ist jede Einrichtung, die von einem geeigneten Schiedsrichter benutzt wird, um die 25 Sekunden zwischen dem Zeichen „Ball spielfertig" und dem Zeitpunkt, an dem der Ball aufgenommen wird, zu messen. Der Typ der geeigneten Einrichtung ist von dem Spielmanagement zu bestimmen.

A b s c h n i t t 30   Spieleinteilungen

Artikel 1   Vorwärts-PASS-Spiel

Ein legales Vorwärts-PASS-Spiel ist der Zeitraum zwischen dem SNAP und dem Zeitpunkt, an dem der Ball gefangen, abgefangen oder fallengelassen wird.

Artikel 2   FREE-KICK-Spiel

Ein FREE-KICK-Spiel ist der Zeitraum, in dem der Ball legal gekickt wird und dem Zeitpunkt, an dem der Ball in den Besitz eines Spielers gelangt oder regelgemäß für „tot" erklärt wird.

XVI Regelwerk

Artikel 3 SCRIMMAGE KICK- und FIELDGOAL-Spiel

Ein SCRIMMAGE KICK-Spiel oder FIELDGOAL-Spiel ist der Zeitraum zwischen dem SNAP und dem Zeitpunkt, an dem der Ball in den Besitz eines Spielers kommt oder regelgemäß für „tot" erklärt wird.

Artikel 4 Laufspiel

Ein Laufspiel ist jede Aktion mit einem lebenden Ball, ausgenommen der, die sich ereignet, wenn ein Spieler den Ballbesitz während eines FREE KICK-, eines SCRIMMAGE KICK- oder eines legalen Vorwärts-PASS-Spiels wiedererlangt hat.

a) Ein Laufspiel beinhaltet den Punkt, an dem der Lauf endet und den Zwischenraum jedes anschließenden FUMBLE, Rück- oder illegalen PASSES, von dem Punkt, an dem der Lauf endet, bis zu dem Zeitpunkt, an dem Ballbesitz erlangt, wiedererlangt oder an dem der Ball regelgemäß für „tot" erklärt wurde,

1. Während eines DOWN können sich mehr als ein Laufspiel ereignen, wenn jenseits der neutralen Zone Spielerballbesitz erlangt oder wiedererlangt wurde.

2. Hinter der neutralen Zone darf nicht mehr als ein Laufspiel stattfinden, wenn sich kein Team-Ballbesitzwechsel ereignet, und der BASIC SPOT ist dann der PREVIOUS SPOT (Regel 10-2-2-c-2).

b) Ein Lauf ist ein Teil eines Laufspiels, bevor ein Spieler Ballbesitz verloren hat.

A b s c h n i t t 31 Bereiche des Spielfeldes

Artikel 1 Das Feld

Das Feld ist die Zone innerhalb der Begrenzungslinien und enthält die Begrenzungslinien, die TEAM-ZONEN und den Raum darüber
AUSNAHME: Abdeckungen über dem Feld (Dächer).

Artikel 2 Spielfeld

Das Spielfeld ist die Zone innerhalb der Spielfeldbegrenzungen mit Ausnahme der ENDZONEN.

Artikel 3 ENDZONEN

Die ENDZONEN sind die 10-Meterzonen an beiden Enden des Feldes zwischen den Endlinien und den GOALLINES. Die GOALLINE-Pylone sind in der END-ZONE und die ENDZONE eines Teams ist die, die es verteidigt.

Artikel 4 Spielfeldoberfläche

Die Spielfeldoberfläche ist das Material oder die Stoffe innerhalb des Feldes.

Artikel 5 Spielabgrenzungen

Die Spielabgrenzung ist die Zone, die alles Bauliche innerhalb eines Stadions umfaßt.
AUSNAHME: Punktestand-Anzeiger sind innerhalb der Spielabgrenzungen nicht berücksichtigt.

Regel 3

Spielabschnitte, Zeitfaktoren und Ersatzspielerwechsel

A b s c h n i t t 1 **Beginn jedes Spielabschnittes**

Artikel 1 **Erster und dritter Spielabschnitt (Viertel)**

Jede Halbzeit beginnt mit einem KICK OFF.

Drei Minuten vor dem festgesetzten Spielbeginn muß der REFEREE in der Mitte des Feldes, nur in Anwesenheit der gegnerischen TEAM CAPTAINS und anderer Schiedsrichter eine Münze werfen. Vor dem Hochwurf muß er bestimmen, welcher TEAM CAPTAIN den Fall der Münze rufen soll.

Während des Münzwurfes muß sich jedes Team in der Zone zwischen den Seitenlinien und der INBOUNDS-LINE, die sich am nächsten zu ihrer TEAMZONE befindet oder in ihrer TEAM ZONE aufhalten.

a) Der Gewinner des Münzwurfes soll eine der folgenden Möglickeiten, die den Beginn der ersten oder zweiten Spielhäfte betreffen, auswählen:
   1. das Team bezeichnen, das den KICK OFF ausführen soll oder
   2. die Endzone bezeichnen, die sein Team verteidigen soll.

b) Der Verlierer des Münzwurfes muß dann denjenigen der oben genannten Punkte wählen, für die Halbzeit, die der Gewinner nicht wählt.

c) Das Team, welches für die jeweilige Halbzeit nicht die Möglichkeit der Auswahl hat, muß den Punkt durchführen, der vom Gegner nicht gewählt wurde.

d) Will der Gewinner des Münzwurfes die obigen Punkte für die zweite Halbzeit auswählen, so muß der REFEREE dieses anzeigen (S 10, Wahl abgelehnt).

Artikel 2 **Zweiter und vierter Spielabschnitt**

Zwischen dem ersten und dem zweiten Viertel, sowie zwischen dem dritten und vierten Viertel müssen die Teams die gegenüberliegenden Endzonen verteidigen.

a) Der Ball soll an den Punkt, der genau entsprechend, in Relation zu den Endzonen und den Seitenlinien zu seiner Lage am Ende des vergangenen Viertels, verlegt werden.

b) Ballbesitz, Nummer des DOWN und die Distanz, die zum nächsten FIRST DOWN zurückgelegt werden muß, sollen bestehen bleiben.

Artikel 3 **Zusätzliche Spielabschnitte**

Folgendes System soll benutzt werden, wenn es nötig ist, ein unentschiedenes Spiel zum Zweck der Bestimmung eines Meisters oder der Teilnahme eines Teams in einer Turniergruppe, zu entscheiden.

a) VERFAHREN NACH EINEM DURCHGEFÜHRTEN SPIEL —
   Unmittelbar nach dem Ende des vierten Viertels erklären die Schiedsrichter beiden Teams, daß sie in ihre jeweiligen TEAM ZONEN zurückkehren sollen. Die Schiedsrichter versammeln sich an der 50-Meterlinie und besprechen das Ausscheidungsverfahren.

Die Schiedsrichter sollen sich ohne Verzögerung direkt zu den TEAM ZONEN begeben und dort die Teams informieren, welches Ende des Spielfeldes zum Start der Nachspielzeit benutzt wird. Die Schiedsrichter begleiten die TEAM CAPTAINS zur Spielfeldmitte zum Münzwurf gemäß dem gleichen Verfahren wie zu Beginn des vorausgegangenen Spiels.

Der Gast-TEAM CAPTAIN soll Kopf oder Zahl rufen, während die Münze in der Luft ist. Dem Gewinner des Münzwurfes soll die Möglichkeit gegeben werden, zwischen DEFENSE und OFFENSE, für den Ballbesitz in der ersten Nachspielperiode und jeder anschließenden geraden Nachspielperiode zu wählen. Der Verlierer des Münzwurfes soll diese Wahlmöglichkeit vor jeder ungeraden Nachspielperiode haben.

b) BEGINN DER NACHSPIELZEIT —
Der REFEREE soll das Tor wählen, in dessen Richtung die Nachspielperiode gespielt werden soll. Nachdem Team A den Ball auf der 25-Meterlinie für ihre vier Versuche gehabt hat, egal ob Punkte erzielt wurden oder nicht, bekommt Team B's OFFENSE den Ball auf der 25-meterlinie, mit FIRST DOWN und 10 Meter zu gehen.

c) NACHSPIELPERIODEN —
Eine Nachspielperiode soll aus einem Ballbesitz für Team A und Team B bestehen. Wurden nach beiden Ballbesitzen keine Punkte oder Punktegleichstand erzielt, so ist eine zweite Nachspielperiode nötig.

d) PUNKTEERZIELUNG —
Das Team, das die größere Anzahl von Punkten nach der gleichen Anzahl von Ballbesitzen erreicht hat, soll zum Gewinner erklärt werden. Das Endergebnis besteht aus der Gesamtzahl aller Punkte, die von beiden Teams während des regulären Spiels und den Nachspielperioden erzielt wurden.

e) ZUSÄTZLICHE PERIODEN —
Ist der Punktestand nach einer gleichen Anzahl von Ballbesitzen unentschieden, so soll das Spiel mit weiteren Nachspielperioden weitergehen. Es soll keine Pause, Teambesprechung oder Münzwurf erlaubt werden.
Dem Verlierer des Münzwurfes nach der regulären Spielzeit soll die Möglichkeit gegeben werden, zwischen OFFENSE und DEFENSE für die zweite Nachspielperiode zu wählen. Dieses Vorgehen soll wiederholt werden, bis ein Gewinner bestimmt wurde.

f) ANZAHL DER VERSUCHE —
Jedes Team soll den Ballbesitz haben, bis es Punkte erzielt hat oder es versäumt hat, einen FIRST DOWN und 10 Meter zu erzielen, entweder durch Nichtausnutzen der DOWNS oder Verlust des Ballbesitzes durch einen abgefangenen PASS, einen eroberten Rück-PASS, einen FUMBLE oder einen erfolglosen FIELD-GOAL-Versuch. Ausschließlich der Strafen hat ein Team im höchsten Fall ein Maximum von 12 DOWNS zur Verfügung, um Punkte zu erzielen.

g) VERLUST DES BALLBESITZES —
Erzielt ein Team ein FIELD GOAL, TOUCHDOWN oder ein SAFETY, so gibt es den Ballbesitz auf. Erlangt das DEFENSE-Team Besitz des Footballes,

so ist der Ball „tot". Wurde ein TOUCHDOWN erzielt, so darf das OFFENSE-Team versuchen, ein oder zwei zusätzliche Punkte zu erzielen.
BEISPIEL: Wenn Team A im dritten Versuch seiner Nachspielserie Punkte erzielt, ist es berechtigt, den verbleibenden Versuch zu benutzen, um nochmals zu punkten?
REGELUNG: Nein, wenn ein Team punktet, entweder durch ein FIELD-GOAL oder TOUCHDOWN, so endet sein Ballbesitz. Der Ballbesitz endet nach dem Zusatzversuch für ein oder zwei Punkte.

h) DEFENSE KANN NICHT PUNKTEN —
Erlangt ein Team Besitz des Football durch Eroberung eines FUMBLE, Abfangen eines PASSES, Eroberung eines Rück-PASSES, oder nach einem erfolglosen FIELD GOAL-Versuch, so ist der Ball „tot" und das Spiel stoppt. Das DEFENSE-Team darf mit dem Ball keinen Raum gewinnen, nachdem der Ballbesitz durch einen der oben angegebenen Ballbesitzwechsel erfolgt. Die Schiedsrichter sollen direkt pfeifen, um das Spiel zu stoppen.
BEISPIELE:
1. B-1 (DEFENSE) fängt einen PASS ab und verliert, nachdem er von A-1 getackelt wurde, den Ball, der dann von A-2 wiedererobert wird.
   REGELUNG: Das Spiel war vorüber, sobald B-1 Kontrolle über den abgefangenen PASS erlangt hatt.
2. Team A verliert während des SCRIMMAGE durch ein FUMBLE den Ball bei seinem dritten Versuch; Team B erobert den Ball.
   REGELUNG: Die Versuchserie von Team A ist vorüber und Team B hat Ballbesitz, FIRST DOWN und 10 Meter zu gehen auf der 25-Meterlinie.
3. Beim zweiten Versuch verliert A-1 auf Team B's 2-Meterlinie den Ball durch einen FUMBLE. B-1 erobert den Ball in der Endzone.
   REGELUNG: TOUCHBACK und Team A's Versuchserie ist vorüber. Team B wird den Ball ins Spiel bringen, FIRST DOWN und 10 Meter zu gehen, auf der 25-Meterlinie.

i) SAFETY —
Ein SAFETY soll nur erzielt werden, wenn Team B (DEFENSE) für den Antrieb eines freien Balles verantwortlich ist. Team B ist nicht für einen SAFETY verantwortlich, wenn der Ball im Besitz ist und in die Endzone gebracht wird. Der Ball ist „tot" innerhalb des Spielfeldes, wenn Team B Ballbesitz erlangt.
BEISPIELE:
1. Beim zweiten Versuch verliert A-1 den Ball auf Team B's 2-Meterlinie durch einen FUMBLE. B-1 erobert den Ball und zieht sich in die eigene Endzone zurück, wo der getackelt wird.
   REGELUNG: Insofern, als es B-1 (DEFENSE) nicht erlaubt ist, den Ball zu tragen, kann kein SAFETY erzielt werden und Team B wird den Ball auf der 25-Meterlinie ins Spiel bringen, FIRST DOWN und 10 Meter zu gehen.
2. Team A verliert den Ball beim dritten Versuch auf Team B's 4-Meterlinie durch einen FUMBLE. Während der Ball auf der 1-Meterlinie frei ist, verleiht B-1 dem Ball einen neuen Antrieb durch Schlagen des Balles aus der Endzone hinaus.

XVI   Regelwerk

REGELUNG: SAFETY — zwei Punkte oder Strafe wegen Schlagen des Balles aus der Endzone.

3. Während eines 2-Punkte-Zusatzversuches verleiht Team B dem Ball, der ein FUMBLE von Team A ist, im Spielfeld zusätzlich neuen Antrieb, und der Ball wird dann von Team B in der Endzone gesichert.
REGELUNG: SAFETY — einen Punkt.

j) FIELD GOAL —
FIELDGOAL-Versuche sind während jedes Versuches erlaubt, aber der Ball darf nicht zum Nutzen des OFFENSE-Teams erobert oder getragen werden, um Raum zu gewinnen. Erfolgreiche FIELD GOALS sollen drei Punkte zählen.
BEISPIELE:
a) Team A versucht ein FIELDGOAL, der von Team B berührt wird. Team A erobert den Ball in der Endzone.
REGELUNG: Team A werden keine Puntke zuerkannt.
b) Team A täuscht ein FIELDGOAL an und versucht, einen Lauf in die Endzone. A-1 (Ballträger) wird auf der 2-Meterlinie getackelt und verliert den Ball in der Endzone- A-2 fällt auf den freien Ball.
REGELUNG: TOUCHDOWN für Team A.
c) Ein Team-A-FIELDGOAL-Versuch wird abgeblockt und von A-1 erobert, der den Ball in die Endzone trägt.
REGELUNG: Keine Punkte. Der Ball ist „tot", wenn es offensichtlich ist, daß der KICK erfolglos war.

k) PASS INTERFERENCE (PASS-Behinderung) —
Regeln, die sich auf Offensiv- und Defensiv-PASS INTERFERENCE beziehen, bleiben in der Nachspielperiode die gleichen Regeln, wie während des regulären Spiels.
BEISPIELE:
1. Beim dritten Versuch für Team A auf Team B's 4-Meterlinie, wird ein Defensiv-PASS INTERFERENCE durch Team B in dessen Endzone erkannt.
REGELUNG: Akzeptiert Team A die Strafe, so erhält es FIRST DOWN auf Team B's 2-Meterlinie.
2. Team A verursacht ein Offensiv-PASS INTERFERENCE in Team B's Endzone oder ein ursprünglich unberechtigter Team-A-Spieler berührt einen legalen Vorwärts-PASS in der Endzone.
REGELUNG: PASS INTERFERENCE — Team A wird mit 15 Metern Raumverlust bestraft und mit einem DOWN-Verlust belastet.
ILLEGALES BERÜHREN — Team A wird mit 5 Metern Raumverlust bestraft und mit einem DOWN-Verlust belastet.

l) DEAD-BALL-FOULS —
DEAD BALL-Fouls nach einem TOUCHDOWN, FIELDGOAL oder erfolgreichem Zusatzversuch werden von der 25-Meterlinie aus geahndet.
BEISPIELE:
1. Team B foult nach einem TOUCHDOWN, FIELDGOAL oder erfolgreichem Zusatzversuch.

REGELUNG: Team B wird den Ball von der 40-Meterlinie aus ins Spiel bringen bei seinem nächsten Ballbesitz, mit FIRST DOWN und 10 Metern zu geben.

2. Team A foult nach einem TOUCHDOWN, FIELDGOAL oder erfolgreichem Zusatzversuch.

REGELUNG: Team B wird den Ball bei seinem nächsten Ballbesitz von der 12 1/2-Meterlinie aus ins Spiel bringen, mit FIRST DOWN und 10 Metern zu gehen.

3. Team A verhält sich nach einem TOUCHDOWN-Lauf unsportlich. Das Foul wird als DEAD BALL-Foul geahndet.

REGELUNG: Team B bringt den Ball von der 12 1/2-Meterlinie aus ins Spiel.

m) LIVE BALL-FOULS —

Distanzstrafen, für Team B-Fouls, während eines DOWN, der in einem TOUCHDOWN, FIELDGOAL oder erfolgreichem Zusatzversuch endet, werden von der 25-Meterlinie aus geahndet, wie dem auch sei, das FIELDGOAL und der Zusatzversuch können abgelehnt und die Strafe regelgerecht durchgeführt werden.

Der POSTSCRIMMAGE ENFORCEMENT SPOT ist die 25-Meterlinie.

BEISPIEL: Team B foult während eines TOUCHDOWN, FIELDGOAL oder erfolgreichem Zusatzversuch.

REGELUNG: Team B wird den Ball beim nächsten Ballbesitz von der 40-Meterlinie aus ins Spiel bringen, mit FIRST DOWN und 10 Metern zu gehen. Wie auch immer, Team A kann das FIELDGOAL oder den erfolgreichen Zuatzversuch ablehnen und die Strafe annehmen.

n) FOULS ZWISCHEN DEN SPIELABSCHNITTEN —

Fouls, die sich zwischen dem Ende des vierten Viertels, des regulären Spiels und dem Start der ersten Nachspielperiode ereignen, sollen von der 25-Meterlinie aus geahndet werden.

BEISPIEL: Unmittelbar nach dem Ende des vierten Viertels des regulären Spiels verursacht Team A ein persönliches Foul. Team A gewinnt den Münzwurf für die erste Nachspielzeit und wählt für den ersten Ballbesitz das OFFENSE-Team.

REGELUNG: Team A's Ball von der 40-Meterlinie aus, mit FIRST DOWN und 10 Metern zu gehen.

o) TIME TOUTS —

Jedem Team soll ein TIME OUT für jede Nachspielperiode erlaubt werden. TIME OUTS, die während der regulären Spielzeit nicht genutzt werden, können nicht mit in die Nachspielzeit(en) übernommen werden. Weiterhin können ungenutzte TIME OUTS einer Nachspielperiode nicht in die nachfolgende Nachspielperiode übernommen werden. TIME OUTS, die zwischen den Perioden genommen werden, sollen in der nachfolgenden Periode belastet werden.

p) BEISPIEL —

Team A und Team B sind nach den vier Spielabschnitten unentschieden. Beide Teams begeben sich in ihre verschiedenen TEAM ZONEN. Die

Schiedsrichter beraten kurz in der Spielfeldmitte, dann holen sie die TEAM CAPTAINS zum Münzwurf. Team B gewinnt den Münzwurf und entscheidet sich für die DEFENSE während des ersten Ballbesitzes. Die Schiedsrichter bestimmen, daß das Spiel im Nordende des Feldes angefangen werden soll.

Team A bringt den Ball durch einen SNAP an der 25-Meterlinie ins Spiel. Es versäumt, einen FIRST DOWN zu erreichen und kickt nachfolgend ein FIELDGOAL im vierten Versuch. Team B bringt den Ball am selben Ende des Feldes den Ball an der 25-Meterlinie ins Spiel. Erzielt es einen TOUCHDOWN oder gelingt es ihm nicht, zu punkten, so ist das Spiel zur gleichen Zeit vorbei.

Kickt Team B ebenfalls ein FIELDGOAL, so hat Team A die Wahl, ob es die OFFENSE oder DEFENSE für den ersten Ballbesitz in der zweiten Nachspielperiode auf das Feld schicken will.

Das weitere Spiel soll so durchgeführt werden, wie es hier kurz umrissen wurde, bis ein Gewinner nach einer gleichen Anzahl von Ballbesitzen feststeht.

A b s c h n i t t 2   Spielzeit und Pausen

Artikel 1   Länge der Spielabschnitte und der Pausen

Die reine Spielzeit in einem Spiel soll 48 Minuten, geteilt in vier Abschnitte zu je 12 Minuten, betragen. (60 Minuten, bzw. vier mal 15 Minuten in den USA). Zwischen dem ersten und zweiten Viertel (1. Halbzeit) und dem dritten und vierten Viertel (2. Halbzeit) soll eine Spielpause von einer Minute liegen.

a) Kein Viertel soll beendet werden, bevor der Ball „tot" ist.

b) Die Pause zwischen den Halbzeiten soll 20 Minuten betragen.

c) Für Aufwärmübungen können zusätzlich zur Halbzeitpause noch drei Minuten erlaubt werden.

Artikel 2   Zeitänderungen

Vor oder während des Spiels kann der REFEREE die Spielzeit verkürzen, wenn er der Meinung ist, daß das Spiel durch Dunkelheit behindert werden könnte. Die vier Spielabschnitte müssen die gleiche Länge haben, wenn die Spielzeit vor Spielbeginn verkürzt werden soll.

a) Während des Spiels kann die verbleibende Zeit des oder der Viertel, in gemeinsamen Einverständnis der gegnerischen TEAM CAPTAINS und dem RFEREE verkürzt werden.

b) Zeitirrtümer bei der Spieluhr oder einem Schiedsrichter können durch den REFEREE korrigiert werden.

Artikel 3   Verlängerung der Spielzeit

Ein Viertel soll verlängert werden, bis ein Versuch, der kein Zusatzversuch ist, ohne LIVE BALL-Fouls, die als DEAD BALL-Fouls geahndet werden, gespielt wurde, wenn

a) eine Strafe für ein oder mehre Fouls, die nicht als DEAD BALL-Fouls geahndet werden, akzeptiert werden, wenn die Fouls während eines DOWN geschehen, in dem die Spielzeit abläuft

b) ein unabsichtlicher Pfiff eines Schiedsrichters ertönt, während eines DOWN, in dem die Spielzeit abläuft

c) ein TOUCHDOWN während eines DOWN, in dem die Spielzeit abläuft, erzielt wird

AUSNAHME: Wenn der Gewinner des Spiels feststeht und beide TEAM CAPTAINS übereinstimmen, den Zusatzversuch nicht durchzuführen, wird der Spielabschnitt nicht verlängert.

d) sich aufhebende Fouls während eines DOWN ereignen, in dem die Spielzeit abläuft.

Artikel 4   Spielzeituhr

a) Die Spielzeit soll mit einer Uhr gemessen werden, die eine Stoppuhr sein kann und vom FIELDJUDGE, LINEJUDGE oder BACKJUDGE bedient wird, oder eine Spielzeituhr, die von einem Assistenten, der von dem berechtigten Schiedsrichter überwacht wird, bedient wird.

b) Die 25 Sekunden zwischen dem Signal „Ball bereit" und dem ins Spiel bringen des Balles sollen mit einer Uhr gemessen werden, die vom berechtigten Schiedsrichter bedient wird oder mit 25-Sekunden-Uhren an jedem Ende des Spielgeländes, die von einem Assistenten, unter der Aufsicht des berechtigten Schiedsrichters, bedient wird.
Der Gebrauch der 25-Sekunden-Uhr soll vom Spielmanagement bestimmt werden.

Artikel 5   Starten der Zeit

Nach einem FREE KICK beginnt die Spielzeit zu laufen, wenn der Ball legal das Spielfeld berührt oder der Ball die GOALLINE kreuzt, nachdem er von einem Team-B-Spieler legal in dessen Endzone berührt wurde.
Bei einem SCRIMMAGE DOWN startet die Zeit, wenn der Ball aufgenommen wurde oder bei einem vorherigen Signal des REFEREE. Während eines Zusatzversuches oder der Verlängerung eines Viertels soll die Uhr nicht laufen.

a) Der REFEREE gibt ein Zeichen, pfeift und die Zeit beginnt zu laufen, wenn der Ball bereit ist, nachdem die Zeit gestoppt wurde, weil:

1. Team A einen FIRST DOWN erreicht hat
    AUSNAHME: 3-2-5-b-2.

2. der REFEREE ein TIME OUT wegen eines verletzten Spielers oder Schiedsrichters genommen hat,

3. der REFEREE das so entscheidet (Regel 3-4-3),

4. eine Strafe durchgeführt werden soll (Regel 3-2-5-d)
5. ein unabsichtlicher Pfiff ertönt ist (außer beim FREE KICK)
6. der Trainer eine Besprechung beantragt.

b) Der REFEREE gibt KEIN Signal und die Zeit beginnt zu laufen, wenn der Ball aufgenommen wird, nachdem die Zeit gestoppt wurde:
1. durch ein TIME OUT eines Teams, eine Punkteerzielung, einen TOUCH-BACK, einen unvollständigen Vorwärts-PASS oder einem lebenden Ball, der aus geht
2. um Team B ein FIRST DOWN anzuerkennen oder, nach einem KICK, wenn Team A ein FIRST DOWN zuerkannt würde,
3. wenn sich eine der Ausnahmen der Regel 7-1-3-a-4 ereignet,
4. für eine Ausnahme der Regel 3-4-2-a,

c) Wenn im Zusammenhang mit einem Team-TIME OUT, Zwischenfälle während oder nach einem Team-TIME OUT geschehen, demzufolge die Zeit nicht startet, bis der Ball ins Spiel gebracht wird; die Zeit soll dann gestartet werden, wenn der Ball ins Spiel gebracht wird.

d) Wurde die Zeit wegen eines Zwischenfalles gestoppt und schließt sich ein Radio- oder TV-TIME OUT an, so soll die Zeit gestartet werden,l wenn der Ball spielfertig ist.

e) Wurde die Zeit angehalten, um eine Strafe durchzuführen, so soll sie dann wieder gestartet werden, wenn der Ball spielfertig ist, es sei denn, es handelt sich um eine Strafe gemäß Regel 3-4-3 oder A.R. 4.
Wurde die Zeit aus anderen Gründen gemäß den Regeln angehalten, so soll sie erst mit dem SNAP wieder starten.

f) Wurde die Uhr angehalten, um eine Strafe für einen Regelverstoß durch eines der Teams, wenn weniger als 25 Sekunden Spielzeit im zweiten oder vierten Spielabschnitt verbleiben, durchzuführen, so kann der angegriffene TEAM CAPTAIN bestimmen, ob die Uhr beim Signal „Ball bereit" oder beim SNAP gestartet werden soll.

Artikel 6   Anhalten der Zeit

Die Spielzeituhr soll angehalten werden, sobald die Spielabschnitte zu Ende sind. Jeder Schiedsrichter kann ein TIME OUT signalisieren, wenn die Regeln das Anhalten der Uhr vorsehen oder wenn ein Team oder ein Schiedsrichter ein TIME OUT fordert.
AUSNAHME: Regel 3-3-4-c.
Die anderen Schiedsrichter sollen das TIME OUT-Zeichen wiederholen.

Abschnitt 3   TIME OUTS

Artikel 1   Wie zu belasten

a) Der REFEREE soll ein TIME OUT signalisieren, wenn er aus irgendeinem Grund das Spiel unterbricht. Jedes TIME OUT soll zu Lasten eines Teams gehen (belastendes) oder als Schiedsrichter-TIME OUT bezeichnet werden.

b) Sollte ein Team kein TIME OUT mehr haben und während der laufenden 25-Sekunden-Uhr ein TIME OUT verlangen, so soll der Schiedsrichter dieses Verlangen nicht zur Kenntnis nehmen und weder die 25-Sekunden-Uhr noch die Spielzeituhr anhalten.

c) Während eines TIME OUT sollen die Spieler nicht mit dem Ball auf dem Spielfeld üben.
AUSNAHME: während der Halbzeitpause.

Artikel 2   TIME OUT
Der REFEREE soll ein TIME OUT anzeigen wenn:

a) ein TOUCH DOWN, FIELDGOAL, TOUCHBACK oder SAFETY erzielt wurde.

b) ein Verletzungs-TIME OUT erlaubt ist.

c) die Zeit angehalten wurde, um eine Strafe durchzuführen.

d) ein lebender Ball ausgeht oder für außerhalb erklärt wird.

e) ein Vorwärts-PASS unvollständig wird.

f) Team A oder B ein FIRST DOWN erreichen.

g) ein unabsichtlicher Pfiff ertönt.

h) um eine Trainerbesprechung gebeten wird.

i) ein Radio- oder TV-TIME OUT erlaubt ist.

j) wegen unfairen Lärms ein TIME OUT erforderlich ist.

k) FIRST DOWN-Messungen vorgenommen werden müssen.

l) eine Verzägerung durch beide Teams verursacht wurde.

m) ein Team mit einem TIME OUT belstet wird.

n) es eine Seiteninien-Warnung gibt.

Artikel 3   TIME OUTS nach Ermessen des REFEREE
a) Der REFEREE kann das Spiel vorübergehend unterbrechen, wenn gewisse Bedingungen dazu berechtigen.
Der REFEREE darf von sich aus wegen irgendeiner Möglichkeit ein TIME OUT anzeigen, auch wenn dieses nicht in den Regeln erfaßt ist.

b) Wird das Spiel durch Aktionen einer oder mehrerer Personen, die nicht den Regeln unterliegen, oder aus einem anderen Grund, der nicht von den Regeln erfaßt ist, unterbrochen und kann nicht fortgesetzt werden, so soll der REFEREE:
1. das Spiel unterbrechen und die Spieler zu ihren TEAM ZONEN schicken,
2. das Problem mit den Personen beraten, die verantwotlich für die Austragung des Spieles sind
3. das Spiel wieder aufnehmen, wenn er feststellt, daß die Bedingungen dafür wiederhergestellt sind.

c) Kann ein Spiel nicht sofort wieder aufgenommen werden, nach einer Regel 3-3-a&b-Unterbrechung, so soll das Spiel beendet oder zu einem späteren Zeitpunkt wieder aufgenommen werden, nach gegenseitigem Einverständnis mit beiden Teams.

d) Wird ein Spiel wieder aufgenommen, so beginnt es mit derselben verbleibenden Zeit, den gleichen Bedingungen der DOWNS, der Distanz und der Position auf dem Feld.

e) Das Spiel wird nicht gewertet, wenn es zu keinem gegenseitigen Einverständnis hinsichtlich der Wiederaufnahme oder Beendigung kommt. **AUSNAHME:** Wettbewerbs- oder Ligaregelungen

f) TIME OUTS nach dem Ermessen des REFEREE gelten auch für folgende Spielsituationen:

1. bei einer übermäßigen Verzögerung durch einen Schiedsrichter bei der Plazierung des Balles zum nächsten SNAP,
2. bei einer Rücksprache mit den TEAM CAPTAINS,
3. wenn Voraussetzungen einen vorübergehenden Ausschluß berechtigen,
4. wenn das OFFENSE-Team ihre Signale wegen des Zuschauerlärms nicht hören kann.

   Handhabung bei unfairen Zuschauerlärms:

   a) Ist es einem QUARTERBACK nicht möglich, seinen Teammitgliedern Spielzüge zu signalisieren, wegen des Zuschauerlärms, muß er beide Hände heben und zum REFEREE schauen, um eine legale Verzögerung zu erbitten.

   b) Der REFEREE kann seinerseits ein TIME OUT nehmen und das OFFENSE-Team kann ins HUDDLE gehen.
   Der REFEREE kann das Verlangen ablehnen, in dem er mit der Hand in die Richtung der DEFENSE-Endzone zeigt.

   c) Kehrt die OFFENSE zur SCRIMMAGE LINE zurück, so beginnt die Uhr beim SNAP zu laufen.
   Der REFEREE erklärt durch Pfeifen auf seiner Pfeife, ohne Handsignal, den Ball für „spielfertig". Die 25-Sekunden-Uhr ist dann nicht in Betrieb.

   d) Sollte der QUARTERBACK anschließend während des Spiels, eine zweite legale Verzögerung erbitten, in dem er seine Hände hebt und zum REFEREE schaut, so kann der REFEREE seinerseits erneut ein TIME OUT nehmen, wenn es seiner Meinung nach unmöglich ist, wegen des Zuschauerlärms die Signale zu verstehen.

   e) Der REFEREE kann dann den DEFENSE-CAPTAIN auffordern, die Zuschauer um Ruhe zu bitten.
   Das soll dem Stadionsprecher zu verstehen geben, daß er die Zuschauer zur Fairness gegenüber dem OFFENSE-Team ersucht. Der Stadionsprecher soll den Zuschauern erklären, daß die DEFENSE bei der nächten Zuschauerlärmbelästigung mit einem TIME OUT belastet wird.

   f) Kehrt die OFFENSE zur SCRIMMAGE LINE zurück, so beginnt die Uhr beim SNAP zu laufen.
   Der REFEREE erklärt durch Pfeifen auf seiner Pfeife, ohne Handsignal, den Ball für „spielfertig". Die 25-Sekunden-Uhr ist dann nicht in Betrieb.

g) Zeigt der QUARTERBACK während des Spiels wiederum durch Heben der Hände und Schauen zum REFEREE an, daß er wiederum eine legale Verzögerung erbittet, da seine Signale nicht aufgenommen werden und der REFEREE stimmt dem zu, so wird das DEFENSE-Team mit einem TIME OUT belastet.

h) Folgend diesem TIME OUT wird dem DEFENSE-Team für jeden nachfolgenden erfolglosen Versuch, das Spiel zu starten, ein TIME OUT angelastet. Während der Pause zwischen den DOWNS darf nur ein TIME OUT belastet werden.

i) Wurde die 25-Sekunden-Uhr zweimal wegen Zuschauerlärm-Regelverletzungen gegen dasselbe Team gestoppt, so wird jedes nachfolgende Stoppen der 25-Sekunden-Uhr wegen des Zuschauerlärm gegen dasselbe Team in einem belastenden TIME OUT resultieren oder in eine Verzögerungsstrafe, wenn alle Team-TIME OUTS des zu belastenden Teams verbraucht sind. REGELVERLETZUNGEN — Regel 3-3-6 und 3-4-2-b (S 3 oder S 21).

Artikel 4   Belastende Team-TIME OUTS

Der REFEREE soll ein belastendes Team-TIME OUT erlauben, wenn es von einem Spieler verlangt wird oder wenn ein offensichtlich verletzter Spieler nicht ersetzt wird.

a) Jedes Team ist berechtigt zu drei TIME OUTS während jeder Halbzeit, ausgenommen sie werden mit dem Verlust eines TIME OUT bestraft.

b) Aufeinanderfolgende belastende Team-TIME OUTS während einer Unterbrechung zwischen zwei DOWNS werden keinem Team erlaubt.
AUSNAHMEN: Regel 1-4-4, 1-4-5, 3-3-4-e, 3-3-5 und 9-1-5-b

c) Nachdem der Ball für „tot" erklärt wurde und vor dem SNAP kann ein legaler Ersatzspieler ein TIME OUT verlangen, wenn er sich innerhalb von 15 Metern vom Ball befindet.

d) Ein Spieler, der am vorherigen DOWN teilgenommen hat, kann zwischen der Zeit, an dem der Ball für „tot" erklärt wurde und dem SNAP ein TIME Out verlangen, wenn er sich außerhalb von 15 Metern vom Ball befindet.

e) Ein Spieler, der an einem vorherigen DOWN teilgenommen hat, kann eine Besprechung mit dem Schiedsrichter erbitten, wenn der Trainer der Meinung ist, daß eine Regel falsch ausgeführt wurde. War die Regeldurchführung richtig, so wird das Team des Traienrs mit einem TIME OUT belastet oder wenn alle TIME OUTS verbraucht sind, mit einer Verzögerungsstrafe belegt.

1. Nur der REFEREE darf die Uhr für eine Besprechung mit dem Trainer anhalten.

2. Eine Anfrage für eine Besprechung muß beantragt werden, bevor der Ball aufgenommen oder ein FREE KICK gekickt wurde und vor dem Ende des 2. und 4. Spielabschnittes.

3. Nach einer Trainerbesprechung ist die Zeit des Team-TIME OUTS zu gewähren, wenn es dem REFEREE angelastet wurde.

Artikel 5   Verletzungs-TIME OUT

a) Im Falle eines offensichtlich verletzten Spielers kann der REFEREE von sich aus ein TIME OUT nehmen, vorausgesetzt der verletzte Spieler, für den das TIME OUT genommen wurde, muß für wenigstens einen DOWN den Platz verlassen. Andernfalls wird sein Team mit einem TIME OUT belastet, es sei denn, es hat um ein TIME OUT während der Pause zwischen den DOWNS gebeten.
Nachdem ein Team keine TIME OUTS mehr hat, muß der verletze Spieler den Platz für ein DOWN verlassen. Der REFEREE kann von sich aus ein TIME OUT für einen verletzten Schiedsrichter nehmen.

b) Jeder Schiedsrichter kann die Uhr wegen eines verletzten Spielers anhalten.

c) Um einen möglichen Zeitvorteil durch das Vortäuschen einer Verletzung abzukürzen, ist den ausdrücklichen Erklärungen des „FOOTBALL CODE" (Vorwort zum Regelbuch) hinsichtlich des Vortäuschens einer Verletzung, besondere Aufmerksamkeit zu widmen.

d) Einem Verletzungs-TIME OUT kann ein Team-TIME OUT folgen (Regel 3-3-5).

Artikel 6   Regelverletzungs-TIME OUT

Für Verstöße gegen Regel 1-4-4, 1-4-5, 3-3-4-e oder 9-1-5-a während eines DOWN, muß ein Team am SUCCEEDING SPOT mit einem TIME OUT belastet werden (Regel 3-4-2-b).

Artikel 7   Länge eines TIME OUT

a) Ein belastendes Team-TIME OUT, das von einem Spieler erbeten wurde, soll eine Minute und dreißig Sekunden nicht überschreiten. Andere TIME OUTS sollen nicht länger dauern, als es der REFEREE für nötig erachtet, um den Grund des TIME OUT zu beseitigen, darin sind auch Radio- und TV-TIME OUTS eingeschlossen.
Aber jegliches TIME OUT kann durch den REFEREE verlängert werden, zugunsten eines ernstlich verletzten Spielers.

b) Wird ein Team mit einem 1-Minute-30-Sekunden-TIME-OUT belastet und möchte weiterspielen, bevor die volle Zeit verstrichen ist, so kann der REFEREE den Ball für „spielfertig" erklären, wenn der Gegner bestätigt, daß er spielbereit ist.

c) Die Länge eines REFEREE'S TIME OUT richtet sich nach den Umständen jedes einzelnen TIME OUTS.

d) Der TEAM CAPTAIN muß seine Wahl hinsichtlich einer Strafe angeben, bevor er oder ein Teammitglied während eines TIME OUT mit seinem Trainer an der Seitenlinie beraten will.

Artikel 8   Anzeigepflicht des REFEREE

30 Sekunden bevor ein belastendes TIME OUT ausläuft, soll der REFEREE beiden Teams anzeigen, daß das TIME OUT endet. 5 Sekunden später soll er den Ball für „spielfertig" erklären.

a) Hat ein Team das dritte TIME OUT in einer Halbzeit genommen, so soll der REFEREE das dem TEAM CAPTAIN anzeigen.

b) Sofern eine Spielzeituhr die offizielle Zeitnahme ist, soll der REFEREE jeden TEAM CAPTAIN und jeden Trainer informieren, wenn ungefähr ZWEI Minuten Spielzeit in jeder Halbzeit verbleiben. Zu diesem Zweck kann er anordnen, daß die Spielzeituhr angehalten wird.

c) Wenn die offizielle Spielzeituhr keine sichtbare Zeitnahmeeinrichtung ist, sollte der REFEREE oder sein Stellvertreter während der letzten beiden Minuten jeder Halbzeit, jedem TEAM CAPTAIN und jedem Trainer die noch verbleibende Spielzeit anzeigen, wenn die Uhr gemäß der Regel angehalten wird. Ein Vertreter des Team darf zu diesem Zweck die TEAMZONE entlang der Seitenlinie verlassen, um unter diesen Voraussetzungen die Zeitansage entgegenzunehmen.

A b s c h n i t t 4   Spielverzögerungen

Artikel 1   Startverzögerung einer Halbzeit

a) Zu Beginn jeder Halbzeit sollte jedes Team seine Spieler zum festgesetzten Zeitpunkt auf dem Platz haben, für das Eröffnen des Spiels.
STRAFE: 15 Meter (S 7 und S 21).

b) Das Heimteammanagement ist verantwortlich, für das Freimachen des Spielfeldes zum Beginn jeder Halbzeit, so daß das Spiel zur vorgesehenen Zeit beginnen kann.
Präsentationen oder andere Aktivitäten unterliegen der Aufsicht des Heimmanagements und ein pünktlicher Start jeder Halbzeit ist vorgeschrieben.
STRAFE: 10 Meter (S 7 und S 21)

AUSNAHME: Der REFEREE kann auf die Strafe verzichten, wenn diese Umstände außerhalb der Kontrollmöglichkeit des Heimmanagements liegen.

Artikel 2   Illegale Spielverzögerung

a) Der Ball soll während des Spieles stets dann für „spielfertig" erklärt werden, wenn die Schiedsrichter in Posiiton sind. Der Verbrauch von mehr als 25 Sekunden, um den Ball, nachdem er für „spielfertig" erklärt wurde, ins Spiel zu bringen, ist eine illegale Verzögerung (DELAY).

AUSNAHME: Wenn der 25-Sekunden-Countdown durch einen Umstand unterbrochen wird, der außerhalb der Kontrolle beider Teams liegt, soll der 25-Sekunden-Countdown gestartet werden und die Spielzeituhr soll durch den SNAP oder wie nach einer unfairen Lärm-Situation gestartet werden.

b) Illegale Spielverzögerung beinhaltet:
   1. Vorwärtskrabbeln oder absichtliches Weiterlaufen mit dem Ball, nachdem dieser „tot" ist.
   2. Wenn ein Team seine drei TIME OUTS verbraucht hat und eine Verletzung nach Regel 1-4-4, 1-4-5, 3-3-4-e oder 9-1-5-b begeht.

3. Wenn ein Team nach einer Pause zwischen den Perioden, außer der Halbzeit, nach einem Zusatzversuch oder gelungenen FIELD GOAL oder nach einem RADIO/TV-TIME OUT nicht spielfertig ist.
STRAFE: 5 Meter (S 7 und S 21).

Artikel 3 Unfaire Spielzeit-Taktiken

Der REFEREE soll anordnen, daß die Uhr angehalten oder gestartet wird, wenn er der Meinung ist, daß ein Team versucht, durch unfaires Verhalten, Zeit zu sparen oder zu verbrauchen. Das beinhaltet das Starten der Uhr beim Snap, wenn das Foul durch das Team begangen wurde, das in Führung liegt und jeden illegalen Vorwärts-PASS oder jedes illegale Berühren des Balles, wenn Team A dadurch Zeit einsparen kann.
STRAFE: 5 Meter (S 7 und S 21).

A b s c h n i t t 5 Ersatzspielerwechsel

Artikel 1 Ersatzspielerwechsel

Zwischen den Spielabschnitten, nach einer Punkteerzielung oder einem Zusatzversuch oder während der Unterbrechung zwischen den DOWNS können beide Teams eine beliebige Anzahl von Ersatzspielern auf das Spielfeld schicken, aber nur um einen oder mehrere Spieler zu ersetzen.
STRAFE: 5 Meter (S 22).

Artikel 2 Legale Ersatzspieler

Ein legaler Ersatzspieler darf einen Spieler ersetzen oder den Platz eines fehlenden Spielers einnehmen, vorausgesetzt daß keine der folgenden Auflagen verletzt worden ist:

a) Wenn der Ball im Spiel ist, darf kein auf das Feld kommender Ersatzspieler oder ersetzter Spieler auf dem Feld sein.

b) Ein das Feld betretender legaler Ersatzspieler muß das Spielfeld direkt von seiner TEAM ZONE kommend betreten und ein Ersatzspieler oder ein Spieler, der das Feld verläßt, muß sich an der Seitenlinie in der Nähe seiner TEAM ZONE aufhalten.
Ein ersetzter Spieler muß genauso das Feld an der Seitenlinie in der Nähe seiner TEAM ZONE verlassen.

c) Ersatzspieler, die zu Spielern werden, müssen für einen Spielzug im Spielfeld verbleiben und Spieler, die ersetzt wurden, müssen für mindestens einen Spielzug, außer während der Viertelpause, nach einer Punkteerzielung oder wenn ein TIME OUT durch ein Team oder den REFEREE genommen wurde, außerhalb des Spiels verbleiben.
STRAFE: ist der Ball „tot" — 5 Meter vom SUCCEEDING SPOT, sonst — 5 Meter vom PREVIOS SPOT (S 22).

Regel 4

Ball im Spiel, „toter Ball", außerhalb

A b s c h n i t t 1 Ball im Spiel — „toter Ball"

Artikel 1 „Toter Ball" wird zum „Lebenden Ball"

Nachdem ein „toter Ball" für spielfertig erklärt wurde, wird er zum lebenden Ball, wenn er legal aufgenommen wird oder durch einen FREE KICK ins Spiel gebracht wird.

Ein Ball, der vor dem Signal „Ball bereit" aufgenommen oder beim FREE KICK gekickt wurde, soll durch die Schiedsrichter sofort für „tot" erklärt werden.

Artikel 2 „Lebender Ball" wird zum „Toten Ball"

a) Ein lebender Ball wird „tot", wenn dies in den Regeln festgelegt ist oder wenn ein Schiedsrichter abpfeift (auch durch unabsichtliches Pfeifen), oder wenn der Ball andersweitig für „tot" erklärt wird.

b) Ein Schiedsrichter pfeift unabsichtlich während eines DOWN ab, wenn:

1. der Ball im Besitz eines Spielers ist —
das Team in Ballbesitz kann wählen, ob der Ball an der Stelle ins Spiel gebracht werden soll, wo er für „tot" erklärt wurde oder den DOWN zu wiederholen.

2. der Ball durch einen FUMBLE, Rück-PASS oder illegalen PASS frei ist —
das Team in Ballbesitz kann wählen, ob der Ball dort ins Spiel gebracht werden soll, wo der Ballbesitz verloren wurde oder ob der DOWN wiederholt werden soll.

3. Während eines legalen Vorwärts-PASSES oder eines FREE- oder SCRIMMAGE KICKS —
der Ball wird zum PREVIOUS SPOT zurückgebracht und der DOWN wird wiederholt.

BEACHTE: Ereignen sich Fouls während eines der obigen DOWNS, so soll die Strafe wie in anderen Spielsituationen durchgeführt werden, soweit keine Widersprüche zu anderen Regeln bestehen.

POSTSCRIMMAGE KICK-Fouls sollen vom PREVIOUS SPOT aus geahndet werden.

Artikel 3 Ball wird für „tot" erklärt

Ein lebender Ball wird „tot" und ein Schiedsrichter muß abpfeifen oder den „Ball" für „tot" erklären:

a) wenn der Ball oder der Ballträger aus dem Spielfeld geht oder wenn ein Ballträger derart aufgehalten wird, daß seine Vorwärtsbewegung gestoppt wurde.

b) wenn irgendein Körperteil des Ballträgers, außer seiner Hand oder seines Fußes den Boden berührt oder wenn ein Ballträger getackelt wird oder

sonstwie fällt und den Ball verliert, nachdem er den Boden mit einem Körperteil, außer mit seiner Hand oder seinem Fuß, berührt hat.
AUSNAHME: Der Ball verbleibt im Spiel, wenn er auf dem Boden gehalten wird, um vermeintlich oder tatsächlich einen PLACE KICK durchzuführen. Der Ball darf dann gekickt, geworfen oder getragen werden, wenn er zuvor von einem OFFENSE-Spieler auf dem Boden gehalten wurde).

c) Wenn ein TOUCHDOWN, TOUCHBACK, SAFETY, FIELD GOAL oder ein erfolgreicher Zusatzversuch erreicht wurde oder wenn Team A einen illegalen Vorwärts-PASS in Team B's Endzone vervollständigt oder wenn Team A einen Vorwärts-PASS zu einem unberechtigten Spieler in Team B:s Endzone vervollständigt hat,

d) wenn Team B während eines Zusatzversuches Ballbesitz erlangt oder wenn es offensichtlich ist, daß ein SCRIMMAGE KICK beim Zusatzversuch erfolglos ist.

e) wenn ein Spieler des KICKING TEAM den Ball bei einem FREE- oder SCRIMMAGE KICK, der jenseits der neutralen Zone ist, fängt oder erobert; wenn der Ball beim FREE- oder SCRIMMAGE KICK zur Ruhe kommt und liegen bleibt und kein Spieler versucht, den Ball zu sichern; wenn der Ball beim FREE- oder SCRIMMAGE KICK von einem Spieler gefangen oder erobert wird, nachdem dieser ein gültiges, ungültiges oder illegales FAIR CATCH-Signal (jedes Winkzeichen) jenseits der neutralen Zone gemacht hat oder wenn ein KICK zurückgetreten wurde.

f) wenn ein Vorwärts-Pass den Boden berührt,

g) wenn ein Rück-PASS oder FUMBLE eines Spielers von einem Gegner erobert wird, nachdem der Ball den Boden berührt hat,

h) wenn ein lebender Ball, der nicht im Besitz eines Spielers ist, irgend etwas auf dem Spielfeld, außer einem Schiedsrichter, einem Spieler oder dem Boden, berührt.

i) wenn ein Ball innerhalb der Spielfeldbegrenzungen von gegnerischen Spielern gleichzeitig gefangen oder erobert wird.

j) wenn ein Ball während des Spieles unbrauchbar wird, gelten die gleichen Bestimmungen wie für ein unabsichtliches Pfeifen.

Artikel 4 Spielfertiger Ball

Kein Spieler darf den Ball ins Spiel bringen, bevor der Ball für spielfertig erklärt wurde.
STRAFE: 5 Meter von dem Punkt aus, an dem der Ball legal ins Spiel gebracht worden wäre (S 7 und S 19).

Artikel 5 Ablauf der 25 Sekunden

Der Ball soll innerhalb von 25 Sekunden nachdem der Ball für spielfertig erklärt wurde, ins Spiel gebracht werden, es sei denn, das Spiel würde in dem Ablauf der 25 Sekunden unterbrochen werden. Wurde das Spiel unterbrochen, dann muß der Countdown der 25 Sekunden neu gestartet werden.
AUSNAHME: Situationen durch unfairen Zuschauerlärm.
STRAFE: 5 Meter (S 7 und 19).

A b s c h n i t t 2   OUT-OF-BOUNDS

Artikel 1   Spieler OUT-OF-BOUNDS

Ein Spieler befindet sich OUT-OF-BOUNDS, wenn ein Teil seines Körpers irgend etwas, außer einen anderen Spieler oder einen Schiedsrichter berührt, das sich auf oder außerhalb der Spielfeldbegrenzungslinien befindet. Ein Spieler, der einen Pylon berührt, ist OUT-OF-BOUNDS hinter der GOALLINE.

Artikel 2   Ball, der OUT-OF-BOUNDS gehalten wird

Ein Ball, der sich im Besitz eines Spielers befindet, ist OUT-OF-BOUNDS, wenn entweder der Ball oder ein Teil des Ballträgers den Boden oder irgend etwas, das sich auf oder außerhalb der Spielfeldbegrenzungslinien befindet, berührt, ausgenommen andere Spieler oder Schiedsrichter.

Artikel 3   Ball OUT-OF-BOUNDS

Ein Ball, ausgenommen beim KICK, bei dem Punkte erzielt werden, der nicht im Besitz eines Spielers ist, ist dann OUT-OF-BOUNDS, wenn er den Boden, einen Spieler oder irgend etwas auf oder außerhalb der Spielfeldbegrenzungslinien berührt.

Berührt ein Ball einen Pylon, so ist der Ball hinter der GOAL LINE OUT-OF-BOUNDS.

Artikel 4   OUT-OF-BOUNDS am Schnittpunkt

Kreuzt ein lebender Ball eine Spielfeldbegrenzungslinie und wird dann für OUT-OF-BOUNDS erklärt, so ist er OUT-OF-BOUNDS an diesem Schnittpunkt.

Artikel 5   OUT-OF-BOUNDS am vordersten Punkt des Balles

a) Wird ein Ball für OUT-OF-BOUNDS erklärt, kreuzt aber keine Spielfeldbegrenzungslinie, so ist er am vordersten Punkt des Balles aus, nachdem er für „tot" erklärt wurde.

b) Ein TOUCHDOWN wurde erzielt, wenn der Ball, der sich innerhalb des Spielfeldes befindet, die Zone über der GOALLINE durchbricht, vor dem Verlassen oder gleichzeitig mit dem Verlassen des Spielfeldes durch den Ballträger.

c) Einem berechtigten RECEIVER, der sich in der gegnerischen Endzone befindet und den Boden berührt, wird die Vollständigkeit eines legalen PASSES zuerkannt, wenn er die Seitenlinie oder Endlinie erreicht und einen legalen PASS fängt.

Regel 5

Reihenfolge der DOWNS, zu erreichende Linie

A b s c h n i t t 1   Eine DOWN-Serie: angefangen, unterbrochen und erneuert

Artikel 1   Zuerkennung einer DOWN-Serie

a) Eine Serie von vier aufeinanderfolgenden SCRIMMAGE DOWNS soll dem Team zuerkannt werden, das als nächstes den Ball durch einen SNAP ins Spiel bringt, nach einem FREE KICK, TOUCHBACK, FAIR CATCH oder Ballbesitzwechsel.

b) Eine neue Serie soll Team A zuerkannt werden, wenn es sich auf oder jenseits der Linie befindet, die zu erreichen war und sich dabei im legalen Ballbesitz befindet.

c) Eine neue Serie soll Team B zuerkannt werden, wenn Team A es nach dem vierten DOWN versäumt hat, einen FIRST DOWN zu erzielen.

d) Eine neue Serie soll Team B zuerkannt werden, wenn Team A's SCRIMMAGE KICK OUT-OF-BOUNDS geht oder zur Ruhe kommt und kein Spieler versucht, den Ball zu sichern.

e) Eine neue Serie soll dem Team, das sich in legalem Ballbesitz befindet, wenn:
1. ein Wechsel des Ballbesitzes während eines DOWN erfolgt,
2. ein Team-B-Spieler als erster einen Ball beim SCRIMMAGE KICK berührt, der die neutrale Zone gekreuzt hat.
   AUSNAHME: wenn eine Strafe für ein Foul eines Teams angenommen wurde und der DOWN wiederholt wird.
3. eine angenommene Strafe dem angegriffenen Team den Ballbesitz zuerkennt,
4. eine angenommene Strafe ein FIRST DOWN vorschreibt.

Artikel 2   Zu erreichende Linie

Die zu erreichende Linie für eine Serie soll in einer Entfernung von 10 Meter vom vordersten Punkt des Balles aus festgelegt werden.

Befindet sich das Ende der zu erreichenden Linie in der Endzone des Gegners, so ist dessen GOALLINE die zu erreichende Linie.

Artikel 3   Vorwärtsbewegung (FORWARD PROGRESS)

a) Wird der Ball zwischen den GOALLINES für „tot" erklärt, so ist der vorderste Punkt des Balles in Richtung zur gegnerischen Endzone bestimmend für den Punkt, ob ein Team eine Distanz während eines DOWN überbrückt hat oder nicht. Der Ball soll vor einer Messung immer mit seiner Längsachse parallel zur Seitenlinie plaziert werden.

b) Unnötige Messungen zur Bestimmung von FIRST DOWNS sollen nicht gewährt werden, aber jede zweifelhafte Distanz soll unaufgefordert nachgemessen werden.

c) Nachdem der Ball für „spielfertig" erklärt wurde, sollen keine Messungen mehr erlaubt werden.

Artikel 4 Fortsetzung der DOWN-Serie unterbrochen

Die Fortsetzung einer DOWN-Serie ist unterbrochen, wenn:

a) der Team-Ballbesitz während eines DOWN wechselt,
b) ein Team-B-Spieler einen Ball, der beim SCRIMMACE KICK die neutrale Zone gekreuzt hat, zuerst berührt.
c) der Ball beim KICK OUT-OF-BOUNDS geht.
d) der Ball nach einem KICK zur Ruhe kommt und kein Spieler versucht, den Ball zu sichern,
e) Team A am Ende eines DOWN einen FIRST DOWN erreicht hat. Jeder DOWN kann wiederholt werden, soweit dies in den Regeln festgelegt ist.
f) Team A es versäumt hat, nach dem vierten DOWN einen FIRST-DOWN zu erzielen.

Abschnitt 2 DOWN und Ballbesitz nach einer Strafe

Artikel 1 Foul während eines FREE KICK

Folgt eine Strafe für ein Foul, das während eines FREE KICK begangen wurde, ein SCRIMMAGE, so soll die Nummer des DOWN und die Distanz, die durch die Strafe festgelegt wird, ein FIRST DOWN und 10 Meter zu gehen sein.
AUSNAHME: LIVE-BALL-Fouls, die als DEAD BALL-Fouls geahndet werden.

Artikel 2 Strafe, die in ein FIRST DOWN resultiert

Es ist ein FIRST DOWN und 10 Meter zu gehen:

a) nach einer Strafe, die den Ball im Besitz von Team A jenseits seiner zu erreichenden Linie beläßt,
b) nachdem eine Strafe wegen PASS INTERFERENCE (Behinderung), zwischen den Endlinien, Team A den Ball zuerkennt,
c) wenn durch eine Strafe ein FIRST DOWN festgesetzt wird.

Artikel 3 Foul vor dem Wechsel des Team-Ballbesitzes

Nach einer Distanzstrafe zwischen den Endlinien, die sich während eines SCRIMMAGE DOWN und vor jedem Ballbesitzwechsel ereignet, gehört der Ball zu Team A und der DOWN soll wiederholt werden.
Dies gilt nicht, wenn die Strafe, die einen DOWN-Verlust enthält, ein FIRST DOWN festsetzt oder Team A den Ball auf oder jenseits der zu erreichenden Linie überläßt.
AUSNAHME: Regel 10-2-2-e-5.
Enthält die Strafe den Verlust eines DOWN, so soll der DOWN als einer von vier in dieser Serie zählen.

Artikel 4 Foul nach dem Wechsel des Team-Ballbesitzes

Wird eine Distanzstrafe für ein Foul, das sich nach dem Team-Ballbesitzwechsel während eines DOWN ereignet, akzeptiert, so gehört der Ball zu dem Team, in dessen Besitz der Ball sich befand, bevor das Foul geschah.

Die Nummer des DOWN und die Distanz, die durch eine Distanzstrafe, welche sich nach dem Team-Ballbesitz-Wechsel während dieses DOWN ereignet, wird als FIRST DOWN und 10 Meter zu gehen festgelegt.
AUSNAHME: LIVE-BALL-Fouls, die als DEAD BALL-Fouls geahndet werden.

Artikel 5 Strafe abgelehnt

Wird eine Strafe abgelehnt, so soll die Nummer des nächsten DOWN die Nummer sein, die sie gewesen wäre, wenn das Foul nicht geschehen wäre.

Artikel 6 Fouls zwischen den DOWNS

Nach einer Distanzstrafe, die sich zwischen den DOWNS ereignet hat, soll die Nummer des nächsten DOWN dieselbe sein, die festgesetzt worden wäre, bevor das Foul geschah, es sei denn, die Durchführung eines Team-B-Fouls würde den Ball auf oder jenseits der zu erreichenden Linie bringen oder das Foul würde ein FIRST DOWN erfordern (Regel 9-1-1, 9-1-2-a).

Artikel 7 Fouls zwischen den Serien

Ein SCRIMMAGE, das einer Strafe folgt, die sich nach dem Ende und vor dem Beginn der nächsten Serie ereignet hat, soll ein FIRST DOWN sein, aber die zu erreichende Linie soll festgelegt werden, bevor die Strafe durchgeführt wird.

Artikel 8 Fouls durch beide Teams

Geschehen während eines DOWN Fouls, die sich ausgleichen, so soll der DOWN wiederholt werden.
AUSNAHME: Regel 10-1-4.
Geschehen sich aufhebende Fouls zwischen den aufeinanderfolgenden DOWNS, so soll der nächste DOWN derselbe sein, als wären die Fouls nicht geschehen.

Artikel 9 Fouls während eines freien Balles

LIVE BALL-Fouls, die nicht als DEAD BALL-Fouls geahndet werden und sich ereignen, wenn der Ball frei ist, sollen vom BASIC SPOT oder vom PREVIOUS SPOT bestraft werden (Regel 10-2-2-c, d, e, f). Wenn ein Team vor dem Erlangen eines freien Balles oder eines Vorwärts-PASSES NICHT gefoult hat, so kann es den Ball behalten, wenn es die Strafe für ein Foul des Gegners ablehnt.

Artikel 10 Endgültigkeit der Regelauslegung

Eine Regelentscheidung darf nicht geändert werden, nachdem der Ball das nächste Mal legal aufgenommen oder beim FREE KICK legal gekickt wurde.

Regel 6

KICKS

A b s c h n i t t 1 FREE KICKS

Artikel 1 RESTRAINING LINES (Aufstellungslinien)

Für jede FREE KICK-Formation ist die RESTRAINING LINE des KICKING TEAMS die Meterlinie, die den vordersten Punkt, von dem aus der Ball gekickt wird, berührt.

Die RESTRAINING LINE des RECEIVING TEAMS soll die Meterlinie sein, die 10 Meter von diesem Punkt entfernt ist.

Die RESTRAINING LINE des KICKING TEAMS (KICK TEAMS) soll, soweit sie nicht durch eine Strafe verschoben wurde, die eigenen 35-Meterlinie sein, bei einem FREE KICK nach einem SAFETY soll das seine 20-Meterlinie sein.

Artikel 2 FREE KICK-Formation

Bei einer FREE KICK-Formation muß der Ball von einem Punkt von Team A's RESTRAINING LINE, innerhalb der Seitenlinien, legal gekickt werden. Nachdem der Ball „spielfertig" ist und aus einem Grund vom KICKING TEE fällt, soll Team-A den Ball nicht kicken und die Schiedsrichter sollen sofort abpfeifen. Wenn der Ball gekickt wurde:

a) müssen sich alle Spieler beider Teams innerhalb der Spielfeldbegrenzungslinien aufhalten,

b) muß jeder Team-A-Spieler, außer dem KICKER und dem Halter beim PLACE KICK, sich hinter dem Ball befinden. Nach einem SAFETY, wenn ein PUNT oder DROP KICK gemacht wird, soll der Ball innerhalb von EINEM Meter hinter der RESTRAINING LINE gekickt werden,

c) müssen sich alle Spieler von Team-B hinter ihrer RESTRAINING LINE befinden,

d) müssen wenigstens FÜNF Team-B-Spieler sich innerhalb von FÜNF Meter hinter ihrer RESTRAINING LINE befinden,

e) Team-A-Ersatzspieler dürfen den Ball beim KICK nicht berühren, wenn sie das Spielfeld betreten, nachdem der Ball für „spielfertig" erklärt wurde,

f) ein Team-A-Spieler, der während eines KICKS freiwillig das Spielfeld verläßt, darf während dieses DOWN nicht in das Spielfeld zurückkehren.
   STRAFE: 5 Meter von PREVIOUS SPOT, LIVE BALL-Foul (S 18 oder S 19).

g) Nachdem der Ball für „spielfertig" erklärt wurde, müssen alle Spieler des KICKING TEAMS, außer dem KICKER, sich innerhalb von 10 Meter hinter ihrer RESTRAINING LINE aufstellen und dort verbleiben, bis der Ball gekickt wurde.
   STRAFE: DEAD BALL-Foul, 5 Meter vom SUCCEEDING SPOT (S 19).

Artikel 3 Wiedereroberung eines Balles beim FREE KICK

Ein Team-A-Spieler darf einen Ball, der durch einen FREE KICK gekickt wurde, berühren:

a) nachdem der Ball einen Team-B-Spieler berührt hat,
b) nachdem der Ball die vertikale Zone von Team B's RESTRAINING LINE gekreuzt hat und jenseits der Linie verbleibt,
c) nachdem der Ball einen Spieler, den Boden oder einen Schiedsrichter jenseits der Team-B-RESTRAINING LINE berührt hat,

Danach werden alle Team-A-Spieler berechtigt, den Ball zu berühren, zu erobern oder den Ball beim KICK zu fangen.
AUSNAHME: Regel 6-1-2-e und -f.
Illegales Berühren des Balles beim FREE KICK ist ein Regelverstoß, der, wenn der Ball „tot" ist, dem RECEIVING TEAM die Möglichkeit gibt, den Ball am Punkt des Regelverstoßes zu übernehmen. Wie auch immer, zieht ein Team sich Strafen zu, bevor der Ball „tot" wird und die Strafe wird angenommen, so hebt sich das Privileg auf.

Artikel 4   Berühren durch Angriff

a) Wird ein innerhalb des Spielfeldes befindlicher Spieler in den Ball eines FREE KICK durch einen Gegner geblockt oder gedrückt, so gilt der Ball als nicht berührt.
b) Wird ein innerhalb des Spielfeldes befindlicher Spieler von einem Ball berührt, der von einem Gegner geschlagen wurde, so gilt der Ball als nicht berührt.

Artikel 5   FREE KICK, der zur Ruhe kommt

Bleibt ein Ball beim FREE KICK innerhalb des Spielfeldes liegen und kein Spieler versucht, den Ball zu sichern, so wird der Ball „tot" und gehört dem RECEIVING TEAM an diesem Punkt.

Artikel 6   FREE KICK, der gefangen oder wiedererobert wird

Wird der Ball von einem Spieler des RECEIVING TEAMS beim FREE KICK gefangen oder wiedererobert, so bleibt der Ball im Spiel.
AUSNAHME: 6-1-7, 6-5-1 und 2 und 4-1-3-e.
Wird der Ball von einem Spieler des KICK TEAMS gefangen oder wiedererobert, so wird der Ball „tot".

Artikel 7   Bodenberührung auf oder jenseits der GOAL LINE

Der Ball wird „tot" und gehört dem Team, das seine Endzone verteidigt, wenn ein Ball, der beim FREE KICK vorher nicht durch Team B berührt wurde, den Boden auf oder hinter Team-B's-GOAL LINE berührt.

A b s c h n i t t 2   FREE KICK außerhalb des Spielfeldes

Artikel 1   KICK TEAM

Geht der Ball beim FREE KICK zwischen den GOAL LINES OUT-OF-BOUNDS und wird dabei im Spielfeld durch keinen Team-B-Spieler berührt, so ist das ein Foul.
STRAFE: KICK-Wiederholung 5 Meter hinter dem PREVIOUS SPOT (S 19).

Artikel 2   RECEIVING TEAM

Geht der Ball beim FREE KICK OUT-OF-BOUNDS zwischen den GOAL LINES, so gehört der Ball dem RECEIVING TEAM an dem Punkt im Spielfeld, an dem der Ball ausging. Geht der Ball beim FREE KICK hinter der GOAL LINE aus, so gehört der Ball dem Team, das diese GOAL LINE verteidigt.

Abschnitt 3   SCRIMMAGE KICKS

Artikel 1   Hinter der neutralen Zone

Mit Ausnahme beim Zuatzversuch verbleibt der Ball im Spiel, wenn der Ball beim SCRIMMAGE KICK die neutrale Zone nicht kreuzt. Alle Spieler können den Ball hinter der neutralen Zone fangen oder erobern und versuchen, Raum zu gewinnen.

Artikel 2   Jenseits der neutralen Zone

Kein Spieler des KICK TEAMS, der sich im Spielfeld befindet, darf beim SCRIMMAGE KICK den Ball, der die neutrale Zone gekreuzt hat, berühren, es sei denn, der Ball berührt einen Gegner. Ein solches illegales Berühren ist ein Regelverstoß, der, wenn der Ball „tot" ist, dem RECEIVING TEAM das Recht gibt, den Ball an der Stelle des Regelverstoßes zu übernehmen.
Wie dem auch sei, begeht eines der Teams ein Foul, bevor der Ball „tot" wird und wird die Strafe angenommen, so hebt sich dieses Privileg auf.
AUSNAHME: 2-25-11, 8-4-2-b und 10-2-2-e-5.

Artikel 3a   Blocken eines KICK

Das Blocken eines KICK, das in der Nähe der neutralen Zone geschieht, wird als Blocken innerhalb oder hinter der neutralen Zone geregelt.

Artikel 3b   Alle werden berechtigt

Berührt der Ball, der beim SCRIMMAGE KICK die neutrale Zone gekreuzt hat, einen Spieler des RECEIVING TEAMS, der sich im Spielfeld befindet, so kann jeder Spieler den Ball fangen oder erobern.

Artikel 4   Berühren durch Angriff

a) Wird ein Spieler durch einen Gegner in den Ball beim SCRIMMAGE KICK gedrückt oder geblockt, nachdem der Ball die neutrale Zone gekreuzt hat, so soll, wenn der Ball im Spielfeld bleibt, die Berühung des Balles nicht beachtet werden.

b) Wird ein im Spielfeld befindlicher Spieler von einem Ball berührt, der von einem Gegner geschlagen wurde, so gilt der Ball als nicht berührt.

Artikel 5   Fangen oder Erobern des RECEIVING TEAMS

Wird der Ball beim SCRIMMAGE KICK von einem Spieler des RECEIVING TEAMS gefangen oder erobert, so bleibt der Ball im Spiel
AUSNAHME: 6-3-9, 6-5-1 und 2 und 4-1-3-e.

Artikel 6   Fangen und Erobern des KICK TEAMS

a) Wird der Ball beim SCRIMMAGE KICK, nachdem er die neutrale Zone gekreuzt hat, von einem Spieler des KICK TEAMS gefangen oder erobert, so wird der Ball „tot".

b) Wenn gegnerische Spieler, die gleichberechtigt sind, einen Ball zu berühren, gleichzeitig einen rollenden Ball beim KICK aufnehmen oder einen Ball beim SCRIMMAGE KICK fangen, so ist der Ball durch diesen gleichzeiigen Ballbesitz „tot". Ein Ball, der beim KICK durch gemeinsamen Besitz gegnerischer Spieler „tot" wird, gehört dem RECEIVING TEAM am DEAD BALL-SPOT (Regel 2-2-8 und 4-1-3-i).

Artikel 7   Ball außerhalb des Spielfeldes zwischen den GOAL LINES

Geht der Ball beim SCRIMMAGE KICK zwischen den GOAL LINES OUT-OF-BOUNDS oder bleibt der Ball im Spielfeld liegen und kein Spieler versucht, den Ball zu sichern, so wird der Ball „tot" und gehört dem RECEIVING TEAM am DEAD BALL-SPOT.

AUSNAHME: Regel 8-4-2-b

Artikel 8   Ball OUT-OF-BOUNDS hinter der GOAL LINE

Geht der Ball beim SCRIMMAGE KICK (ausgenommen dann, wenn ein FIELD GOAL erzielt wurde) hinter der GOAL LINE OUT-OF-BOUNDS, dann wird der Ball „tot" und gehört zu dem Team, das diese GOAL LINE verteidigt.

AUSNAHME: Regel 8-4-2-b.

Artikel 9   Bodenberührung des Balles auf oder hinter der GOAL LINE

a) Der Ball wird „tot" und gehört zu dem Team, das seine GOAL LINE verteidigt, wenn der Ball beim SCRIMMAGE KICK, ohne von Team B berührt worden zu sein, jenseits der neutralen Zone zuerst den Boden auf oder hinter Team B's GOAL LINE berührt.
   AUSNAHME: 8-4-2-b.

b) Ein Foul, das geschieht, nachdem der Ball beim SCRIMMAGE KICK unberührt zuerst den Boden in der Endzone berührt, ist ein DEAD BALL-Foul.

c) Ein Foul, das geschieht, nachdem der Ball beim SCRIMMAGE KICK auf den Boden in der Endzone trifft, nachdem der Ball von einem Team-B-Spieler berührt und bevor der Ball für „tot" erklärt wird, ist ein LIVE BALL-Foul.

Artikel 10   Legaler Kick

Ein legaler SCRIMMAGE KICK ist ein PUNT, ein DROP KICK oder ein PLACE KICK, der den Regeln gemäß getreten wird. Ein Zurücktreten des Balles beim KICK ist illegal und ein LIVE BALL-Foul, wodurch der Ball „tot" wird.

STRAFE: für einen illegalen KICK — 5 Meter (S 31).

Artikel 11   Freier Ball hinter der GOAL LINE

Schlägt ein Team-A-Spieler einen freien Ball während eines SCRIMMAGE KICKS in Team-B's Endzone, so ist das ein LIVE BALL-Foul.

AUSNAHME: Regel 8-4-2-b.
STRAFE: TOUCHBACK (S 7 und S 31)

Artikel 12   Spieler, der sich OUT-OF-BOUNDS befindet

Ein Spieler des RECEIVING TEAM, der freiwillig während eines KICK das Spielfeld verläßt, darf während dieses DOWN das Spielfeld nicht mehr betreten.

A b s c h n i t t 4   Gelegenheit zum Fangen eines KICK

Artikel 1   Behinderung und Ermöglichen

Einem Spieler des RECEIVING TEAMS, der sich im Spielfeld befindet und sich derart postiert hat, daß er einen Ball beim FREE- oder SCRIMMAGE KICK, der sich jenseits der neutralen Zone befindet, fangen könnte, muß eine ungehinderte Möglichkeit gegeben werden, den fliegenden Ball zu fangen.

a) Kein Spieler des KICK TEAMS darf näher als zwei Meter an einen Spieler heran, der sich aufgestellt hat, um einen Ball beim FREE- oder SCRIMMAGE KICK zu fangen.

b) Dieser Schutz endet, wenn der Ball einen Team-B-Spieler oder den Boden berührt hat.

c) Wird ein Spieler von einem Gegner geblockt oder gedrückt und berührt dadurch einen möglichen RECEIVER, so ist diese Berührung kein Foul.

d) Wird ein Mitglied des KICK TEAMS so geblockt, daß er sich weniger als zwei Meter einem RECEIVER nähert, so ist das kein Foul.

e) Berührt das KICK TEAM einen möglichen RECEIVER vor oder gleichzeitig mit seinem ersten Kontakt mit dem Ball, so ist dies ein Kontakt-Foul.

STRAFE: für ein Foul zwischen den GOAL LINES —
Ball des RECEIVING TEAMS, FIRST DOWN. 15 Meter jenseits des SPOT OF FOUL für ein Kontakt-Foul und 5 Meter für ein Foul ohne Kontakt; für ein Foul hinter der GOAL LINE, Anerkennung eines TOUCHBACK, Durchführung vom SUCCEEDING SPOT (S 33).
Bei schweren Verstößen soll der verursachende Spieler disqzualifiziert werden.

A b s c h n i t t 5   FAIR CATCH

Artikel 1   „Tot", wo gefangen

a) Macht ein Team-B-Spieler einen FAIR CATCH, so wird der Ball an dem Punkt „tot", an dem er gefangen wurde und gehört an diesem Punkt zu Team-B.

b) Regeln, die sich auf einen FAIR CATCH beziehen, finden nur dann Anwendung, wenn ein Ball beim SCRIMMAGE KICK die neutrale Zone kreuzt oder beim FREE KICK.

c) Der Zweck des FAIR CATCH-Schutzes ist es, einen RECEIVER zu schützen, der durch sein FAIR CATCH-Signal zu verstehen gibt, daß weder er noch ein Team-Mitglied den Ball nach dem Fangen in Richtung der gegnerischen Endzone tragen wollen.

d) Wurde der Ball gefangen, so soll er mit einem SNAP durch das RECEIVING TEAM am Punkt des Fangens ins Spiel gebracht werden.

Artikel 2   Kein Metergewinn

Kein Team-B-Spieler darf einen gefangenen oder eroberten Ball mehr als zwei Schritte in jede Richtung tragen, nachdem ein Team-B-Spieler ein gültiges, ungültiges oder illegales FAIR CATCH-Signal gemacht hat.

STRAFE: 5 Meter vom BASIC SPOT, wird als DEAD BALL-Foul geahndet (S 7 oder S 21).

Artikel 3   Illegale Signale

a) Während eines DOWN, in dem der Ball gekickt wurde, darf kein Team-B-Spieler ein illegales FAIR CATCH-Signal während eines FREE KICK oder jenseits der neutralen Zone beim SCRIMMAGE KICK machen.

b) Ein Fangen, das einem FAIR CATCH-Signal folgt, ist ein FAIR CATCH. Der Ball ist dort, wo er gefangen wird, „tot", es sei denn, das Signal folgt dem Fangen.

c) Fouls wegen eines illegalen Signals jenseits der neutralen Zone beziehen sich NUR auf Team B.

d) Ein illegales Signal jenseits der neutralen Zone ist NUR DANN möglich, wenn der Ball die neutrale Zone gekreuzt hat (Regel 2-12-5).

STRAFE:
FREE KICKS — Ball des RECEIVING TEAMS, 15 Meter vom SPOT OF FOUL (Regel 10-2-2-e) (S 32).
SCRIMMAGE KICKS — Ball des RECEIVING TEAMS, 15 Meter vom BASIC SPOT (Regel 10-2-2-e-5) (S 32).

Artikel 4   Illegaler Block

Hat ein Team-B-Spieler ein gültiges, ungültiges oder illegales FAIR CATCH-Signal für einen FAIR CATCH gemacht, berührt aber nicht den Ball, so darf er während dieses DOWN einen Gegner weder blocken noch sonstwie regelwidrig angreifen.

STRAFE:
FREE KICK — Ball des RECEIVING TEAMS, 15 Meter vom SPOT OF FOUL (Regel 10-2-2-e) (S 38, S 39 oder S 40).
SCRIMMAGE KICK — Ball des RECEIVING TEAMS, 15 Meter vom BASIC SPOT (Regel 10-2-2-e-5) (S 38, S 39 oder S 40).

Artikel 5   Kein Tackeln

Kein Spieler des KICK TEAMS darf einen Gegner, der einen FAIR CATCH vervollständigt hat, tackeln oder blocken.
Nur der Spieler, der den FAIR CATCH gemacht hat, hat diesen Schutz.

STRAFE: Ball des RECEIVING TEAMS, 15 Meter vom SUCCEEDING SPOT (S 7 und S 38).

Regel 7

Aufnahme und Werfen des Balles

A b s c h n i t t 1 **Das SCRIMMAGE**

Artikel 1 Starten mit dem SNAP

Der Ball soll durch einen legalen SNAP ins Spiel gebracht werden, es sei denn, die Regeln schreiben einen FREE KICK vor.

STRAFE: 5 Meter vom PREVIOUS SPOT, wird als DEAD BALL-Foul geahndet (S 7 und S 19).

Artikel 2 Nicht in einer Seitenzone

Der Ball darf nicht in einer Seitenzone aufgenommen werden. Befindet sich der Punkt für ein SCRIMMAGE DOWN in einer Seitenzone, so soll der Ball zu einem IN-BOUNDS-SPOT (HASH MARK) gebracht werden.

Artikel 3 Forderungen an das OFFENSE-Team

Die Anforderungen für ein SCRIMMAGE DOWN an das OFFENSE-Team sind folgende:

A. VOR DEM SNAP

1. a) Der SNAPPER (CENTER) darf, nachdem er seine Position für einen nach-folgenden SNAP eingenommen und den Ball justiert hat, den Ball weder bewegen, noch dessen Lage in der Weise verändern, daß ein Beginn des Spieles angenommen werden könnte. Eine Verletzung dieser Vorschrift kann entweder bevor oder nachdem der Ball aufgenommen und gespielt wurde, geahndet werden und die Strafe für ein nachfolgendes OFFSIDE oder ein Kontakt-Foul eines Gegners kann dann aufgehoben werden (S 7 und S 19).

    b) Übermäßiges Neigen des Balles ist kein Foul bis zum SNAP und ist ein LIVE BALL-Foul (S 19).

2. Jeder Spieler oder einwechselnder Ersatzspieler des A-Teams muß sich, nachdem der Ball „spielfertig" ist und vor dem SNAP, innerhalb von 15 Metern zum Ball befinden (S 19).

3. Kein Spieler des OFFENSE-Teams darf sich vor dem SNAP und nachdem der SNAPPER den Ball berührt hat, in oder jenseits der neutralen Zone aufhalten.

AUSNAHMEN: 1. Ersatzspieler und ersetzte Spieler, 2. OFFENSE-Spieler in einer SCRIMMAGE KICK-Formation, die auf gegnerische Spieler zeigen und mit ihrer Hand (Hände) in die neutrale Zone hineinragen.

4. Nachdem der Ball „spielfertig" ist, darf kein OFFENSE-Spieler einen Fehl-start machen, der folgendes enthält:

    a) Das Vortäuschen eines Angriffes.

b) Einen SHIFT oder eine Bewegung, die den Start des Spieles vortäuscht. Das beinhaltet ebenfalls einen Stellungswechsel des SNAPPERS, nachdem dieser eine Position für einen nachfolgenden SNAP eingenommen und den Ball berührt hat.

c) Eine Bewegung einer oder beider Hände oder eine schnelle Bewegung eines LINEMAN, der zwischen dem SNAPPER und einem Spieler am Ende der SCRIMMAGE LINE steht oder ein Spieler, der, mit Ausnahme des SNAPPERS, eine Nummer zwischen 50 und 79 trägt, nachdem er eine oder beide Hände auf oder nahe über dem Boden plaziert hat.

d) ein OFFENSE-Spieler zwischen dem SNAPPER und einem Spieler am Ende der SCRIMMAGE LINE, der weder legal im BACKFIELD, noch legal auf der SCRIMMAGE LINE steht, darf, nachdem er eine oder beide Hände auf oder nahe über dem Boden plaziert hat, seine Hand (Hände) nicht bewegen oder sich selbst nicht schnell bewegen.

AUSNAHME: Es ist kein Fehlstart, wenn ein Spieler auf der SCRIMMAGE LINE sich bewegt, wenn er von einem Team-B-Spieler in der neutralen Zone bedroht wird. Der bedrohte Spieler des A-Teams darf NICHT die neutrale Zone betreten.

5. Ein Schiedsrichter soll abpfeifen, wenn sich:

a) ein Fehlstart ereignet,

b) ein OFFENSE-Spieler in oder jenseits der neutralen Zone befindet, nachdem der Ball vom SNAPPER berührt wurde,

c) ein Team-A-Spieler in die neutrale Zone bewegt, wenn er durch einen Team-B-Spieler in der neutralen Zone bedroht wird,

d) eine Regel 7-1-3-a-4-Situation ereignet.

BEACHTE: Eine Verletzung der Regel kann sofort geahndet werden oder wenn der Ball aufgenommen wurde, kann die Strafe für ein nachfolgendes OFFSIDE oder ein Kontakt-Foul, mit Ausnahme eines unsportlichen Fouls durch einen Gegner, aufgehoben werden (S 18, 19 oder 7).

B. WENN DER BALL AUFGENOMMEN WURDE:

Das OFFENSE-Team muß sich in einer Formation aufstellen, die folgende Auflagen enthält:

1. Wenigstens sieben seiner Spieler müssen sich auf der SCRIMMAGE LINE aufhalten, nicht weniger als fünf von ihnen müssen zwischen 50 und 79 numeriert sein.

AUSNAHME: Regel 1-4-2-b.

Die übrigen Spieler müssen sich entweder auf ihrer SCRIMMAGE LINE oder hinter ihrer BACKFIELD LINE, mit folgender Ausnahme aufhalten:

2. Ein Spieler kann sich zwischen seiner SCRIMMAGE LINE und seiner BACKFIELD LINE aufstellen, um einen Hand-zu-Hand-SNAP hinter dem SNAPPER stehend, zwischen dessen Beinen entgegenzunehmen.

Befindet er sich in einer solchen Position, so kann er den Ball selbst behalten oder ihn direkt zu einem anderen Spieler, der sich legal im BACKFIELD befindet, abgeben (S 19).

3. Die Spieler, die auf jeder Seite direkt neben dem SNAPPER stehen, können ihre Beine mit dem SNAPPER verschränken, aber jeder andere OFFENSE-LINEMAN muß beide Füße außerhalb der Außenseite des Fußes seines Nebenmannes haben, wenn der Ball aufgenommen wird (S 19).

4. Alle Spieler müssen sich im Spielfeld befinden, und nur der SNAPPER darf sich auf der neutralen Zone bewegen, jedoch darf sich kein Teil seines Körpers jenseits der neutralen Zone befinden und seine Füße müssen sich stationär hinter dem Ball befinden (S 18 oder 19).

5. Ein OFFENSE-Spieler darf in MOTION sein, das heißt, er darf sich bewegen, aber die Bewegung darf sich nicht in Richtung zur gegnerischen GOAL LINE ereignen. Startet ein Spieler von seiner SCRIMMAGE LINE aus, so muß er sich wenigstens fünf Meter hinter dieser Linie befinden, wenn der Ball aufgenommen wird. Die anderen OFFENSE-Spieler müssen sich ohne Bewegung der Füße, des Körpers, des Kopfes oder der Arme in ihrer Position befinden (S 20).

C. NACHDEM DER BALL AUFGENOMMEN WURDE:

1. Kein Offense-Lineman darf einen SNAP erhalten, auch dann nicht, wenn es ein Rück-PASS ist (S 19).
STRAFE:
Für ein Foul vor dem SNAP: 5 Meter vom SUCCEEDING SPOT.
Für ein Foul beim oder nach dem SNAP: 5 Meter vom PREVIOUS SPOT (S 19 oder S 20).

Artikel 4   Forderungen an das DEFENSE-TEAM
Das DEFENSE-Team hat folgende Auflagen zu erfüllen:

a) Nachdem der Ball „spielfertig" ist und bis er aufgenommen wird, darf kein DEFENSE-Spieler den Ball berühren, es sei denn, der Ball wurde illegal bewegt (Regel 7-1-3-a-1), weiterhin darf kein Spieler einen Gegner berühren oder in einer anderen Weise stören (S 7, S 18). Ein Schiedsrichter soll sofort abpfeifen.

b) Beim SNAP darf sich kein DEFENSE-Spieler in oder jenseits der neutralen Zone befinden (S 18).

c) Kein Spieler des DEFENSE-Teams darf Worte oder Signale rufen, die einen Gegner verwirren könnten, wenn dieser sich bereit macht, um den Ball ins Spiel zu bringen.
Kein Spieler soll DEFENSE-Signale rufen, die den Klang oder die Tonfolge von OFFENSE-Startsignalen haben (oder diese Signale behindern). Ein Schiedsrichter soll dies sofort abpfeifen (S 7 und S 19).
STRAFE:
Für ein Foul vor dem SNAP: 5 Meter vom SUCCEEDING SPOT
Für ein Foul beim oder nach dem SNAP: 5 Meter vom PREVIOUS SPOT (S 18 oder S 19).

Artikel 5 SHIFT-Spielzüge

a) Geht einem SNAP ein HUDDLE oder SHIFT voraus, so müssen alle Spieler des OFFENSE-Teams, bevor der Ball aufgenommen wurde, für wengistens EINE VOLLE SEKUNDE zum absoluten Stillstand kommen, ihre Position behalten und weder den Körper, die Füße, den Kopf oder die Arme bewegen.

b) Es ist nicht beabsichtigt, daß Regel 7-1-3-a fließende und rhythmische SHIFTS, die richtig durchgeführt werden, verbieten soll. Ein fließender rhythmischer SHIFT oder eine gemächtliche Bewegung ist keine Regelverletzung.

Wie auch immer, es liegt in der Verantwortlichkeit eines OFFENSE-Spielers, der sich vor dem SNAP bewegt, sich so zu bewegen, das kein Start des Spiels angenommen werden könnte. Nachdem der Ball „spielfertig" ist und alle Spieler sich in einer SCRIMMAGE-Formation befinden, soll kein OFFENSE-Spieler eine schnelle, plötzliche Bewegung vor dem SNAP machen. Jede derartige Bewegung ist eine Regelverletzung.

Obwohl hier nicht alle darunterfallenden Bewegungen aufgeführt werden können, sollen die nachfolgenden Beispiele die Bewegungsarten verdeutlichen, die vor dem SNAP verboten sind:

1. Ein LINEMAN bewegt seine Schultern, seinen Fuß, Arm, Körper oder Kopf in einer plötzlichen Bewegung in eine Richtung.
2. Ein CENTER, der den Ball schiebt oder bewegt, seine Daumen oder Finger bewegt, seine Ellenbogen anlegt, mit dem Kopf ruckt oder seine Schultern oder sein Gesäß senkt.
3. Der QUARTERBACK, der seine Hände ruckartig am CENTER bewegt, die Ellenbogen unter dem CENTER anlegt oder seine Schultern vor dem SNAP schnell herunterfallen läßt.
4. Ein Spieler, der sich vor dem SNAP in Bewegung setzt und durch ruckartiges Bewegen seiner Hände in Richtung des CENTERS oder QUARTERBACKS eine Ballanahme vortäuscht, oder eine schnell ruckartige Bewegung macht, die den Spielbeginn vortäuscht.

STRAFE:
5 Meter vom SUCCEEDING SPOT für ein Foul vor dem SNAP.
5 Meter vom PREVIOUS SPOT (S 7 und S 20).

Artikel 6 Ballübergabe nach vorne

Kein Spieler darf den Ball nach vorne (d.h. in Richtung zur gegnerischen GOAL LINE) abgeben, ausgenommen während eines SCRIMMAGE DOWN wie folgt:

a) Ein Team-A-Spieler, der sich hinter seiner SCRIMMAGE LINE befindet, darf den Ball nach vorne zu einem BACKFIELD-Team-A-Spieler abgeben, der sich ebenfalls hinter seiner SCRIMMAGE LINE befindet.

b) Ein Team-A-Spieler, der sich hinter seiner SCRIMMAGE LINE befindet, darf den Ball nach vorne zu einem anderen Team-A-Spieler abgeben, der sich zum Zeitpunkt des SNAP auf seiner SCRIMMAGE LINE befunden hat, vorausgesetzt dieser Spieler verließ die SCRIMMAGE LINE durch eine Bewegung, bei der seine beiden Füße in Richtung zu seiner eigenen GOAL LINE zeigten und er wenigstens EINEN Meter hinter seiner SCRIMMAGE LINE war, als er den Ball erhielt.

STRAFE: 5 Meter vom SPOT-OF-FOUL, zusätzlich DOWN-Verlust, wenn Team-A das Foul vor dem Wechsel des Team-Ballbesitzes während eines SCRIMMAGE verursacht hat (S 35 und S 39).

Abschnitt 2 RÜCK-PASS und FUMBLE

Artikel 1 Während des lebenden Balles

Ein Ballträger darf einen Ball zu jeder Zeit zurückwerfen oder nach hinten übergeben. AUSGENOMMEN er wirft den Ball ABSICHTLICH OUT-OF-BOUNDS, um Zeit zu sparen.

STRAFE: 5 Meter vom SPOT-OF-FOUL, ebenso DOWN-Verlust, wenn Team-A das Foul vor dem Wechsel des Team-Ballbesitzes wälhrend eines SCRIM-MAGE DOWN verursacht hat (S 36 und S 9).

Artikel 2 Gefangen oder wiedererobert

Ein Rück-PASS oder FUMBLE kann von jedem auf dem Spielfeld befindlichen Spieler gefangen oder aufgenommen werden.

AUSNAHME: Regel 7-2-1

a) Wird der Ball im Spielfeld fliegend gefangen, so bleibt er im Spiel, es sei denn, er wurde auf oder hinter der gegnerischen GOAL LINE gefangen.

b) Wird der Ball von dem Team erobert, das den Ball fallengelassen oder geworfen hat, so bleibt er im Spiel.

c) Wird der Ball vom Gegner des Teams, das den Ball verloren oder geworfen hat, gefangen oder erobert, so wird der Ball „tot" und gehört dem Eroberer an dieser Stelle.

d) Wird ein Rück-PASS oder ein FUMBLE von gegnerischen Spielern gleichzeitig gefangen oder aufgenommen, so wird der Ball „tot" und gehört dem Team, in dessen Besitz der Ball zuletzt war.

Artikel 3 OUT-OF-BOUNDS

Geht ein Rück-PASS oder FUMBLE zwischen den GOAL LINES OUT-OF-BOUNDS, so gehört der Ball dem Team, das den Ball geworfen oder fallengelassen hat, an dem Punkt, an dem der Ball ausgegangen ist: ist der Ball hinter der GOAL-LINE aus, so ist es ein TOUCHBACK oder ein SAFETY.

AUSNAHME: Regel 9-4-2.

A b s c h n i t t 3 Vorwärts-PASS

Artikel 1 Legaler Vorwärts-PASS
Team-A darf EINEN Vorwärts-PASS während jedem SCRIMMAGE DOWN werfen, bevor der Ballbesitz wechselt, vorausgesetzt, der Ball wird von einem Punkt hinter oder auf der neutralen Zone aus geworfen.

Artikel 2 Illegaler Vorwärts-PASS
Ein Vorwärts-PASS ist illegal, wenn der PASS:
a) durch Team-A geworfen und der PASSER sich jenseits der neutralen Zone zum Zeitpunkt des Abwurfes befindet,
b) von Team-B geworfen wird oder wenn er von Team-A geworfen wird, nachdem der Ballbesitz während dieses DOWN gewechselt hat,
c) der zweite Vorwärts-PASS während desselben DOWNS ist,
d) absichtlich in eine Zone geworfen wurde, in der sich kein berechtigter Team-A-Spieler aufhält, um so einen Raumverlust zu verhindern oder direkt auf den Boden geworfen wird, um Zeit zu sparen.
STRAFE: 5 Meter vom SPOT-OF-FOUL, ebenso DOWN-Verlust für Team A, wenn das Foul vor dem Wechsel des Team-Ballbesitzes während eines SCRIMMAGE DOWN verursacht wurde (S 35, S 36 und S 9).

Artikel 3 Berechtigung zum Berühren eines legalen PASSES
Die Regel, die zum Berühren eines legalen PASSES berechtigt, wird nur angewandt, wenn der PASS vorwärts geworfen wurde. Folgende Team-A-Spieler sind berechtigt, wenn der Ball aufgenommen wurde:
a) jeder Spieler, der sich am jeweiligen Ende seiner SCRIMMAGE LINE postiert hat und eine Nummer trägt, die nicht zwischen 50 und 79 liegt,
b) jeder Spieler, der sich legal in seinem BACKFIELD aufhält und eine Nummer trägt, die nicht zwischen 50 und 79 liegt,
c) ein Spieler, der eine Nummer trägt, die nicht zwischen 50 und 79 liegt und sich in einer Position befindet, die es ihm erlaubt, einen Hand-zu-Hand-SNAP zwischen den Beinen des SNAPPERS anzunehmen.

Artikel 4 Verlust der Berechtigung durch Verlassen des Spielfeldes
Ein berechtigter OFFENSE-Spieler, der während eines DOWN das Spielfeld verläßt, darf einen legalen Vorwärts-PASS im Spielfeld nicht berühren, es sei denn, der Ball wird von einem Gegner berührt.
AUSNAHME: Dies gilt nicht für einen berechtigten OFFENSE-Spieler, der sofort versucht, wieder ins Spielfeld zu gelangen, nachdem er durch einen Gegner aus dem Spielfeld gedrückt oder geblockt wurde.
STRAFE: DOWN-Verlust am PREVIOUS SPOT (S 31 und S 9).

Artikel 5 Berechtigung wiedererlangt
Berührt ein Team-B-Spieler beim legalen Vorwärts-PASS den Ball, so werden ALLE Spieler berechtigt, den Ball zu berühren.
AUSNAHME: Regel 7-3-4.

Artikel 6   Vollendeter PASS

Jeder Vorwärts-PASS ist vollendet, wenn er von einem im Spielfeld befindlichen, berechtigten Spieler des Teams, das den PASS geworfen hat, gefangen wird und der Ball bleibt im Spiel, es sei denn, die Vollendung des PASSES erzielt einen TOUCHDOWN oder der Ball wurde gleichzeitig von gegnerischen Spielern gefangen.

Wenn ein Vorwärts-PASS von gegnerischen Spielern im Spielfeld gleichzeitig gefangen wird, wird der Ball „tot" und gehört dem Team, das den PASS geworfen hat.

Artikel 7   Unvollständiger PASS

a) Jeder Vorwärts-PASS ist unvollständig, wenn der Ball den Boden berührt oder das Spielfeld verläßt.
   Er ist ebenso unvollständig, wenn ein Spieler springt, den Ball fängt und zuerst auf oder außerhalb der Spielfeldbegrenzungslinie aufkommt, es sei denn, seine Vorwärtsbewegung wurde im Spielfeld gestoppt (Regel 2-2-7-c).

b) Ist ein Vorwärts-PASS unvollständig, dann gehört der Ball am PREVIOUS SPOT dem Team, das den PASS geworfen hat.

c) Ist ein illegaler Vorwärts-PASS unvollständig, dann gehört der Ball dem Team, das ihn geworfen hat, an der Stelle, von wo aus der PASS geworfen wurde.

AUSNAHME: Wurde ein illegaler PASS aus einer Endzone heraus geworfen, so kann das angegriffene Team einen SAFETY akzeptieren oder die Strafe ablehnen und das Ergebnis des Spieles akzeptieren) (Regel 4-1-3-f).

Artikel 8   Illegaler Kontakt und PASS INTERFERENCE (BEHINDERUNG)

a) Während eines DOWN, in dem ein legaler Vorwärts-PASS die neutrale Zone kreuzt, ist jeder illegale Kontakt zwischen Team-A und Team-B-Spielern, in der Zeit zwischen dem SNAP und der Ballberührung durch einen Spieler verboten.

b) OFFENSIV-PASS-Behinderung durch einen Team-A-Spieler ist der Kontakt, der einen berechtigten Team-B-Spieler jenseits der neutralen Zone, während eines legalen Vorwärts-PASSES, in dem der Ball die neutrale Zone kreuzt, behindert. Es liegt in der Verantwortlichkeit des OFFENSE-Spielers, dem Gegner auszuweichen. Es ist keine OFFENSIVE-PASS-Behinderung, wenn folgende Fälle eintreten:

   1. wenn sofort nach dem SNAP, ein Team-A-Spieler einen Gegner angreift und ihn an einem Punkt, der nicht mehr als einen Meter jenseits der neutralen Zone liegt, berührt und diesen Kontakt nicht weiter als 3 Meter jenseits der neutralen Zone fortsetzt.

   2. Wenn zwei oder mehr berechtigte Spieler versuchen, gleichzeitig einen PASS zu erreichen, zu fangen oder zu schlagen, wenn sie selbst in gutem Glauben sind, daß sie den Ball erreichen können. Berechtigte Spieler des gleichen Teams haben die gleichen Rechte auf den Ball.

337

c) DEFENSIVE-PASS-Behinderung ist der Kontakt eines Team-B-Spielers jenseits der neutralen Zone, der einen berechtigten Gegner offensichtlich absichtlich behindern will und damit verhindert, daß der Gegner die Möglichkeit hat, einen fangbaren Vorwärts-PASS zu erreichen. Bestehen Zweifel, dann ist ein legaler Vorwärts-PASS fangbar. DEFENSIVE-PASS-Behinderung kann sich nur ereignen, nachdem ein Vorwärts-PASS geworfen wurde.

Es ist keine DEFENSIVE-PASS-Behinderung, wenn sich folgende Situationen ergeben (Regel 9-3-4-c, -d und -e):

1. wenn sofort nach dem SNAP gegnerische Spieler angreifen und der Kontakt mit dem Gegner an einem Punkt, innerhalb eines Meters jenseits der neutralen Zone, aufrecht erhalten wird.

2. wenn zwei oder mehrere berechtigte Spieler versuchen, gleichzeitig einen PASS zu erreichen, zu fangen oder zu schlagen, wenn sie in dem Glauben sind, daß sie den Ball erreichen können. Berechtigte Spieler jedes Teams haben die gleichen Rechte auf den Ball.

3. wenn ein Team-B-Spieler einen Gegner legal berührt, bevor der PASS geworfen wurde (Regel 9-3-4-c und -d).

STRAFE:
PASS-Behinderung durch Team A:
15 Meter vom PREVIOUS SPOT und DOWN-Verlust (S 33 und S 9).
PASS-Behinderung durch Team B:
Team-A's Ball am SPOT-OF-FOUL und FIRST DOWN, wenn das Foul weniger als 15 Meter jenseits des PREVIOUS SPOT verursacht wurde.
Passiert das Foul 15 Meter und mehr jenseits des PREVIOUS SPOT: Team-A's Ball, FIRST DOWN und 15 Meter vom PREVIOUS SPOT. Von außerhalb der Zwei-Meterlinie soll keine Strafe durchgeführt werden, die den Ball innerhalb der Zwei-Meterlinie bringt. Befand sich der PREVIOUS SPOT auf oder innerhalb der Zwei-Meterlinie, FIRST DOWN und Entfernung zwischen PREVIOUS SPOT und GOAL LINE teilen (S 33) (Regel 10-2-3-AUSNAHMEN).

BEACHTE: Wurde der Ball zwischen der 17-Meterlinie und der Zwei-Meterlinie aufgenommen und der SPOT-OF-FOUL ist innerhalb der Zwei-Meterlinie oder der Endzone, so soll die Strafe den Ball auf der Zwei-Meterlinie plazieren.

Artikel 9 Kontakt-Behinderung

a) Hinter der neutralen Zone dürfen weder A noch B den Gegner legal behindern.

b) Spieler beider Teams dürfen jenseits der neutralen Zone legal behindern, nachdem der Ball beim PASS berührt wurde.

c) DEFENSE-Spieler dürfen Gegner, die die neutrale Zone gekreuzt haben, legal behindern, wenn die Gegner sich nicht in einer Position befinden, in der sie einen fangbaren Vorwärts-PASS empfangen können.

1. Diese Verletzungen, die sich in einem DOWN ereignen, bei dem ein Vorwärts-PASS die neutrale Zone gekreuzt hat, sind NUR dann PASS-Behinderungs-Fouls, wenn der RECEIVER die Möglichkeit hatte, einen fangbaren Vorwärts-PASS zu erreichen.

2. Diese Verletzungen, die sich in einem DOWN ereignen, bei dem ein Vorwärts-PASS die neutrale Zone NICHT kreuzt, sind Regel-9-3-4-Verstöße und werden vom PREVIOUS SPOT aus geahndet.

d) PASS-Behinderungs-Regeln gelten nur während eines DOWN, in dem ein legaler Vorwärts-PASS die neutrale Zone kreuzt (Regeln 2-19-3, 7-3-8-a und -c).

e) Kontakt durch Team-B mit einem berechtigten RECEIVER, der unnötige Härte einschließlich mit der Behinderung eines fangbaren PASSES zur Folge hat, wird als PASS-Behinderung bestraft, aber Fouls, die sich weniger als 15 Meter jenseits der neutralen Zone ereignen, können mit 15 Meter als persönliche Fouls vom PREVIOUS SPOT aus geahndet werden. Regel 7-3-8 bezieht sich speziell auf Kontakt während eines PASSES. Wie auch immer, wenn die Behinderung eine Aktion beinhaltet, die gewöhnlich zu einer Disqualifikation führen würde, muß der verursachende Spieler das Spiel verlassen.

f) Bei der Behinderung muß ein körperlicher Kontakt vorhanden gewesen sein.

g) Jeder Spieler hat territoriale Rechte und zufälliger Kontakt ist unter „Versuch, einen PASS zu erreichen" in Regel 7-3-8 geregelt.

Wenn Gegner, die sich jenseits der Linie befinden, kollidieren während sie sich in Richtung zum Ball beim PASS bewegen, ist ein Foul eines oder beider Spieler nur dann gegeben, wenn es offensichtlich ist, daß der Gegner gewollt behindert wird. Eine PASS-Behinderung durch Team B kann nur im Zusammenhang mit einem fangbaren Vorwärts-PASS erfolgen.

h) PASS-Behinderungs-Regeln gelten nicht, nachdem der Ball beim PASS irgendwo im Spielfeld durch einen Spieler, der sich im Spielfeld befindet, berührt wurde. Wurde ein Gegner gefoult, so gilt die Strafe für das Foul und nicht wegen der PASS-Behinderung.

i) Nachdem der Ball beim PASS berührt wurde, kann jeder Spieler einen legalen Block während des verbleibenden Fluges des Balles ausführen.

j) TACKELN oder Ergreifen des RECEIVERS oder anderer vorsätzlicher Kontakt, bevor er einen PASS berührt, ist der Beweis dafür, daß der TACKLER den Ball ignoriert und ist deshalb illegal.

k) Das TACKELN oder Umrennen eines RECEIVERS ist illegal, wenn ein Vorwärts-PASS offensichtlich zu weit oder zu kurz geworfen wurde, weil der Ball ignoriert wurde. Dies ist keine PASS-Behinderung, sondern ein Verstoß gegen Regel 9-1-2-f und wird mit 15 Metern vom PREVIOUS SPOT aus geahndet.

Artikel 10 Unberechtigt jenseits der neutralen Zone

Kein unberechtigter Spieler soll jenseits der neutralen Zone sein oder gewesen sein, nachdem ein legaler Vorwärts-PASS, bei dem der Ball die neutrale Zone kreuzt, geworfen wurde.

AUSNAHMEN:

1. Sofort nachdem der Ball aufgenommen wurde, dürfen OFFENSE-Spieler die Gegner angreifen und sie nicht mehr als drei Meter jenseits der neutralen Zone wegdrücken, vorausgesetzt der Kontakt wurde an einen Punkt, der nicht weiter als ein Meter jenseits der neutralen Zone lag, hergestellt.
2. Geht der Kontakt mit einem Gegner, der nicht mehr als drei Meter jenseits der neutralen Zone gedrückt wurde, verloren, so muß ein Spieler, der beim SNAP unberechtigt war, an diesem Punkt stehen bleiben, bis der PASS geworfen wurde.

STRAFE: 5 Meter vom PREVIOUS SPOT (S 37).

Artikel 11 Illegales Berühren

Kein ursprünglich unberechtigter Spieler, der sich im Spielfeld befindet, darf einen legalen Vorwärts-PASS berühren, bevor der Ball von einem Gegner berührt wurde bzw. der Ball einen Gegner berührt hat.

STRAFE: 5 Meter vom PREVIOUS SPOT und DOWN-Verlust (S 31 und S 9).

Regel 8

Punkte-Erzielung

Abschnitt 1 PUNKTE — WERTE

Artikel 1 Gewinn-Spielzüge

Der Punkte-Wert für einen Gewinnspielzug soll sein:

TOUCHDOWN .... 6 Punkte
FIELD GOAL .... 3 Punkte
SAFETY (Punkte werden dem Gegner zuerkannt) .... 2 Punkte
ERFOLGREICHER ZUSATZVERSUCH CONVERSION .... 2 Punkte
ZUSATZKICK .... 1 Punkt

Artikel 2 Abgebrochene Spiele

Der Punktestand eines abgebrochenen Spieles soll sein:
angegriffenes Team — 1, Gegner — 0.
War das angegriffene Team zum Zeitpunkt des Abbruches in Führung, so bleibt
der Punktestand erhalten.

Abschnitt 2 TOUCHDOWN

Artikel 1 Wie erzielt

Ein TOUCHDOWN wurde erzielt, wenn ein legaler Vorwärts-PASS vervollständigt oder ein FUMBLE oder ein Rück-PASS auf oder hinter der gegnerischen
GOAL LINE aufgenommen wurde oder wenn ein Spieler, der sich legal im Ballbesitz befindet, mit einem Teil des Balles sich auf, über oder hinter der gegnerischen GOAL LINE befindet.

Abschnitt 3 ZUSATZVERSUCH

Artikel 1 Gelegenheit zum Erzielen

Ein Zusatzversuch ist die Gelegenheit, um einen oder zwei zusätzliche Punkte
zu erzielen, während die Spielzeituhr angehalten wurde, und ist ein besonderer
Teil in einem Spiel, der ein DOWN und eine vorhergehende „Fertig"-Periode
NUR zum Zwecke der Durchführung einer Strafe enthält.

a) Diese Gelegenheit soll dem Team gewährt werden, das einen TOUCH-
   DOWN erzielt hat.

b) Der Zusatzversuch, der ein SCRIMMAGE DOWN ist, beginnt, wenn der Ball
   „spielfertig" ist.

c) Der SNAP kann von einem Punkt auf oder zwischen den IN-BOUNDS-LINES auf oder hinter der gegnerischen Drei-Meterlinie vorgenommen werden. Der Ball kann nach einem belastenden TIME OUT jedes Teams umplaziert werden, sofern sich vorher ein Team-A-Foul oder sich aufhebende Fouls ereignet haben (Regel 8-3-3-a und 8-3-3-c-1).

d) Die Gelgenheit endet, wenn:
   1. Team-B Ballbesitz erlangt oder berechtigt ist, nach einem Foul den Ball zu besitzen,
   2. eine Strafe gegen Team-A ein DOWN-Verlust enthält,
   3. eine angenommene Strafe einen Punktgewinn ergibt,
   4. es offensichtlich ist, daß ein Kick aus dem SCRIMMAGE heraus nicht erforderlich ist,
   5. der Ball einen Spieler des KICK-TEAMS oder den Boden berührt.

Artikel 2   Wie erzielt

Der oder die Punkte sollen gemäß der Punkte-Werte aus Regel 8-1-1 zusätzlich anerkannt werden, wenn der Zuatzversuch mit einem Spielzug endet, der nach den Regeln einen TOUCHDOWN, ein SAFETY oder ein FIELD GOAL zum Ergebnis hätte.

Artikel 3   Foul während eines Zusatzversuches

a) Aufhebende Fouls —
   Geschehen sich aufhebende Fouls während eines Zusatzversuches, so soll der Versuch wiederholt werden.
   Jede Wiederholung nach sich aufhebenden Fouls muß vom PREVIOUS SPOT vorgenommen werden.

b) Fouls durch Team-B bei erfolgreichem Zusatzversuch —
   1. Team-A soll die Wahl haben, die Punkte abzulehnen und den Versuch nach der Durchführung der Strafe zu wiederholen oder die Punkte zu akzeptieren und die Durchführung der Strafe vom Punkt des nächsten KICK OFF vornehmen zu lassen.
   2. Eine Wiederholung nach einer Strafe gegen Team-B kann von einem Punkt zwischen den IN-BOUND-LINES, auf der Meterlinie, auf die Strafe den Ball bringt, vorgenommen werden.

c) Fouls durch Team-A beim erfolgreichen Zusatzversuch—
   1. Nach dem Foul durch Team-A soll der Ball an dem Punkt aufgenommen werden, an den die Strafe den Ball bringt.

d) Übertriebene Härte oder Überrennen des KICKERS oder HALTERS —
   1. Übertriebene Härte oder Überrennen des KICKERS oder HALTER eines KICKS ist ein LIVE BALL-Foul.

Artikel 4   Nächstes Spiel

Nach einem Zusatzersuch soll der Ball durch einen KICK OFF ins Spiel gebracht werden. Der TEAM CAPTAIN des Teams, gegen das ein TOUCHDOWN erzielt wurde, soll entscheiden, welches Team den KICK OFF ausführen soll.

A b s c h n i t t 4   FIELD GOAL

Artikel 1   Wie erzielt

a) Ein FIELD GOAL wurde durch das KICK TEAM erzielt, wenn ein DROP KICK oder ein PLACE KICK durchgeführt wurde und der Ball die Querlatte zwischen den aufrecht stehenden Pfosten des gegnerischen Tores überfliegt, bevor der Ball einen Spieler des KICK TEAMS oder den Boden berührt hat. Der KICK soll ein SCRIMMAGE KICK aber kein FREE KICK sein.

b) Wenn ein Ball beim legalen FIELD GOAL-Versuch über die Querlatte zwischen den Pfosten fliegt und jenseits der Endlinie liegenbleibt oder zurückgeweht wird, aber nicht über die Querlatte zurückkehrt und irgendwo liegenbleibt, so soll das FIELD GOAL anerkannt werden. Das gesamte Tor, die Querlatte und die Pfosten sind im Zusammenhang mit der Vorwärtsbewegung des Balles als eine LINIE und nicht als eine ZONE zu betrachten.

Artikel 2   Nächstes Spiel

a) Nachdem ein FIELD GOAL erzielt wurde, soll der Ball durch einen KICK OFF wieder ins Spiel gebracht werden. Der TEAM CAPTAIN, gegen den das FIELD GOAL erzielt wurde, soll entscheiden, welches Team den KICK OFF ausführen soll.

b) Nach einem erfolglosen FIELD-GOAL-Versuch, bei dem der Ball die neutrale Zone kreuzt und von Team-B jenseits der neutralen Zone nicht berührt wird, soll der Ball beim nächsten Mal vom PREVIOUS SPOT aus ins Spiel gebracht werden. Befand sich der PREVIOUS SPOT zwischen Team-B's 20-Meterlinie und deren GOAL LINE, so wird der Ball beim nächsten Mal von der Team-B-20-Meterlinie ins Spiel gebracht. Andernfalls werden die Regeln, die einen SCRIMMAGE KICK betreffen, angewandt.

A b s c h n i t t 5   SAFETY UND TOUCHBACK

Artikel 1   Wie erzielt

a) Es ist ein TOUCHBACK:
   1. wenn der Ball hinter der Endzone OUT-OF-BOUNDS geht (außer durch einen unvollständigen PASS) und wenn das angreifende Team (DEFENSE) Team für das OUT-OF-BOUNDS gehen verantwortlich ist. **AUSNAHME:** Regel 8-4-2-b.
   2. wenn der Ball im Besitz eines Spielers „tot" wird und sich dieser Spieler in, auf oder hinter seiner eigenen GOAL LINE befindet und das angreifende Team (DEFENSE) für das Vorhandensein des Balles in, auf oder hinter dieser GOAL LINE verantwortlich ist.
b) Es ist ein SAFETY:
   1. wenn der Ball im Besitz eines Spielers „tot" wird und sich dieser Spieler in, auf oder hinter seinen eigenen GOAL LINE befindet und das verteidigende Team (OFFENSE) für das Vorhandensein des Balles in, auf oder hinter dieser GOAL LINE verantwortlich ist.

2. wenn eine angenommene Strafe für ein Foul oder einen illegalen Vorwärts-PASS den Ball auf oder hinter der GOAL LINE des Teams bringt,
   das das Foul begangen hat.

AUSNAHME: Fängt ein Team-B-Spieler einen Vorwärts-PASS ab oder den
Ball beim SCRIMMAGE oder FREE KICK zwischen seiner eigenen 5-Meter-
linie und der Endzone und sein eigener Schwung trägt ihn in seine Endzone,
wo der Ball im Besitz seines Teams für „tot" erklärt wird oder wenn der Ball in
der Endzone das Spielfeld verläßt, so gehört der Ball Team-B an dem Punkt,
an dem der PASS abgefangen bzw. der Ball beim KICK aufgenommen wurde.

Artikel 2 Verantwortlichkeit

Das Team, das dafür verantwortlich ist, daß der Ball in, über oder hinter einer
GOAL LINE ist, ist das Team, dessen Spieler den Ball trägt oder dem Ball einen
ANTRIEB verleiht und der ANTRIEB treibt den Ball auf, über oder hinter diese
GOAL LINE oder dafür verantwortlich ist, daß ein freier Ball sich auf, über oder
hinter der GOAL LINE befindet.

Artikel 3 Ball einen ANTRIEB verleihen

a) Der ANTRIEB, der dem Ball durch einen Spieler durch KICKEN, PASSEN oder
   AUFNEHMEN oder durch einen FUMBLE verliehen wird, ist für die weitere
   Bewegung des Balles in jede Richtung verantwortlich, selbst wenn der Ball
   von seinem ursprünglichen Weg abweicht oder in seiner Richtung umgekehrt
   wird, nachdem der Ball den Boden oder einen Spieler berührt hat.

b) Der ANTRIEB, der dem Ball verliehen wurde, ist als verbraucht anzusehen
   und die Verantwortlichkeit für die Bewegung des Balles ist einem Spieler
   anzulasten, wenn:

   1. er einen Ball KICKT, der nicht im Besitz eines Spielers ist oder einen
      freien Ball schlägt, nachdem dieser den Boden berührt hat.
   2. der Ball zur Ruhe kommt und ein Spieler ihm durch einen Kontakt einen
      neuen ANTRIEB verleiht.

Artikel 4 Resultat aus einem Foul

Bringt eine Strafe für ein Foul, das begangen wurde, als der Ball frei war, den
Ball hinter die GOAL LINE des verursachenden Teams, so ist das ein SAFETY.

Artikel 5 KICK nach SAFETY

Wurde ein SAFETY erzielt, so gehört der Ball dem verteidigendem Team, an
dessen 20-Meterlinie und dieses Team soll den Ball durch einen FREE KICK
zwischen den INBOUND LINES ins Spiel bringen. Der FREE KICK kann ein PUNT,
ein DROP KICK oder ein PLACE KICK sein.

Artikel 6 SNAP nach TOUCHBACK

Wurde ein TOUCHBACK deklariert, so gehört der Ball dem verteidigendem
Team, an dessen 20-Meterlinie und dieses Team soll den Ball durch einen SNAP
zwischen den INBOUND-LINES ins Spiel bringen.

Regel 9

**Verhalten von Spielern und anderen, die den
Regeln unterliegen**

A b s c h n i t t 1 Kontakt- und Behinderungsfouls

Artikel 1 Persönliche Fouls

Alle üblen Fouls, die sich während des Spieles und zwischen den Spielabschnitten ereignen, machen die DISQUALIFIKATION erforderlich. Team-B-
Disqualifikations-Fouls können ein FIRST DOWN enthalten, soweit das nicht
im Widerspruch zu anderen Regeln steht.

Artikel 2 Spieler-Einschränkungen

Keine Person, die den Regeln unterliegt, soll während des Spieles und zwischen den Spielabschnitten ein persönliches Foul verursachen. Jede Tätigkeit,
die nachfolgend verboten ist oder andere Tätigkeiten der unnötigen Härte sind
persönliche Fouls:

a) Kein Spieler soll einen Gegner mit dem Knie stoßen oder mit ausgestreck-
tem Unterarm, Ellenbogen, verschränkten Händen, der Handfläche, der
Faust oder dem Absatz, dem Handrücken oder der Handkante gegen den
Kopf, den Hals oder das Gesicht oder ein anderes Körperteil des Gegners
schlagen oder den Gegner in die Augen stechen, während des Spieles und
zwischen den Spielabschnitten.

b) Kein Spieler soll einen Gegner mit dem Fuß oder einem Teil unterhalb des
Knies treten.

c) TRIPPING Ist verboten.

d) CLIPPING ist verboten.

AUSNAHME:

1. Wenn sich OFFENSE-Spieler beim SNAP auf der SCRIMMAGE LINE, in einer
rechteckigen Zone befinden, die sich vom mittleren LINEMAN der OFFENSE-
Formation 5 Meter seitlich in jede Richtung und 3 Meter längsseits in jede
Richtung erstreckt, befinden, dürfen sie in dieser Zone legal CLIPPEN.

   a) Ein Spieler auf der SCRIMMAGE LINE darf diese Zone nicht verlassen und
dann wieder zurückkehren, um legal zu CLIPPEN.

   b) Die legale CLIPPING-ZONE existiert so lange, bis der Ball durch einen
FUMBLE frei, einen MUFF berührt oder im Besitz eines Spielers außerhalb
der legalen CLIPPING-ZONE ist oder der Ball außerhalb der legalen
CLIPPING-ZONE ist, nachdem er durch einen FUMBLE, der sich innerhalb der Zone ereignet hat, frei wurde.

2. Wenn ein Spieler seinen Rücken einem möglichen Blocker zudreht, wenn
dieser die Absicht zum Blocken durch seine Richtung oder seine Bewegung
angezeigt hat.

3. Wenn ein Spieler legal versucht, einen Ball beim FUMBLE, MUFF oder Rück-PASS oder bei einem berührten Vorwärts-PASS zu fangen oder aufzunehmen, so darf er seine Hände oder Arme gegen den Rücken eines Gegners benutzen, um ihn aus dem Weg zu drücken.

4. Wenn der Gegner dem Blocker wie in Regel 9-3-3-a-1-c seinen Rücken zuwendet.

STRAFE: 15 Meter und FIRST DOWN für ein Team-B-Foul, wenn der FIRST DOWN nicht im Widerspruch zu anderen Regeln steht.
Durchführung vom PREVIOUS SPOT, wenn das Foul durch Team-A hinter der neutralen Zone begangen wurde (S 39).

e) Blocken unterhalb der GÜRTELLINIE ist erlaubt, mit folgenden
AUSNAHMEN:

1. OFFENSE-Spieler, die sich beim SNAP weiter als sieben Meter vom mittleren LINEMAN der OFFENSE-Formation in jede Richtung entfernt befinden oder sich beim SNAP auf den Ball zubewegen, dürfen nicht unterhalb der GÜRTELLINIE blocken, wenn sie sich in die Richtung bewegen,in die der Ball getragen wird, solange bis der Ball jenseits über die neutrale Zone getragen wurde. Die folgenden Formationen sind legal unddie Spieler sind nicht durch die Regel 9-1-2-e eingeschränkt, wenn sie in Richtung des Balles blocken:

   a) Ein OFFENSE-END-Spieler, der sich weniger als 2 Meter von der legalen CLIPPING-ZONE entfernt aufgestellt hat.

   b) Ein Spieler, der sich 1 Meter von der Außenseite eines END-Spielers aufgestellt hat, der seinerseits nicht weiter als 1 Meter von der legalen CLIPPING-ZONE entfernt ist.

   c) ein Spieler, der sich nicht weiter als 1 Meter außerhalb der legalen CLIPPING-ZONE und auf der Innenseite eines END-Spielers, der seinerseits 1 Meter von der Außenseite dieses Spielers entfernt ist, aufgestellt hat.

2. Während eines SCRIMMAGE-DOWN ist es DEFENSE-Spielern verboten, einen berechtigten Team-A-RECEIVER unterhalb der GÜRTELLINIE zu blocken, wenn dieser sich jenseits der legalen CLIPPINGZONE und in deren Verlängerung zur Seitenlinie befindet, solange sie nicht versuchen, an den Ball oder den Ballträger zu gelangen. Ein Team-A-RECEIVER bleibt so lange berechtigt, wie ein legaler Vorwärts-PASS gemäß der Regel möglich ist.

3. Während eines DOWN, in dem ein FREE KICK oder ein SCRIMMAGE KICK aus einer SCRIMMAGE-Formation heraus gekickt wird, ist es ALLEN Spielern verboten, außer gegen den Ballträger, unterhalb der GÜRTELLINIE zu blocken.

4. Nach jedem Ballbesitzwechsel ist es allen Spielern verboten, mit Ausnahme gegen den Ballträger, unterhalb der GÜRTELLINIE zu blocken.

5. Ein Team-A-Spieler, der sich hinter der neutralen Zone befindet und sich aufgestellt hat, um einen Rück-PASS zu empfangen, soll nicht unterhalb der GÜRTELLINIE geblockt werden.

f) Kein Spieler soll einen RECEIVER tackeln oder umrennen, wenn ein Vorwärts-PASS für ihn offensichtlich unerreichbar ist. Das ist keine PASS-Behinderung.

g) Nachspringen, Fallenlassen auf oder das Werfen des eigenen Körpers gegen einen Gegner ist verboten, nachdem der Ball „tot" wurde.

h) Kein Gegner soll einen Ballträger blocken oder tackeln, wenn DIESER SICH EINDEUTIG AUSSERHALB DES SPIELFELDES BEFINDET oder ihn zu Boden werfen, wenn der Ball „tot" wurde.

i) HURDLING ist verboten.

j) Kein Spieler soll sich SELBST gegen einen Gegner WERFEN oder ihn umrennen, wenn DIESER OFFENSICHTLICH AUS DEM SPIEL IST, entweder bevor oder nachdem der Ball „tot" wurde.

k) Kein Spieler soll das HELMGITTER eines Gegners ergreifen oder in eine andere Helmöffnung hineingreifen. Die OFFENE HAND darf legal gegen das Gitter benutzt werden.

STRAFE: DEFENSE-Team 5 Meter bei unabsichtlichem Greifen, 15 Meter für Drehen, Ziehen oder Reißen am Gitter und FIRST DOWN für ein Team B-Foul, soweit kein Widerspruch zu anderen Regeln besteht.
OFFENSE-Team 15 Meter. Alle DEAD BALL-Fouls 15 Meter. Verursacher schwerer Fouls sollen disqqualifiziert werden (S 45)

l) Kein Spieler soll seinen Helm benutzen, um einen Gegner zu stoßen oder zu rammen, d.h. der erste Kontakt soll nicht mit dem Helm ausgeführt werden.

m) SPEARING ist verboten.

n) Kein Spieler soll absichtlich einen Ballträger mit dem Scheitel des Helmes stoßen, d.h. der erste Kontakt soll nicht mit dem Helm ausgeführt werden.

o) Kein Spieler soll einen PASSER angreifen, wenn es offensichtlich ist, daß der Ball bereits geworfen wurde oder ihn zu Boden werfen.

p) CHOP BLOCKS sind verboten.

STRAFE: 15 Meter und ein FIRST DOWN für Team-B-Fouls, soweit der FIRST DOWN nicht im Widerspruch zu anderen Regeln steht (S 34, S 38, S 39, S 40, S 41, S 45 oder S 46). Urheber schwerer Fouls sollen disqualifziert werden (S 47).

Artikel 3   ROUGHING oder RUNNING gegen den KICKER oder BALLHALTER

a) Wenn es offensichtlich ist, daß ein SCRIMMAGE KICK gemacht werden soll, so darf kein Gegner den KICKER oder den BALLHALTER eines PLACE KICK umrennen (RUNNING) oder mit übertriebener Härte (ROUGHING) angreifen.

1. Übertriebene Härte ist ein persönliches Foul, das den KICKER oder BALLHALTER gefährdet.

2. Das Umrennen oder Überrennen eines KICKERS oder BALLHALTERS ist ein Foul, das sich ereignet, wenn diese Spieler zwar von ihren KICK-ING- oder Ballhaltepositionen verdrängt wurden, aber nicht durch übertriebene Härte gefoult wurden.

3. Unabsichtlicher Kontakt mit dem KICKER oder BALLHALTER Ist kein Foul.

4. Der KICKER und der BALLHALTER müssen vor Verletzungen geschützt werden, aber ein Kontakt, der sich beim oder nach dem Berühren des Balles beim SCRIMMAGE KICK ereignet, ist keine übertriebene Härte oder Umrennen des KICKERS.

5. Der KICKER eines SCRIMMAGE KICKS verliert seinen Schutz als KICKER, nachdem er eine angemessene Zeit hatte, um seine Balance wiederzuerlangen.

6. Ein DEFENSE-Spieler, der durch ein Mitglied des KICK-Teams gegen einen KICKER oder BALLHALTER geblockt wurde, ist nicht vom Vorwurf des Umrennens oder der übertriebenen Härte gegen den KICKER befreit.

7. Ein Spieler, ausgenommen der eine, der einen Ball beim SCRIMMAGE KICK berührt, einen KICKER oder BALLHALTER umrennt oder mit übertriebener Härte angreift, nachdem der KICK abgeblockt wurde, begeht ein Foul.

STRAFE: 5 Meter vom PREVIOUS SPOT für ein Umrennen des KICKERS oder BALLHALTERS. 15 Meter vom PREVIOUS SPOT und FIRST DOWN wegen übertriebener Härte gegen einen KICKER oder BALLHALTER (S 30). Urheber schwerer Fouls sollen disqualifiziert werden (S 47).

b) Ein KICKER oder BALLHALTER, der vortäuscht, daß er durch einen DEFENSE-Spieler umgerannt oder mit übertriebener Härte angegriffen wurde, begeht eine unfaire Handlung.

c) Der KICKER eines FREE KICK darf nicht geblockt werden, bis er sich ca. 5 Meter hinter seiner RESTRAINING LINE befindet oder der Ball beim KICK einen Spieler, einen Schiedsrichter oder den Boden berührt hat.

STRAFE: 15 Meter vom PREVIOUS SPOT (S 27).

Artikel 4   Illegale Behinderung

a) Kein Ersatzspieler, Trainer, berechtigte Begleiter oder eine Person, die den Regeln unterliegt und kein Spieler oder Schiedsrichter ist, darf in irgendeiner Weise den Ball oder einen Spieler beeinträchtigen, während der Ball im Spiel ist.

b) Die Teilnahme von 12 oder mehr Spielern am Spiel ist eine illegale Teilnahme.

STRAFE: 15 Meter von dem ENFORCEMENT SPOT aus, der dem angegriffenen Team den größten Vorteil bietet.

Der REFEREE soll jede Strafe, die er in Betracht zieht, gerecht durchführen, einschließlich der Anerkennung eines Punktes (S 27, S 28, S 47).

c) Personen, die nicht den Regeln unterliegen, dürfen in keiner Weise den Ball oder einen Spieler beeinträchtigen, während der Ball im Spiel ist.

d) Alles andere, ausgenommen Personen, die den Regeln unterliegen und solche, die nicht den Regeln unterliegen, beeinträchtigt in irgendeiner Weise den Spieler oder den Ball im Spiel.

STRAFE: Der REFEREE darf den DOWN wiederholen lassen oder jede Aktion, die er erwägt, gerecht durchführen, einschließlich der Anerkennung eines PUNKTES.

Artikel 5   Behinderung der Spieldurchführung

a) Während der Ball sich im Spiel befindet, dürfen Trainer, Ersatzspieler und authorisierte Begleiter in der TEAM-ZONE sich nicht zwischen den Seitenlinien und der COACHING LINE aufhalten.

b) Die Durchführung der Regel 9-1-5-a sieht folgendes vor:

1. wurde die Zone zwischen Seitenlinie und COACHING LINE durch einen Trainer, Spieler oder eine andere Person, die sich berechtigt in der TEAM-ZONE aufhält, verletzt, so soll ein Spielschiedsrichter den Haupttrainer informieren, daß er eine ERSTE oder ZWEITE Verwarnung erhalten hat.

2. Der Schiedsrichter notiert den Zeitpunkt und den Spielabschnitt der Verwarnung.

3. Nach einer ZWEITEN Verwarnung unterrichtet der Schiedsrichter den Haupttrainer, daß er die ZWEITE Verwarnung erhalten hat und daß der nächsten Verletzung eine 5-Meter-Strafe folgt.

4. Nach einer 5-Meterstrafe unterrichtet der Schiedsrichter den Haupttrainer, daß er ZWEI Verwarnungen und eine 5-Meterstrafe erhalten hat und für die nächste Verletzung eine 15-Meterstrafe erhält.

5. Der REFEREE soll für die Erteilung einer Seitenlinienverwarnung die Uhr anhalten (S 15).

STRAFE: 5 Meter nach ZWEI offiziellen aufeinanderfolgenden Verwarnungen eines Spiel-Schiedsrichters und 15 Meter für jedes darauffolgende Foul. Wird als DEAD BALL-Foul geahndet S 29).

A b s c h n i t t 2   Fouls ohne Kontakt

Artikel 1   Unsportliches Verhalten

Unsportliches Verhalten oder eine Tätigkeit, die geeignet ist, die ordnungsgemäße Durchführung des Spieles zu beeinträchtigen seitens der Spieler, Ersatzspieler, Trainer, berechtigten Begleitern oder anderen Personen, die den Regeln unterliegen, sollen während des Spieles und zwischen den Spielabschnitten unterbleiben.

a) Spezielle verbotene Tätigkeiten oder Verhalten beinhalten:

1. Kein Spieler, Ersatzspieler, Trainer, berechtigte Begleiter oder andere Personen, die den Regeln unterliegen, sollen abfällige oder beleidigende Bemerkungen gegen Schiedsrichter oder Spieler machen oder Spieler oder Zuschauer zu einem Verhalten gegen einen Schiedsrichter auffordern oder anstiften.

2. Ist ein Spieler verletzt, so können Helfer auf das Spielfeld kommen, um dem Spieler zu helfen, sie müssen aber die Erlaubnis eines Schiedsrichters abwarten.

3. Personen, die den Regeln unterliegen, ausgenommen Spieler, Schiedsrichter oder Ersatzspieler dürfen das Spielfeld oder die Endzonen zu keiner Zeit ohne die Zustimmung des REFEREE betreten

AUSNAHME: Regel 3-3-5.

4. Nachdem Punkte erzielt wurden oder nach einem anderen Spielzug muß der ballbesitzende Spieler den Ball sofort zu einem Schiedsrichter bringen oder ihn in der Nähe des DEAD-BALL-SPOT liegen lassen. Daher ist folgendes verboten:
    a) den Ball aus dem Spielfeld oder den Endzonen zu nehmen,
    b) KICKEN oder Werfen des Balles über eine Distanz, die es erforderlich macht, daß ein Schiedsrichter den Ball zurückholen muß,
    c) den Ball auf den Boden zu werfen,
    d) den Ball hoch in die Luft zu werfen,
    e) ein unsportliches Verhalten oder Tätigkeiten, die das Spiel verzögern,

5. Kein Spieler oder Ersatzspieler soll Worte, Gesten oder Handlungen, die einen Verletzungswillen hervorrufen könnten, tätigen, das beinhaltet:
    a) das Ausholen mit Hand oder Arm und Verfehlen des Gegners oder Treten und Verfehlen des Gegners,
    b) mit dem Ball gegen einen Gegner zeigen,
    c) Verbales Reizen des Gegners,
    d) Anstachelung eines Gegners in jeder anderen Art und Weise.

6. Kein Ersatzspieler darf das Spielfeld oder die Endzone mit einer anderen Absicht als dem Ersetzen eines Spielers betreten. Dies gilt auch für Darstellungen nach jedem Spielzug.

7. Lärm von Personen, einschließlich Spielkapellen, die den Regeln unterliegen, der es einem Team unmöglich macht, seine Spielanweisungen zu hören.
    STRAFE: 15 Meter (S 7 und S 27). SUCCEEDING SPOT, wird als DEAD BALL-Foul gahndet. Urheber schwerer Fouls, ob Spieler oder Ersatzspieler, sollen disqualifiziert werden (S 47).

b) Andere verbotene Tätigkeiten beinhalten:

1. Während des Spiels sollen Trainer, Ersatzspieler und berechtigte Begleiter in der TEAM-ZONE sich nicht auf dem Spielfeld oder außerhalb der 25-Meterlinien ohne die Erlaubnis des REFEREE aufhalten, außer dem legalen Verlassen oder Betreten des Feldes.
    AUSNAHME: Regel 3-3-8-c

2. Kein disqualifizierter Spieler darf das Spielfeld betreten.
    STRAFE: 15 Meter (S 7 und S 27). SUCCEEDING SPOT, wird als DEAD BALL-Foul geahndet. Urheber schwerer Fouls sollen disqualifiziert werden (S 47).

Artikel 2   Unfaire Taktiken

a) Kein Spieler soll den Ball unter seiner Kleidung verbergen oder ihn gegen einen anderen Gegenstand umtauschen.

b) Kein vorgetäuschtes Ersatzstück oder Gegenstand darf benutzt werden, um einen Gegner zu täuschen.
    STRAFE: 15 Meter von dem Punkt aus, der dem angegriffenen Team den größten Vorteil bietet. Urheber schwerer Fouls sollen disqualifiziert werden, egal ob Spieler oder Ersatzspieler (S 47).

Artikel 3   Unfaire Tätigkeiten

a) Der REFEREE darf eine Strafe, die er in Betracht zieht, gerecht durchführen, eingeschlossen der Anerkennung eines Punktes:
  1. Wenn ein Team sich weigert, innerhalb von ZWEI Minuten nachdem der REFEREE das Team zum Spielen aufgefordert hat, zu spielen.
  2. Wenn ein Team wiederholt Strafen begeht, die nur durch die Halbierung der Strafe zu ihrer Endzone bestraft werden können.
  Der REFEREE soll das Spiel, nach einer Verwarnung, für den Gegner nach einer 9-2-3-a-1- und -2-Regelverletzung abbrechen.

b) Der REFEREE darf eine Strafe, die er in Betracht zieht, gerecht durchführen, einschließlich der Anerkennung eines Punktes, wenn ein offensichtlich unfairer Akt begangen wurde, der nicht speziell in den Regeln aufgeführt ist und sich während des Spiels ereignet.

A b s c h n i t t 3   Blocken, Gebrauch von Hand und Arm

Artikel 1   Wer darf blocken

Spieler jedes Teams dürfen gegnerische Spieler blocken, vorausgesetzt es handelt sich nicht um Vorwärts-PASS-Behinderung oder um eine Behinderung beim Fangen eines Balles beim KICK oder um ein persönliches Foul.

Artikel 2   Behinderung für oder Hilfe für den Ballträger

a) Der Ballträger oder der PASSER darf seine Hände oder Arme benutzen, um einen Gegner abzuwehren oder zu schieben.

b) Der Ballträger darf kein Teammitglied ergreifen und kein anderer Spieler seines Teams darf den Ballträger ergreifen, drücken, anheben oder in irgendeiner Weise ihm in seiner Vorwärtsbewegung helfen.

c) Teammitglieder dürfen andere Spieler durch Wegblocken für einen Ballträger oder PASSER behindern, aber sie dürfen sich dabei nicht durch Greifen oder Umfassen miteinander in einer Weise verhaken, während sie einen Gegner berühren.
STRAFE: 5 Meter (S 44).

Artikel 3   Gebrauch von Hand und Arm durch OFFENSE-Spieler

a) Ein Teammitglied eines Ballträgers oder eines PASSES darf mit seinen Schultern, Händen, Außenseiten der Arme oder einem Teil seines Körpers unter folgenden Voraussetzungen legal blocken:
  1. Die Hand (Hände) sollen sich:
    a) vor dem Ellenbogen befinden,
    b) innerhalb des Rahmens des Körpers des Blockers befinden,
    c) innerhalb des Rahmens des gegnerischen Körpers befinden
    AUSNAHME: Wenn der Gegner dem Blocker den Rücken zukehrt.
    d) an oder unter den Schultern des Blockers und des Gegners befinden.
    AUSNAHME: Wenn der Gegner sich duckt, bückt oder untertaucht.

2. Die Hand (Hände) soll geöffnet sein und die Handfläche(n) soll dem Rahmen des Körpers des Gegners zugewandt sein oder sollen geschlossen oder gewölbt sein, wobei die Handfläche(n) nicht dem Gegner zugewandt sind.
STRAFE: 5 Meter vom BASIC SPOT. 5 Meter vom PREVIOUS SPOT, wenn das Foul hinter der neutralen Zone während eines legalen Vorwärts-PASSES passiert (S 43).

b) Halten oder illegales Behindern durch einen Mitspieler des Ballträgers oder PASSERS findet Anwendung in 9-3-3-a und -b:
1. Die Hand (Hände) und der (die) Arm(e) dürfen nicht benutzt werden, um einen Gegner zu ergreifen, zu ziehen oder so zu umfassen, daß er illegal behindert wird.
2. Die Hand (Hände) oder Arm(e) dürfen nicht benutzt werden, um einen Gegner festzuhaken, zu sperren oder zu klammern oder in sonst einer Weise illegal zu behindern oder zu blockieren.
STRAFE: 10 Meter vom BASIC SPOT. Passiert das Foul hinter der neutralen Zone, so 10 Meter vom PREVIOUS SPOT (S 42).

c) Die folgenden Tätigkeiten eines Teammitgliedes des Ballträgers oder des PASSERS sind illegal:
1. Hand (Hände) oder Arm(e) dürfen nicht benutzt werden, um einen Schlag auszuführen.
2. Während eines Blocks dürfen die Hände NICHT verschränkt sein.
STRAFE: 15 Meter vom BASIC SPOT (S 38). Verursacher schwerer Fouls sollen disqualifiziert werden (S 47).

d) Ein CRAB- oder CROSS BODY-Block ist legal, wenn es keinen Kontakt mit Händen oder Armen gibt.
STRAFE: 5 Meter (S 43).

e) Ein Spieler des Kick-Teams darf:
1. Während eines SCRIMMAGE KICKS seine Hand (Hände) und/oder Arm(e) benutzen, um einen Gegner abzuwehren, der versucht, ihn zu blocken, wenn er sich jenseits der neutralen Zone befindet,
2. während eines FREE KICK-Spielzuges seine Hand (Hände) und/oder Arm(e) benutzen, um einen Gegner abzuwehren, der versucht, ihn zu blocken,
3. während eines SCRIMMAGE KICKS seine Hand (Hände) und/oder Arm(e) legal benutzen, um einen Gegner zu drücken, bei dem Versuch an einen freien Ball zu gelangen, wenn er berechtigt ist, einen Ball zu berühren,
4. während eines FREE KICK-Spielzuges seine Hand (Hände) und/oder Arm(e) legal benutzen, um einen Gegner wegzudrücken, bei dem Versuch, einen freien Ball zu erreichen.

f) Ein Spieler des PASSING-Teams darf seine Hand (Hände) und/oder seine(n) Arm(e) legal benutzen, um einen Gegner wegzudrücken oder abzuwehren, bei dem Versuch, an einen freien Ball zu gelangen, nachdem ein legaler Vorwärts-PASS von einem Spieler berührt wurde.

Artikel 4   Gebrauch von Händen und Armen durch DEFENSE

a) DEFENSE-Spieler dürfen, bei dem Versuch an den Ballträger zu gelangen, Hände und Arme benutzen, um einen OFFENSE-SPIELER wegzudrücken, zu ziehen, zu ergreifen oder anzuheben.

b) DEFENSE-Spieler dürfen die Hände oder Arme NICHT benutzen, um einen Gegner, ausgenommen den Ballträger, zu tackeln, zu halten oder sonst in einer Weise illegal zu behindern.
   STRAFE: 10 Meter vom BASIC SPOT (S 42).

c) DEFENSE-Spieler dürfen OFFENSE-Spieler, die offensichtlich versuchen, ihn zu blocken, wegdrücken, stoßen, ziehen oder anheben. DEFENSE-Spieler dürfen einen berechtigten PASS-RECEIVER abwehren, legal blocken oder stoßen, bis sich dieser Spieler auf derselben Meterlinie wie der DEFENDER befindet oder wenn der Gegner ihn möglicherweise blocken könnte. Fortwährender Kontakt ist verboten (Regel 7-3-8-c).
   STRAFE: 5 Meter (S 43).

d) Wenn kein Versuch gemacht wird, an den Ball oder den Ballträger zu gelangen, dann müssen DEFENSE-Spieler sich nach Regel 9-3-3-a, -b, -c richten.
   AUSNAHME: Das Aus-dem-Weg-drücken eines OFFENSE-Spielers, um einem Teammitglied die Möglichkeit zu geben, einen Ballträger zu erreichen oder einen KICK zu blocken ist nur dann DEFENSE-HOLDING, wenn der DEFENSE-Spieler sich anhängt oder einen Gegner mit sich zu Boden zieht).
   STRAFE: 5, 10, 15 Meter vom BASIC SPOT (S 43, S 42 oder S 38).

e) Wenn ein legaler Vorwärts-PASS, während eines Vorwärts-PASS-Spiels, die neutrale Zone kreuzt und ein KONTAKT-Foul, das keine PASS-BEHINDERUNG ist, begangen wird, dann ist der ENFORCEMENT SPOT der PREVIOUS SPOT. Das schließt Regel 9-3-4-c ein.
   STRAFE: 5, 10 oder 15 Meter und FIRST DOWN, wenn das Foul gegen einen berechtigten RECEIVER begangen wurde, bevor der Ball geworfen wurde (S 43, S 42 oder S 38).

f) Ein DEFENSE-Spieler darf seine Hand oder den Arm legal benutzen, um einen Spieler wegzudrücken oder zu stoßen, bei dem Versuch, einen freien Ball zu erreichen:

   1. während eines Rück-PASSES, FUMBLE oder eines KICKS, bei dem er berechtigt ist, den Ball zu berühren,

   2. während jedes VORWÄRTS-PASSES, der die neutrale Zone kreuzt und durch einen Spieler berührt worden ist.

Artikel 5   Einschränkung der DEFENSE

a) Kein DEFENSE-Spieler darf sich vor dem SNAP mit seinen Füßen auf den Rücken oder die Schultern eines Teammitgliedes stellen.
   STRAFE: DEAD BALL-Foul 15 Meter (S 27).

b) Bei dem Versuch, einen KICK abzublocken, darf kein DEFENSE-Spieler:
1. auf einen Gegner oder ein Teammitglied treten, stehen oder springen,
2. seine Hand (Hände) auf ein Teammitglied stützen, um sich durch die Hebelkraft eine zusätzliche Erhöhung zu verschaffen,
3. von einem Teammitglied hochgehoben werden.
STRAFE: 15 Meter BASIC SPOT (S 27)

Artikel 6   Wenn der Ball frei ist

Wenn der Ball frei ist, dann darf kein Spieler einen Gegner ergreifen, ziehen oder tackeln oder ein persönliches Foul verursachen.
STRAFE: 10 oder 15 Meter vom BASIC SPOT (Regeln 10-2-2-c, -c, -e, -f) (S 38 oder S 42).

A b s c h n i t t 4   Schlagen und KICKEN

Artikel 1   Schlagen eines freien Balles

a) Während sich der Ball beim PASS im Flug befindet, darf jeder Spieler, der berechtigt ist, den Ball zu berühren, den Ball in jede Richtung schlagen.
b) Jeder Spieler darf auf dem Spielfeld oder in der Endzone einen SCRIM-MAGE KICK abblocken.
c) Kein Spieler soll andere freie Bälle in das Spielfeld oder in eine andere Richtung schlagen, wenn der Ball sich in der Endzone befindet.
STRAFE: 15 Meter vom BASIC SPOT oder PREVIOUS SPOT und Verlust eines DOWN (Regel 10-2-2-c, -d, -e, -f) (S 31).

Artikel 2   Schlagen eines Rück-PASSES

Ein Rück-PASS, bei dem der Ball sich im Flug befindet, soll nicht durch ein Mitglied des PASS-Teams nach vorne geschlagen werden.
STRAFE: 15 Meter vom BASIC SPOT oder PREVIOUS SPOT (Regel 10-2-2-c) (S 31)

Artikel 3   Schlagen des Balles in Besitz

Ein Ball im Besitz eines Spielers darf nicht von einem Spieler dieses Teams vorwärts geschlagen werden.
STRAFE: 15 Meter vom BASIC SPOT oder PREVIOUS SPOT (Regel 10-2-2-c) (S 31).

Artikel 4   Illegales Treten des Balles

Ein Spieler soll einen freien Ball, einen Ball beim Vorwärts-PASS oder einen Ball, der von einem Gegner für einen PLACE KICK gehalten wird, nicht treten. Diese illegalen Tätigkeiten ändern den Status eines freien Balles bzw. eines Vorwärts-PASSES nicht, aber wenn der Spieler, der einen Ball für einen PLACE KICK hält, den Ball verliert, dann ist das ein FUMBLE und der Ball ist frei; passiert das beim FREE KICK, dann bleibt der Ball „tot“.
STRAFE: 15 Meter vom BASIC oder PREVIOUS SPOT, ebenso DOWN-Verlust (Regel 10-2-2-c, -d, -e, -f) (S 9 und S 31).

Regel 10

Durchführung der Strafen

A b s c h n i t t 1 Vervollständigen der Strafen

Artikel 1 Wie und wann vollständig

Eine Strafe ist vollständig, wenn sie angenommen, abgelehnt oder nach der Regel aufgehoben wird oder wenn dem REFEREE die günstigste Wahl offensichtlich ist.
Jede Strafe kann abgelehnt werden, aber ein disqualifizierter Spieler muß das Spiel verlassen.wenn ein Foul zu einer anderen Zeit, als nach einem TOUCH-DOWN, bevor der Ball „spielfertig" ist zum Zusatzversuch, begangen wurde, so soll die Strafe vervollständigt werden, bevor der Ball für jedes folgende Spiel für „spielfertig" erklärt wird.
AUSNAHME: Regel 10-2-2-g-2 TOUCHDOWN.

Artikel 2 Gleichzeitig mit dem SNAP

Ein Foul, das gleichzeitig mit dem SNAP oder einem FREE KICK begangen wird, wird gewertet, als sei es während dieses DOWN geschehen.

Artikel 3 LIVE BALL-Fouls durch dasselbe Team

Werden dem REFEREE zwei oder mehrere LIVE BALL-Fouls, die von dem gleichen Team begangen wurden, mitgeteilt, so soll der REFEREE dem TEAM CAPTAIN des angegriffenen Teams die alternativen Strafen erklären. Der TEAM CAPTAIN muß dann entscheiden, welche EINE Strafe von diesen Strafen er annehmen will.
AUSNAHME: Wenn ein Foul (oder Fouls) wegen unsportlichen Kontaktes (Fouls ohne Kontakt) begangen wird, so wird die Strafe (oder Strafen) vom SUCCEED-ING SPOT ausgeführt, wenn der SPOT durch die Annahme oder Ablehnung einer Strafe für ein anderes Foul festgesetzt wurde).

Artikel 4 Aufhebende Fouls

Werden dem REFEREE LIVE BALL-Fouls von beiden Teams mitgeteilt, so ist jedes Foul ein aufhebendes Foul und die Strafen werden gegeneinander aufgehoben, der Versuch wird wiederholt.
AUSNAHME:
1. Wenn der Team-Ballbesitz während eines DOWN oder am Ende des DOWN nach der Regel wechselt, so kann das Team, das zuletzt Ballbesitz erlangt hat, aufhebende Fouls ablehnen und dadurch, nach der Vervollständigung der Strafe ihres Regelverstoßes, den Ball behalten, es sei denn, das Foul wurde begangen, bevor Ballbesitz erlangt wurde.
2. Wenn Team-B's Foul der POSTSCRIMMAGE ENFORCEMENT ist, dann kann Team-B aufhebende Fouls ablehnen und die POSTSCRIMMAGE KICK ENFORCEMENT annehmen.

3. Wenn ein LIVE BALL Foul als DEAD BALL-Foul geahndet wird, dann hebt das keine anderen Fouls auf und ist in der Reihenfolge des Geschehens durchzuführen.

Artikel 5   DEAD BALL-Fouls

Strafen für DEAD-BALL-Fouls werden gesondert und in der Reihenfolge ihres Geschehens geahndet.

AUSNAHME: Wenn zwei DEAD BALL-Foul von beiden Teams gemeldet werden und die Reihenfolge kann nicht bestimmt werden, dann heben sich die Fouls auf, die Nummer oder der Typ des DOWNS, der festgesetzt wurde, bevor die Fouls passierten, bleiben unberührt und die Strafen werden nicht beachtet, außer daß ein disqualifizierter Spieler das Spielfeld verlasen muß (Regel 10-2-2-a und 5-2-6).

Artikel 6   LIVE BALL-Fouls — DEAD BALL-Fouls

Wenn ein LIVE BALL-Foul durch ein Team, einem oder mehreren DEAD BALL-Fouls (oder LIVE BALL-Fouls, die als DEAD BALL-Fouls geahndet werden) eines Gegners oder desselben Teams folgt, so sind die Strafen einzeln und in der Reihenfolge ihres Geschehens durchzuführen.

Artikel 7   Fouls in Unterbrechungen

a) Fouls, die in verschiedenen DOWN-Unterbrechungen zwischen der Erzielung eines TOUCHDOWN und dem nachfolgenden KICK OFF geschehen, sollen in der Reihenfolge ihres Geschehens durchgeführt werden.

b) Fouls, die sich zwischen dem Spielende und dem Start einer Nachspielzeit ereignen, werden von der 25-Meterlinie durchgeführt, dem Punkt der ersten Serie.

A b s c h n i t t 2   Vorgehen bei der Straf-Durchführung

Artikel 1   SPOTS

Die ENFORCEMENT SPOTS sind: der PREVIOUS SPOT, der SPOT-OF-FOUL, der SUCCEEDING SPOT, der Punkt an dem der KICK endet und der Punkt, an dem der Lauf endet.

Artikel 2   Vorgehen

Wurde in einer Regelstrafe kein ENFORCEMENT SPOT festgelegt, soll wie folgt vorgegangen werden:

a) DEAD BALL — Der ENFORCEMENT SPOT für ein Foul, das begangen wurde, nachdem der Ball „tot" war, ist der SUCCEEDING SPOT.

b) SNAP oder FREE KICK — Der ENFORCEMENT SPOT für Fouls, die gleichzeitig mit dem SNAP oder dem FREE KICK geschehen, ist der PREVIOUS SPOT.

c) Laufspielzüge — Die BASIC-ENFORCEMENT SPOTS für Fouls, die sich während Laufspielzügen im Spielfeld oder in einer Endzone ereignen sind:

1. endet der Lauf jenseits der neutralen Zone, so ist der BASIC-ENFORCEMENT SPOT der Punkt, an dem der Lauf wirklich endet (Regel 2-25-10-a)
   AUSNAHMEN: Regel 9-1-2-d und 9-3-3-a und -f.

2. endet der Lauf hinter der neutralen Zone vor dem Wechsel des Team-Ballbesitzes, so ist der BASIC-ENFORCEMENT SPOT der PREVIOUS SPOT (Regel 2-25-10-b)
   AUSNAHMEN: Regeln 9-1-2-d und 9-3-3-a und -b.

3. Gibt es keine neutrale Zone, dann ist der BASIC-ENFORCEMENT SPOT der Punkt, an dem der Lauf wirklich endet (Regel 2-25-10-e).

d) PASS-Spielzüge — Der BASIC-ENFORCEMENT SPOT für Fouls während einem legalen Vorwärts-PASS-Spiels ist der PREVIOUS SPOT.
AUSNAHMEN: Team-B-PASS-Behinderungs-Foul sind Regel 9-1-2-d und 9-3-3-a, -b-Fouls.

e) KICK-Spiele — Der BASIC-ENFORCEMENT SPOT für Fouls, die während eines legalen FREE KICK oder SCRIMMAGE KICK begangen werden, bevor Ballbesitz erlangt oder wiedererlangt wurde oder wenn der Ball regelgemäß „tot" erklärt wird, ist der PREVIOUS SPOT
AUSNAHMEN: Regeln 9-1-2-d und 9-3-3-a, -b.
AUSNAHMEN:

1. Behinderung der Möglichkeitsgewährung beim Fangen des Balles — SPOT OF FOUL (Regel 6-4-1).

2. Team-A schlägt einen freien Ball während eines SCRIMMAGE KICKS hinter Team-B's GOAL LINE — LIVE BALL-Foul und TOUCHBACK.

3. Ein Block oder Foul eines Team-B-Spielers, der während eines FREE KICK ein gültiges, ungültiges oder illegales FAIR CATCH-Signal macht, aber nicht den Ball berührt — SPOT-OF-FOUL (Regel 6-5-4).

4. Illegales FAIR CATCH-Signal während eines FREE KICK — SPOT-OF-Foul (Regel 6-5-3).

5. POSTSCRIMMAGE KICK-ENFORCEMENT — Der BASIC-ENFORCMENT SPOT Ist der Punkt, an dem der KICK endet, wenn ein Team-B-Foul passiert:
   a) während eines SCRIMMAGE KICK-Spiels, außer eines Zuatzversuches,
   b) während eines KICKS, bei dem der Ball die neutrale Zone kreuzt,
   c) jenseits der neutralen Zone,
   d) sofort nach dem Ende des KICKS.

6. Der ENFORCEMENT SPOT für illegale Teilnahme während eines FREE SCRIMMAGE KICK-Spiels ist der Punkt, der dem angegriffenen Team den größtmöglichen Vorteil bietet (Regel 9-1-4).

7. Regel 9-1-2-d und 9-3-3-a und -b-Fouls hinter der neutralen Zone.

f) hinter der GOAL LINE:

1. Der ENFORCEMENT SPOT für Fouls des Gegners des ballbesitzenden Teams, nach einem Wechsel des Ballbesitzes im Spielfeld, ist die GOAL-LINE, wenn der Lauf hinter der GOAL-LINE endet. Es ist dann ein SAFETY, wenn kein Foul passierte.
AUSNAHME: Regel 8-5-1.

2. Der BASIC-ENFORCEMENT SPOT für Fouls, die nach einem Team-Ballbesitz-Wechsel in der Endzone passieren und bei denen der Ball in der Endzone verbleibt und dort für „tot" erklärt wird, ist die 20-Meterlinie. Diese Fouls sind LIVE-BALL-Fouls. TOUCHBACK, wenn kein Foul passiert.

g) Fouls, die in der Zeit zwischen den Spielunterbrechungen begangen werden — nachfolgende KICK OFFS:

1. Wenn ein Foul nach einem TOUCHDOWN und bevor der Ball zum Zusatzversuch „spielfertig" ist, begangen wird, so wird die Strafe vom SUCCEEDING SPOT aus durchgeführt.

2. Distanzstrafen für Fouls des Gegners des ballbesitzenden Teams während eines Spielzuges, der in einem TOUCHDOWN, einem FIELD GOAL oder einem erfolgreichen Zusatzversuch (TOUCHDOWN oder KICK) endet, werden beim nachfolgenden KICK OFF geahndet. Alle DEFENSE-PASS-Behinderungs-Fouls werden mit 15 Meter vom SUCCEEDING SPOT aus bestraft. Wie auch immer das FIELD GOAL oder der erfolgreiche Zusatzversuch (Regel 8-3-3) kann abgelehnt werden und die Strafe der Regel gemäß durchgeführt werden.
AUSNAHME: Regel 10-2-2-e-5.

3. Fouls, die in verschiedenen DOWN-Unterbrechungen zwischen der Erzielung eines TOUCHDOWN und dem nachfolgenden KICK OFF begangen werden, sollen in der Reihenfolge ihres Geschehens geahndet werden.

4. Distanzstrafen für Fouls des RECEIVING-Teams sollen die RESTRAINNING LINE des RECEIVING TEAMS nicht bis hinter ihre 5-Meterlinie zurückbringen. Fouls, die die RESTRAINING LINE hinter dessen 5-Meterlinie bringen würde, werden vom SUCCEEDING SPOT durchgeführt.

Artikel 3   Verfahren bei der Durchführung der Distanzhalbierung

Keine Distanzstrafe soll die Hälfte der Distanz vom ENFORCEMENT SPOT bis zur GOAL LINE des verursachenden Teams überschreiten.
AUSNAHME: DEFENSE-PASS-Behinderungs-Strafen, mit Ausnahme solcher, die auf oder näher als der Zwei-Meterlinie geahndet werden).

Regel 11

Die Schiedsrichter

Zuständigkeit und Pflichten

A b s c h n i t t 1 Generelle Zuständigkeiten

Artikel 1 Zuständigkeit der Schiedsrichter

Die Rechtsprechung der Schiedsrichter beginnt mit dem vorgesehenen Münzwurf in der Spielfeldmitte und endet dann, wenn der REFEREE das Endergebnis verkündet.

Artikel 2 Anzahl der Schiedsrichter

Das Spiel soll unter der Aufsicht von vier, fünf, sechs oder sieben Schiedsrichtern gespielt werden: einem REFEREE, einem UMPIRE, einem LINESMAN, einem LINE JUDGE, einem BACK JUDGE, einem FIELD JUDGE und einem SIDE JUDGE. Das Vorhandensein eines BACK JUDGE, FIELD JUDGE und SIDE JUDGE ist freiwillig.

Artikel 3 Verantwortlichkeiten

a) Jeder Schiedsrichter ist selbst verantwortlich für seine Kenntis der zu erreichenden Meter, der Nummer des DOWNS, der bewilligten TIME OUTS, das „Tot"-Erklären des Balles, der festgesetzten Punkte, dem Gebrauch eindeutiger Zeichen, der Kenntnis der Regeln und dem richtigen Benutzen der anerkannten Football-Handzeichen.

b) Die dazu bestimmten Schiedsrichter sollen die Position oder die Nummer eines Spielers, der ein Foul verursacht hat, dem Trainer anzeigen.

c) Alle Schiedsrichter sind für Entscheidungen, die die Anwendung einer Regel, ihre Interpretation oder Durchführung betreffen, verantwortlich.

d) Die bestimmten CREW-Mitglieder sind aufgefordert, sich wenigstens eine Stunde und 45 Minuten vor dem Spiel zu einer Besprechung hinsichtlich der Regeln und der Signalgebung, in den Umkleideräumen einzufinden.

e) Jeder Schiedsrichter soll eine Flagge werfen und jedes Foul, das er beobachtet, anzeigen.

f) Jeder Schiedsrichter hat spezielle Pflichten, hat aber in Bezug auf Angelegenheiten der Rechtsprechung, gleiche Zuständigkeiten.

Artikel 4 Ausrüstung

Schiedsrichter sollen eine Uniform gemäß der Schiedsrichterausrüstungsvorschrift des jeweiligen Football-Verbandes tragen. Eine Pfeife, eine Fahne, um Fouls anzuzeigen, einen Marker, um wichtige Punkte auf dem Feld anzuzeigen und eine Spielkarte, um Fouls aufzuzeichnen, gehören zur Uniform.

XVI Regelwerk

Abschnitt 2 REFEREE

Artikel 1 Grundsätzliche Verantwortlichkeiten

a) Der REFEREE hat die allgemeine Aufsicht und Kontrolle über das Spiel und leitet eine gründliche Besprechung für die CREW vor dem Spiel.

b) Der REFEREE ist die alleinige Autorität für die Anerkennung der Punkte, und seine Entscheidung über Regeln oder andere Angelegenheiten, das Spiel betreffend, sind endgültig.

c) Der REFEREE soll den Ball für „spielfertig" erklären, nachdem er festgestellt hat, ob die Spielzeituhr beim Signal „Ball bereit" oder beim SNAP gestartet wird. Der REFEREE soll den 25-Sekunden-Countdown nehmen, wenn kein anderer Schiedsrichter oder ein im Stadion befindlicher Zeitnehmer dafür benannt wurde.

d) Der REFEREE soll Strafen in der Gewißheit durchführen, daß beide TEAM CAPTAINS das Verfahren und das Ergebnis verstanden haben.

e) Der REFEREE testet die Spielbälle und sucht sie aus. Er inspiziert das Feld und benachrichtigt das Spielmanagement, die Trainer und die anderen Schiedsrichter über Unregelmäßigkeiten.

Artikel 2 Position

a) Die eigentliche Position des REFEREE bei SCRIMMAGE-Spielen ist hinter und seitlich des OFFENSE-BACKFIELD, wo es SHIFTS, legales Blocken und Spieler hinter der neutralen Zone, einschließlich des Balles beobachten kann. Der REFEREE ist für den Bereich des QUARTERBACK zuständig.

b) Bei FREE KICKS befindet sich diese Position des REFEREE in der Zone des hintersten RECEIVERS.

Abschnitt 3 UMPIRE

Artikel 1 Grundsätzliche Verantwortlichkeiten

a) Der UMPIRE hat die Aufsicht über die Ausrüstung der Spieler.

b) Der UMPIRE ist verantwortlich für das LINE-Spiel auf beiden Seiten der neutralen Zone, der Legalität der LINEMEN jenseits der neutralen Zone, Signale der DEFENSE und ob PÄSSE oder KICKS die neutrale Zone kreuzen.
Er ist auch für die Legalität des SNAP, der Anzahl der OFFENSE-Spieler und das Überprüfen der Strafdurchführung des REFEREE zuständig.

c) Der UMPIRE soll den REFEREE an die verbleibende Spielzeit in jedem Spielabschnitt erinnern.

Artikel 2 Position

a) Die eigentliche Position des UMPIRE bei SCRIMMAGE-Spielen befindet sich ca. 5—7 Meter jenseits der neutralen Zone, wo er seine Position so einnehmen soll, daß er Spieler nicht behindert.

b) Bei FREE KICKS soll sich der UMPIRE beim KICKER oder auf der RES-TRAINING LINE des KICK-TEAMS befinden.

Abschnitt 4   LINESMAN

Artikel 1   Grundsätzliche Verantwortlichkeiten

a) Der LINESMAN ist für die Bedienung der Kette und des DOWN-Anzeigers verantwortlich. Er informiert die Kettencrew, die wenigstens aus zwei Personen und einer dritten Person, die den DOWN-Anzeiger bedient, bestehen muß. Der DOWN-ANzeiger markiert die Position des Footballes.

b) Der LINESMAN hat die Aufsicht über die neutrale Zone und überwacht Übertretungen der SCRIMMAGE-Formation.

c) Der LINEMAN zeigt dem REFEREE oder dem UMPIRE die Vorwärtsbewegung an und behält die Übersicht über die Anzal der DOWNS.

d) Passiert der Ball die neutrale Zone auf der Spielfeldseite des LINESMAN, so bestimmt er die Legalität des Spieles um den Ball.

Artikel 2   Position

a) Bei SCRIMMAGE-Spielen ist die eigentliche Position des LINESMAN in der neutralen Zone gegenüber der Team-Zone des Heimteams und weit genug entfernt, um Spieler nicht zu behindern.

b) Bei FREE KICKS ist die Position des LINESMAN an der RESTRAINING LINE des RECEIVING TEAMS, gegenüber der Teamzone des Heimteams.

Abschnitt 5   LINE JUDGE

Artikel 1   Grundsätzliche Verantwortlichkeiten

a) Der LINE JUDGE hat die Aufsicht über die neutrale Zone und überwacht Übertretungen der SCRIMMAGE-Formation.

b) Der LINE JUDGE informiert einen zusätzlichen, wechselnden DOWN-Anzeiger-Bediener, der bei der Markierung der Position des Balles assistiert.

c) Ist der LINE JUDGE Mitglied einer 4-Mann-Crew, so ist er verantwortlich für die Zeitnahme des Spiels, die Überwachung des Spieluhrbedieners, der Ballperson und dem Abzählen der DEFENSE-Spieler.

d) Der LINE JUDGE zeigt dem REFEREE oder dem UMPIRE die Vorwärtsbewegung an.

e) Passiert der Ball die neutrale Zone auf der Spielfeldseite des LINE JUDGE, so bestimmt er die Legalität des Spieles um den Ball.

Artikel 2   Position

a) Bei SCRIMMAGE-Spielen ist die Position des LINE JUDGE in der neutralen Zone auf der Seite des Heimteams und weit genug entfernt, um Spieler nicht zu behindern.

b) Als Mitglied einer 4-Mann-Crew soll der LINE JUDGE während SCRIM-MAGE-KICK-FORMATIONEN eine Position, 15—20 Meter tief in dem DEFENSE-BACKFIELD einnehmen.

c) Die eigentliche Position des LINE JUDGE bei FREE KICKS in einer 6-Mann-Crew ist an der RESTRAINING-LINE des RECEIVING-TEAMS.
Als Mitglied einer 4- oder 5-Mann-Crew ist die Position des LINE JUDGE an der 10-Meterlinie des RECEIVING-TEAMS. In einer 7-Mann-Crew ist die Position des LINE JUDGE an der Seteninie der RESTRAINING-LINE des KICK-TEAMS.

A b s c h n i t t 6 BACK JUDGE

Artikel 1 Grundsätzliche Verantwortlichkeiten

a) Die Vernatwortlichkeiten des BACK JUDGE beinhalten das Abzählen des DEFENSE-Teams, Zeitnahme des Spiels, Überwachung der Regelung bei legalen PÄSSEN und KICKS und den Status des Balles in seiner Zone.

b) Der BACK JUDGE überwacht berechtigte RECEIVER, die die neutrale Zone verlassen.

c) Der BACK JUDGE hat in einer 5- oder 6-Mann-Crew die Aufsicht über die Ballpersonen.

Artikel 2 Position

a) Bei SCRIMMAGE-Spielen ist die Position des BACK JUDGE, bei 5-, 6- oder 7-Mann-Crews ungefähr 20—25 Meter jenseits der neutralen Zone tief im Spielfeld, hinter dem DEFENSE-BACKFIELD. Die seitliche Position wird durch das Vorhandensein eines FIELD JUDGE oder SIDE JUDGE bestimmt.

b) Bei FREE KICKS ist die Position des BACK JUDGE in einer 5-, 6- oder 7-Mann-Crew an der Seitenlinie, in Höhe der 10-Meterlinie.

A b s c h n i t t 7 FIELD JUDGE

Artikel 1 Grundsätzliche Verantwortlichkeiten

a) Der FIELD JUDGE ist für die Zeitnahme des 25-Sekunden-Countdowns, die Überwachung berechtigter RECEIVER, KICKS und PÄSSE auf seiner Spielfeldseite verantwortlich.

b) Der FIELD JUDGE regelt den Status des Balles in seiner Zone.

c) In einer 7-Mann-Crew ist der FIELD JUDGE für die Ballpersonen verantwortlich.

Artikel 2 Position

a) Bei SCRIMMAGE-Spielen ist die Position des FIELD JUDGE in einer 6- oder 7-Mann-Crew ungefähr 15—20 Meter tief, auf der Seite der neutralen Zone, auf der die DEFENSE steht, gegenüber dem Heimteam und weit genug entfernt, um Spieler nicht zu behindern.

b) Bei FREE KICKS befindet sich der FIELD JUDGE in einer 6- oder 7-Mann-Crew an der 10-Meterlinie, auf der Seite des LINESMAN.

A b s c h n i t t 8 SIDE JUDGE

Artikel 1 Grundsätzliche Verantwortlichkeiten
a) Der SIDE JUDGE Ist verantwortlich für die Beobachtung berechtiger RECEIVER, KICKS und PÄSSE auf seiner Seite des Spielfeldes.
b) Der SIDE JUDGE assistiert dem BACK JUDGE beim Abzählen der DEFENSE-Spieler und bei der Status-Regelung des Balles in seiner Zone.
c) In einer 7-Mann-Crew ist der SIDE JUDGE für die Ballpersonen verantwortlich.

Artikel 2 Position
a) Während SCRIMMAGE-Spielen, als Mitglied einer 7-Mann-Crew, ist die Position des SIDE JUDGE ungefähr 15 Meter hinter der DEFENSE-Seite der neutralen Zone, auf der Spielfeldseite des Heimteams und weit genug entfernt, um Spieler nicht zu behindern.
b) Bei FREE KICKS postiert sich der SIDE JUDGE an der Seitenlinie an der RESTRAINING LINE des RECEIVING TEAMS.

Anhang zu den Regeln

Schiedsrichterzeichen und ihre Bedeutung

S 1 Ball „spielfertig"
S 2 Uhr starten
S 3 Time out, Schiedsrichter- oder Verletzungs-Time out (dem Zeichen folgt das Tippen auf die Brust, mit dem der Schiedsrichter anzeigt, daß dies ein offizielles Time out ist)
S 4 TV-/Radio-Time out
S 5 Touchdown, Fieldgoal, Punkt(e) nach Touchdown
S 6 Safety
S 7 Ball „tot", Touchback (Arm wird von einer Seite zur anderen Seite bewegt)
S 8 First Down
S 9 Down-Verlust
S 10 Unvollständiger Vorwärtspass, Strafe aufgehoben, kein Spiel, keine Punkte-Erzielung, Münzwahl abgelehnt
S 11 Legales Berühren eines Vorwärts-Passes oder eines Scrimmage-Kicks
S 12 Versehentliches Pfeifen (wird in Richtung zur Tribüne angezeigt)
S 13 Rücknahme der Flagge
S 14 Ende eines Spielabschnittes
S 15 Seitenlinie-Verwarnung
S 16 Erstes Berühren/illegales Berühren
S 17 Siehe Nachsatz
S 18 Offside
S 19 Illegales Verhalten, Fehlstart, illegale Formation, Encroachment
S 20 Illegaler Shift — eine Hand, illegale Bewegung — zwei Hände
S 21 Spielverzögerung
S 22 Ersatzspieler — Regelverstoß
S 23 Nichttragen vorgeschriebener Ausrüstungsteile
S 24 Illegaler Helmkontakt
S 25 Siehe Nachsatz
S 26 Siehe Nachsatz
S 27 Unsportliches Verhalten, Foul ohne Kontakt
S 28 Illegale Spielteilnahme
S 29 Seitenlinien — Behinderung
S 30 Übertriebene Härte gegenüber Kicker oder Ballhalter

S 31   Illegales Schlagen, illegales Kicken (dem Zeichen folgt das Deuten auf den Fuß für Kicken)

S 32   Ungültiges Fair-Catch-zeichen (Signal), illegales Fair-Catch-Zeichen (Signal)

S 33   Vorwärts-Pass-Behinderung, Behinderung beim Fangen eines Kick

S 34   Übertriebene Härte gegen den Passer (Werfer)

S 35   Illegaler Paß, illegale Ballübergabe nach vorne

S 36   Absichtliches Wegwerfen des Balles

S 37   Unberechtigter Passempfänger jenseits der neutralen Zone beim Pass

S 38   Persönliches Foul

S 39   Verbotenes Blocken in den Rücken (Clipping)

S 40   Blocken unterhalb der Gürtellinie, illegaler Block

S 41   Chopblock

S 42   Halten oder Behinderung

S 43   Illegales Benutzen der Hände oder der Arme

S 44   Helfen des Ballträgers, Behinderung durch Unterhaken

S 45   Greifen ins Gesichtsgitter oder der Helmöffnung

S 46   Beinstellen (Tripping)

S 47   Disqualifikation eines Spielers

Nachsatz:
Die Signale 17, 25 und 26 sind für zukünftige Erweiterungen freigelassen worden.

Wie gründe ich einen Football-Club?

Sollte Sie dieses Buch motiviert haben, selbst einen Verein zu gründen, so müssen Sie, ungeachtet allen sportlichen Eifers, doch einige Formalien beachten. Sieben muß die Schar Ihrer Mitstreiter schon umfassen, darunter geht's freilich nicht (§ 56 BGB).

I. SIE BENÖTIGEN ZUR VEREINSGRÜNDUNG:

1. Eine Satzung
2. Ein Gründungsprotokoll
3. Ein Protokoll über die Bestellung des Vorstands

1. Die Satzung

Grundsätzlich sind die von Verbänden, den örtlichen Stadtsport-bunden und auch aus diesem Buch zu erhaltenden Mustersat-zungen empfehlenswert. In diese Satzungen sind nach Art eines Lückentextes nur die notwendigen Angaben einzusetzen. Doch nicht nur derjenige, der Zeit und Muße hat, eine eigene Satzung zu verfassen, sollte wissen, welche Anforderungen das BGB an eine Satzung stellt, sowie deren Bedeutung kennen.

a) Name und Sitz
Die Satzung muß den Namen und den Sitz (in der Regel der Sitz der Geschäftsstelle) des Vereins enthalten. Der Name muß sich von den übrigen ortsansässigen Vereinen deutlich unterscheiden.

b) Zweck
Sie muß den Zweck des Vereins (Förderung des Sports ect.) ent-halten.

c) Weiterhin muß die Satzung Bestimmungen über den Eintritt und Austritt der Mitglieder enthalten.

d) Mitgliedsbeiträge

Ob und welche Mitgliedsbeiträge von den Mitgliedern zu leisten sind, können in der Satzung festgelegt werden. Dabei sollten Sie bedenken, daß die Höhe der Mitgliedsbeiträge nicht ohne Zustimmung der Mitgliederversammlung geändert werden kann. Bei der Festsetzung der Mitgliedsbeiträge sollten Sie sich darüber im klaren sein, daß Football ein recht teurer Sport ist, bzw. der Spielbetrieb recht teuer ist.

e) Vorstand

Nach § 26 BGB muß jeder Verein einen Vorstand haben. Dieser kann aus mehreren Personen bestehen. Der Vorstand vertritt den Verein inner- und außergerichtlich und ist der gesetzliche Vertreter des Vereins. Über die Wahl und die Anzahl der Vorstandsmitglieder muß die Satzung genaue Bestimmungen enthalten.

f) Mitgliederversammlung

Mindestens einmal im Jahr ist eine Mitgliederversammlung einzuberufen, die in allen Fragen, die nicht vom Vorstand geregelt werden, entscheidet.

Sie ist das zweite Entscheidungsgremium des Vereins. Über dieses, Voraussetzung unter denen die Mitgliederversammlung einzuberufen ist, sowie über die Form der Berufung und die Beurkundung der Beschlüsse, hat die Satzung genaue Bestimmungen zu enthalten. Im allgemeinen begnügt man sich, wenn nicht anders notwendig, mit einer Jahreshauptversammlung pro Jahr.

Des weiteren sollte die Satzung folgende Bestimmungen enthalten:

g) Gemeinnützigkeit

Im Allgemeinen verlangen die Finanzämter einen Passus in der Satzung, der sich wie folgt liest: „Der Verein verfolgt ausschließlich und unmittelbar gemeinnützige Zwecke im Sinne der §§ 68 ff. Abgabenordnung (AO).

Des weiteren eine Bestimmung, an welche gemeinnützige Organisation das Vereinsvermögen bei Auflösung des Vereins fallen soll. Nur unter diesen Voraussetzungen sind die Finanzämter meist bereit, einen vorläufigen Gemeinnützigkeitsbescheid auszustellen.

h) Ehrenamtlichkeit

Die Satzung sollte eine Bestimmung enthalten, daß der Vorstand ehrenamtlich arbeitet.

Dies ist im Interesse der mutigen Vereinsgründer unerläßlich, und zwar aus folgenden Gründen:

findet sich ein solcher Passus nicht in der Satzung, so kann der Vorstand auch für leichte Fahrlässigkeit bei der Geschäftsführung herangezogen werden. Andernfalls nur für grobe Fahrlässigkeit oder wenn er seine Pflichten vorsätzlich verletzt. Die gilt auch im Falle eines Konkurses, da der Vorstand in diesem Fall als Liquidator bzw. Konkursverwalter fungiert. Konkurs ist in der Vergangenheit schon vorgekommen, und so manches engagierte Vorstandsmitglied durfte zusätzlich zur investierten Arbeit auch noch mit seinem privaten Vermögen für die Schulden des Vereins haften.

Achten Sie also beim Abfassen der Satzung unbedingt darauf, daß sich ein entsprechender Zusatz in der Satzung findet.

i) Allgemeine Grundsätze

Im übrigen sollte man sich beim Abfassen der Satzung von allgemeinen Grundsätzen, sprich Toleranz und Demokratie, leiten lassen.

Dennoch hier einige Tips:

Gerade ein Verein, der sich erst im Aufbau befindet, bedarf einer straffen Führung.

Aus diesem Grunde sollte der Vorstand fest im Sattel sitzen. Man sollte sich also vorher überlegen, welche Angelegenheiten man dem Vorstand und welche man die Mitgliederversammlung regeln läßt. So sollte man sich vergegenwärtigen, daß eine Satzungsänderung laut Gesetz (§ 33 BGB) nur mit einer Mehrheit von dreivierteln der erschienenen Mitglieder möglich ist, sofern nichts anderes in der Satzung festgelegt ist. D.h. alles, was erst einmal in der Satzung steht, bleibt im allgemeinen auch darin und ist so leicht nicht mehr zu ändern.

Deshalb: so viele Regelungen in der Satzung wie nötig, aber nicht so viel wie möglich. Schließlich hat der Vorstand die Möglichkeit, verschiedene Angelegenheiten durch Verordnungen zu regeln.

Von der Möglichkeit, Vereinsstrafen zu verhängen, sollte man im allgemeinen nur im Notfall Gebrauch machen, jedoch sollte die Satzung diese Möglichkeit vorsehen. Des weiteren sollte der Vorstand im Interesse einer kontinuierlichen Arbeit mind. 2 Jahre im Amt bleiben. Außerdem sollte auf die Haftungsbeschränkung des eingetragenen Vereins hingewiesen werden.

2. Gründungsprotokoll

Nehmen wir an, eine Satzung hat sich mittlerweile eingefunden und die enthusiastische Schar der 7 Vereinsgründer ist immer noch zusammen. Man trifft sich also eines Abends zur Gründungsversammlung. Das Protokoll dieser Versammlung sollte folgendes enthalten:

a) Namen und Anschriften anwesender Personen,
b) Zweck der Versammlung, d.h. welche Beschlüsse in der Gründungsversammlung gefaßt worden sind, welche Satzung beschlossen wurde, usw.
c) Ort und Datum,
d) und sollte von den anwesenden Personen unterzeichnet sein.

3. Protokoll über die Wahl des Vorstandes

Die Wahl des Vorstandes sowie die Namen und Anschriften der gewählten Vorstandsmitglieder sind zu protokollieren und von den Anwesenden zu unterzeichnen.
Des weiteren ist die beschlossene Satzung ebenfalls von den Gründungsmitgliedern zu unterzeichnen.

II.   EINTRAGUNG IN DAS VEREINSREGISTER

Mit den erwähnten Unterlagen begeben sich die gewählten Vorstandsmitglieder zu einem Notar ihrer Wahl und melden den Verein zur Eintragung an. Der Anmeldung sind beizufügen Satzung, Gründungsprotokoll und das Protokoll über die Wahl des Vorstandes in Urschrift und Abschrift.

Das Verfahren der Eintragung ins Vereinsregister dauert in der Regel einige Monate. Also nicht ungeduldig werden, sollte sich nicht zwei Wochen später ein Brief des Amtsgerichts im Briefkasten finden. Auch vorher kann der Vorstand schon mit seiner Arbeit beginnen, jedoch beginnt erst mit dem Zusatz e.V. die Rechtsfähigkeit des Vereins. Hierzu vielleicht einige Anmerkungen zum Wesen des eingetragenen Vereins:

Der eingetragene Verein ist eine juristische Person, d.h. er ist ebenso rechtsfähig, wie eine natürliche Person, er kann also Rechtsgeschäfte tätigen, Klage erheben und verklagt werden sowie in Konkurs gehen. Am leichtesten vergleichbar ist der Verein mit einer Aktiengesellschaft. Die Mitglieder sind die Aktionäre, der Vorstand vertritt diese Mitglieder nach außen. Im Prinzip ist der Verein also auch ein kleines Unternehmen, er kann Angestellte beschäftigen, Grundstücke erwerben sowie Rechnungen ausschreiben. Wo wir gerade bei der wirtschaftlichen Betätigung des Vereins sind, direkt zum nächsten Punkt.

III. GEMEINNÜTZIGKEIT

Gleichzeitig mit der Anmeldung ins Vereinsregister sollte man sich mit einer Durchschrift der Satzung zum Finanzamt begeben und dort Gemeinnützigkeit beantragen. Die Gemeinnützigkeit ist für Sportvereine ungemein wichtig, denn sie gewährt dem Verein einige in der Anfangszeit bedeutende Steuervorteile und ist außerdem der Anreiz für spendenfreudige Unternehmen, Sportvereine zu unterstützen.

Wie bereits oben erwähnt, ist der Verein ein kleines Unternehmen und wird von den Finanzämtern ohne Gemeinnützigkeit auch so behandelt. Wenn der Verein sich wirtschaftlich betätigt, d.h. zum Beispiel Fanartikel oder Getränke verkauft oder Rechnungen für Werbeaufwand ausstellt, ist er normalerweise sowohl umsatz-, körperschafts- sowie gewerbesteuerpflichtig.

Die Gemeinnützigkeit bedeutet de facto einen Körperschaftssteuerfreibetrag von DM 5000,— sowie einen Umsatzsteuerfreibetrag von DM 20.000,—.

D.h., die Umsätze, zumindest im ersten Jahr, werden nicht durch den Fiskus geschmälert. Wichtiger ist die Gemeinnützigkeit jedoch als Einkommensquelle für den Verein. Spenden an gemeinnützige Vereine sind steuerlich absetzbar. Die Regelungen über die Ausstellung von Spendenquittungen sind jedoch von Bundesland zu Bundesland verschieden, lassen Sie sich daher vom zuständigen Finanzbeamten beraten.

IV.   MITGLIEDSCHAFTEN IN ANDEREN VERBÄNDEN

Für den neubegründeten, aufstrebenden Footballclub sind einige Mitgliedschaften unerläßlich: so natürlich an erster Stelle die Mitgliedschaft im jeweiligen Football-Landesverband, der meist auch den Vereinen in der Gründungsphase behilflich ist, weiterhin die Mitgliedschaft im jeweiligen Landessportbund. Hierzu ist ein formloser Aufnahmeantrag sowie eine Durchschrift der Satzung sowie meist ein Auszug aus dem Vereinsregister und eine Kopie des Freistellungsbescheides erforderlich. Diese Unterlagen werden von den meisten Verbänden verlangt.
Außerdem empfiehlt sich für den jungen Verein eine Mitgliedschaft im jeweiligen Stadtsportbund (die Bezeichnungen für diese Vereinigungen sind unterschiedlich). Sie sind meist beim Umgang mit Sportämtern und Behörden behilflich und helfen unnötigen Streit mit den zuständigen Ämtern zu vermeiden.
Diese Mitgliedschaften kosten natürlich etwas, jedoch sollte man diese Kosten nicht scheuen, da sie im Verhältnis zum Nutzen der Mitgliedschaft gering sind.

V.   URHEBERRECHTE

Der neugegründete Verein wird natürlich bestrebt sein, sich ein ansprechendes Äußeres zu geben, d.h. Vereinslogo, Vereinsfarben, Name, Aufkleber, etc. Meist findet sich in relativ kurzer Zeit ein genialer „Designer" im Verein, der Ihnen ein entsprechendes Logo entwirft. Hierbei sollte man darauf achten, daß dabei nicht Urheberrechte anderer Vereine oder Unternehmen verletzt werden, das wird meist teuer. Das Recht zur Verwertung der Vereinsembleme und des Namens steht alleine dem Verein zu. Hier sollte man frühzeitig daruf achten, daß keine „wilde" Verwertung der Vereinslogos entsteht, ist so etwas erst einmal eingerissen, bekommt man das sehr schwer in den Griff. Außerdem möchten wir an dieser Stelle vor übereilten Verträgen warnen, die Dritten das Recht der Verwertung von Vereinsemblemen einräumen. Prüfen Sie solche Vertragsangebote sorgfältig oder lassen Sie sie prüfen. So manches in der Gründungszeit verlockende Angebot stellte sich ein oder zwei Jahre später als schlechtes Geschäft heraus. Übrigens bedürfen die Vereinsembleme zu Ihrem gesetzlichen Schutz keiner besonderen Eintragung (Handelsregister o.ä.).

VI. ALLGEMEINES

Neugegründeten Vereinen werden immer wieder von einigen Händlern dubiose Sponsorverträge angeboten. Wir können vor diesen Verträgen aus allgemeinen rechtlichen Gründen nur eindringlich warnen. Im übrigen ist gerade das Erstausrüstergeschäft besonders interessant. Prüfen Sie daher die eingehenden Angebote genau. Nicht alles ist Gold, was im ersten Moment glänzt, und nicht immer ist das billigste Angebot das beste. Eine langfristige Zusammenarbeit mit seriösen Firmen zahlt sich oft mehr aus. Vergleichen Sie vor allem, wenn Ihnen solche Sponsorverträge angeboten werden, ob der Nutzen der angebotenen Leistung in Relation zu den Leistungen steht, die der Verein erbringen muß. Sprechen Sie mit den Händlern, so manch einer ist bereit, ohne „Sponsorvertrag" etwas für den jungen Verein zu tun.

Dasselbe gilt im übrigen für Werbeverträge. Verschachern Sie den Verein nicht frühzeitig und binden Sie sich nicht langfristig. Der Wert des Vereins wird im selben Maße steigen, wie seine Publizität zunimmt. Daher ist ebenso vor frühzeitigen „großzügigen" Angeboten zu warnen.

Lassen Sie sich nicht von eventuellen Geldsorgen zu unüberlegten Schritten hinreißen. Versuchen Sie, in Zusammenarbeit mit der Presse und mit Werbeveranstaltungen Mitglieder zu ge winnen. Bei Aufnahmeanträgen sollten Sie darauf achten, daß diese Namen und vollständige Adresse enthalten sowie rechtsgültig unterschrieben sind. Meist ist auch die Zahlungsmoral im neugegründeten Footballclub äußerst schlecht. Eine einzige gerichtliche Mahnung wirkt da Wunder.

Frühzeitig sollten Sie sich allgemeine Geschäftsbedingungen zulegen. Die Händler haben das auch, warum also nicht der Verein? Arbeiten Sie bei Bestellungen nur mit fest vereinbartem Lieferdatum. Zum Thema Geld: zur Vereinskontoeröffnung verlangen die Banken einen Auszug aus dem Vereinsregister. In der Zeit vorher ist also ein privates Konto vonnöten, für das alle Vorstandsmitglieder eine Vollmacht haben.

Im übrigen wünschen wir Ihnen für Ihr Vorhaben, einen American Footballclub zu gründen, viel Glück und Ausdauer. Aller Anfang ist schwer, sowohl sportlich als auch finanziell und im Umgang mit Behörden. Lassen Sie sich jedoch nicht entmutigen oder von Ihrem Vorhaben abbringen.

Darüber, ob Sie sich einem größeren Verein, z.B. dem örtlichen Fußballverein, als kooporative Abteilung anschließen sollten, gibt es verschiedene Auffassungen, die genauestens auf ihre Zweckmäßigkeit überprüft werden sollten. Einige Vereine haben dies in der Vergangenheit getan, einige sind gut, einige sind schlecht damit gefahren. Raten wollen wir Ihnen dazu nicht. Jedoch sollten Sie jedes Angebot eines größeren Vereins gewissenhaft prüfen, vor allem in rechtlicher und finanzieller Hinsicht.

Nachfolgend finden Sie eine Vereinssatzung als Muster.

BEISPIEL EINER

SATZUNG

I. Allgemeine Bestimmungen

§ 1
Name, Sitz, Rechtsform

Der Verein trägt den Namen American Football Club (Name) e.V., er hat seinen Sitz in (Stadt). Er wurde am (Gründungs-datum) gegründet und soll in das Vereinsregister des Amts-gerichts (Stadt) eingetragen werden.

§ 2
Zweck und Aufgaben des Vereins

1. Zweck und Aufgabe des Vereins ist die körperliche, geistige und charakterliche Bildung seiner Mitglieder — insbesondere der heranwachsenden Jugend — durch planmäßige Pflege der Leibesübungen.
2. Der Verein verfolgt ausschließlich und unmittelbar gemein-nützigen Zwecken zugunsten der Allgemeinheit im Sinne der Gemeinnützigkeitsverordnung.
3. Im Rahmen der sportlichen Betätigung und Veranstaltungen sollen das Streben nach Toleranz, die Kameradschaft und das Gemeinschaftsgefühl in der Sportgemeinschaft bei allen Mitgliedern gefördert und gefestigt und damit zugleich zur Verwirklichung des gedeihlichen Zusammenlebens des Men-schen beigetragen werden.
4. Alle Einnahmen werden ausschließlich zur Bestreitung der Ausgaben verwendet, die zur Erreichung des Vereinszwek-kes notwendig sind.

5. Etwaige Überschüsse, auch soweit sie aus einer nicht Amateur-Abteilung herrühren, sind ausschließlich den satzungsgemäßen gemeinnützigen Zwecken des Vereins zuzuführen. Hierzu kann Zweckvermögen im Sinne des § 6 der VO zur Durchführung der §§ 17 und 19 des Steueranpassungsgesetzes (Gemeinnützigkeits-VO) angesammelt werden. Der Überschuß einer nach § 5 Ziff. 4 Gemeinnützigkeits-VO gebildeten Rücklage darf zur Finanzierung des Erwerbs, der Errichtung und des Ausbaus von Turnhallen und Sportanlagen und zur Anschaffung von Sportgeräten verwendet werden.

6. Der Verein ist frei von politischen und konfessionellen Bindungen. Er unterstützt andere Organe und Einrichtungen, die der Leibeserziehung dienen.

§ 3
Vereinsvermögen

Der Verein ist berechtigt, zur Durchführung seiner Bestrebungen haupt- und nebenamtlich beschäftigte Kräfte einzustellen. Die Mitglieder können keinerlei Gewinnanteile und auch keine sonstigen Zuwendungen aus Mitteln des Vereins beanspruchen. Bei Auflösung des Vereins oder bei Beendigung der Mitgliedschaft steht den Mitgliedern kein Anspruch auf das Vereinsvermögen zu. Im Falle der Auflösung oder bei Wegfall des Vereinszweckes darf das Vereinsvermögen nur für gemeinnützige Zwecke des Sportes verwendet werden.

Bei Auflösung oder Aufhebung des Vereins ist das Vermögen zu steuerbegünstigten Zwecken zu verwenden. Beschlüsse über künftige Verwendung des Vermögens dürfen erst nach Einwilligung des Finanzamts ausgeführt werden.

§ 4
Vereinszugehörigkeit

Der Verein wird Mitglied der zuständigen Landesverbände und der Fachverbände bezüglich seiner einzelnen Abteilungen.

§ 5
Geschäftsjahr

Das Geschäftsjahr ist das Kalenderjahr.

II. Mitgliedschaft

§ 6

Der Verein hat ordentliche und außerordentliche Mitglieder.
Ordentliche Mitglieder sind:
die aktiven Mitglieder
die passiven Mitglieder über 18 Jahre
die Ehrenmitglieder

Außerordentliche Mitglieder sind:
Jugendliche, Schüler und fördernde Mitglieder
Ehrenmitglieder sind die von der Mitgliederversammlung im Rahmen der Ehrenordnung des Vereins geehrten Personen.
Als fördernde Mitglieder können juristische Personen, Handelsgesellschaften, Körperschaften des öffentlichen und privaten Rechts sowie Einzelpersonen dem Verein beitreten, ohne daß ihnen Rechte und Pflichten aus dieser Mitgliedschaft erwachsen. Sie zahlen einen einmaligen oder laufenden Betrag nach Vereinbarung.

§ 7
Erwerb der Mitgliedschaft

Als Mitglieder können Personen beiderlei Geschlechts aufgenommen werden. Minderjährige bedürfen der schriftlichen Zustimmung der gesetzlichen Vertreter. Über die Aufnahme entscheidet die Vorstandsversammlung. Die Mitgliedschaft wird mit dem Zugehen des Mitgliedausweises wirksam; sie verpflichtet zur Zahlung des Mitgliedsbeitrages.
Mit der Aufnahme unterwirft sich das Mitglied den Satzungen und Ordnungen des Vereins.

§ 8
Rechte der Mitglieder

Alle Mitglieder haben im Rahmen der Satzungen und der Ver-
eins- und Abteilungsordnungen das Recht, an dem Vereinsleben
teilzunehmen und die Einrichtungen des Vereins zu benutzen.
Die ordentlichen Mitglieder haben volles Stimmrecht in der Mitgliederversammlung, sie sind wählbar, wenn sie das 18. Lebens-
jahr vollendet haben.

§ 9
Pflichten der Mitglieder

Jedem Mitglied muß in seinem Verhalten zum Verein und dessen
Mitgliedern Ehre und Ansehen der Person und des Vereins ober-
stes Gebot sein. Die Anordnungen des Vorstandes und den von
ihnen bestellten Ausführungsorganen und Ausschüssen in allen
Vereinsangelegenheiten, den Anordnungen der Abteilungsleiter
Spielführer in den betreffenden Sportangelegenheiten haben die
Mitglieder Folge zu leisten.
Die von den Mitgliedern zu zahlenden Beiträge und sonstigen
Leistungen sowie die Höhe der Aufnahmegebühr werden von der
Mitgliederversammlung festgesetzt. Ehrenmitglieder sind von der
Beitragspflicht frei.

§ 10
Ende der Mitgliedschaft

Die Mitgliedschaft erlischt durch Tod, Austritt oder Ausschluß.
Der Austritt, der durch schriftliche Erklärung erfolgen muß, ist
(Frist) vor Beendigung des laufenden Kalenderjahres möglich.
Sollte die vorgenannte Frist versäumt werden, so verlängert sich
die Mitgliedschaft um das anschließende Jahr.
In Ausnahmefällen entscheidet die Vorstandsversammlung.
Die Beitragszahlungen laufen bis zum Ende des jeweiligen Ka-
lenderjahres, mindestens jedoch bis zum Ende dem Austritt
folgenden Monats.

Bei Beendigung der Mitgliedschaft hat das Mitglied alle zu seiner Verwahrung befindlichen, dem Verein gehörenden Gegenstände, Urkunden pp. an die Vereinsgeschäftsstelle herauszugeben. Die Kündigung wird vom Verein gegenbestätigt.

Der Ausschluß aus dem Verein kann erfolgen:

a) bei schwerem Verstoß gegen die Vereinssatzung,

b) bei unehrenhaftem Verhalten innerhalb oder außerhalb des Vereins

c) bei Rückstand mit der Zahlung der Vereinsbeiträge für mehr als 3 Monate oder Nichterfüllung sonstiger finanzieller Verpflichtungen gegenüber dem Verein und trotz erfolgter schriftlicher Mahnung diese Rückstände nicht bezahlt werden

d) bei anderen vereinsschädigenden Verhalten.

Über den Antrag auf Ausschluß, der von jedem ordentlichen Mitglied unter Angabe von Gründen und Vorlage von Beweisen beim Vorstand gestellt werden kann, entscheidet der Vorstand mit Zweidrittelmehrheit. Diese Entscheidung muß von der Mitgliederversammlung mit einfacher Mehrheit bestätigt werden. Dem Auszuschließenden ist Gelegenheit zur Stellungnahme zu geben. Der Ausschluß ist zu begründen und dem Mitglied durch eingeschriebenen Brief zur Kenntnis zu bringen. Gegen den Ausschlußbescheid kann der Ausgeschlossene innerhalb 14 Tagen nach Zugehen Einspruch beim Vorstand einlegen, dessen Entscheidung endgültig ist.

§ 11
Strafen und Beschwerden

1. Strafen

Verstöße von Mitgliedern, vor allem im sportlichen Bereich, können vom Vorstand, im Einvernehmen mit der Mitgliederversammlung, mit

einfachen Verweis,

einem strengen Verweis

einer Geldbuße bis zu DM (Summe)

geahndet werden.

Als Verstöße dieser Art gelten insbesondere:

a) unentschuldigtes Fernbleiben von festgesetzten Übungen, Wettkämpfen und ehrenamtlich übernommenen Pflichten;
b) Nichterfüllung von Anordnungen von zuständigen Abteilungsleitern, der Stellvertreter oder Spielführer;
c) unsportliches Benehmen während eines Wettkampfes oder in einem unmittelbaren Zusammenhang mit einem solchen;
d) vereinsschädigendes Verhalten.

2. Beschwerden

Jedem Mitglied steht das Recht der Beschwerde gegen eine ausgesprochene Bestrafung zu. Die Beschwerde ist binnen 16 Tagen nach Bekanntgabe der Bestrafung beim Vorstand schriftlich einzulegen, dessen Entscheidung endgültig ist.

III. Organe

§ 12
Die Organe des Vereins

a) die Mitgliederversammlung
b) der Vorstand
c) Fest- und Veranstaltungsausschüsse

13
Mitgliederversammlung

Die Mitgliederversammlung wird durch den Vorstand einberufen. Stimmberechtigt sind alle ordentlichen Mitglieder. Die Mitgliederversammlung beschließt die allgemeinen Richtlinien der Vereinsarbeit. Ihr obliegt die Wahl von Vorstand und den einzelnen Ausschüssen sowie Abberufung einzelner Organe oder einzelner ihrer Mitglieder. Sie nimmt die Berichte vom Vorstand entgegen und entscheidet über die Entlastung der Vereinsorgane.

§ 14
Ordentliche und außerordentliche Mitglieder

Die ordentliche Mitgliederversammlung (Jahreshauptversammlung) findet alljährlich innerhalb von 6 Monaten nach Ablauf des Geschäftsjahres statt; sie wird durch den 1. Vorsitzenden einberufen.
Außerordentliche Mitgliederversammlungen müssen vom 1. Vorsitzenden einberufen werden auf Beschluß des Vorstandes. Angelegenheiten, die in einer ordentlichen Mitgliederversammlung behandelt und durch Beschlüsse verabschiedet worden sind, können nicht Anlaß zur Einberufung einer außerordentlichen Mitgliederversammlung sein. Die Einberufung der ordentlichen und außerordentlichen Mitgliederversammlung erfolgt unter Angabe des Zeitpunktes, des Ortes und der Tagesordnung. Die Benachrichtigung der Mitglieder muß 28 Tage vor der Versammlung erfolgt sein. Anträge von Mitgliedern zur Tagesordnung müssen mindestens 14 Tage vor der Versammlung beim Vorstand eingereicht sein. Diese Anträge sind nachträglich in die Tagesordnung aufzunehmen. Später eingehende Anträge dürfen, soweit sie nicht Abänderungs- oder Gegenanträge zu einem vorliegenden Antrag sind, nur als Dringlichkeitsanträge behandelt werden. Tagesordnungspunkte einer außerordentlichen Mitgliederversammlung können nur solche sein, die zu ihrer Einberufung geführt haben. Andere Tagesordnungspunkte können auf einer außerordentlichen Mitgliederversammlung nur behandelt werden, wenn sie die Qualifikation eines Dringlichkeitsantrages besitzen.
Dringlichkeitsanträge können nur zugelassen werden, wenn die Mitgliederversammlung dies mit Zweidrittelmehrheit beschließt. Anträge auf Satzungsänderungen können nicht im Wege des Dringlichkeitsantrages gestellt werden.

§ 15
Tagesordnung

Die Tagesordnung der ordentlichen Mitgliederversammlung muß folgende Punkte enthalten, wobei die Neuwahlen der Vereinsorgane alle zwei Jahre vorzunehmen sind:

a) allgemeiner Jahresbericht des Vorstandes und Bericht über das laufende Geschäftsjahr;
b) Bericht über den Jahresbeschluß und den Haushaltsplan des laufenden Jahres;
c) Bericht der Ausschüsse;
d) Bericht der Rechnungs- und Kassenprüfer;
e) Anträge;
f) Entlastung des Vorstandes; Neuwahl des Vorstandes und der Ausschüsse;
h) Wahl der Rechnungs- und Kassenprüfer;
i) Festsetzung der Mitgliederbeiträge;
j) Verschiedenes.

Anträge auf Satzungsänderungen sind vor Entlastung der Vereinsorgane als besonderer Punkt in die Tagesordnung aufzunehmen unter genauer Angabe der Änderungen.

§ 16
Versammlungsleitung und Beschlußfassung

Die ordnungsgemäß einberufene Mitgliederversammlung ist ohne Rücksicht auf die Zahl der erschienen Mitglieder beschlußfähig; sie wird vom Vorstand, im Falle seiner Verhinderung von dessen Stellvertreter geleitet. Die Mitgliederversammlung beschließt mit einfacher Mehrheit der abgegebenen Stimmen; Stimmgleichheit gilt als Ablehnung. Stimmenthaltungen werden nicht mitgezählt. Jedes Mitglied hat bei der Abstimmung eine Stimme. Das Stimmrecht kann nur persönlich ausgeübt werden. Stellvertretung ist nicht gestattet.

Satzungsänderungen können nur mit einer Mehrheit von 3/4 der abgegebenen Stimmen beschlossen werden. Eine Beschlußfassung über die Änderung des Vereinszweckes bedarf der Stimmen aller anwesenden Mitglieder, wobei mindestens die Hälfte aller ordentlichen Mitglieder an der Abstimmung teilnehmen muß. Wahlen zu den Vereinsorganen sind geheim. Liegt nur ein Vorschlag für das jeweilige Amt vor, so kann die Wahl durch Akkla-

mation oder offene Abstimmung erfolgen, wenn nicht mindestens die Hälfte der anwesenden stimmberechtigten Mitglieder geheime Wahl fordert.
Gewählt ist, wer die absolute Mehrheit der abgegebenen Stimmen auf sich vereinigt. In einem zweiten Wahlgang entscheidet einfache Mehrheit zwischen den beiden stimmhöchsten Bewerbern des ersten Wahlganges. Bei Stimmengleichheit entscheidet das Los. Über jede Mitgliederversammlung ist ein Protokoll zu führen, das vom Versammlungsleiter und von ihm bestimmten Protokollführer zu unterzeichnen ist.

§ 17
Vorstand

Der Vorstand besteht aus: (z.B.)
- a) den 1. und 2. Vorsitzenden
- b) dem Pressewart
- c) dem Kassierer
- d) dem Sportwart
- e) dem 1. und 2. Jugendwart

> Wir empfehlen mindestens drei und höchstens sieben Vorstandsmitglieder.

Der Vorstand wird für die Dauer von 1, 2 oder 3 Jahren gewählt. Er wird durch den 1. Vorsitzenden — bei seiner Verhinderung durch den 2. Vorsitzenden — einberufen und geleitet. Über seine Verhandlungen ist eine Niederschrift zu fertigen.
Der Inhalt ist in der nächsten Sitzung zu genehmigen. Der Vorstand soll 1/4 jährlich tagen; er ist jederzeit einzuberufen, wenn mindestens fünf seiner Mitglieder dies unter Darlegung der Gründe beantragen. Aufgabe des Vorstandes ist die Leitung und Überwachung des gesamten Sportbetriebes. Er stellt die Vereinsordnung (§ 19).

§ 18
Vergütung des Vorstandes

Für die Tätigkeit im Vorstand erhalten die Vorstandsmitglieder eine Aufwandsentschädigung.

§ 19
Vereinsordnung

Der Vorstand beschließt eine Vereinsordnung, die nicht im Widerspruch zu der Satzung stehen darf. In ihr sollten Bestimmungen enthalten sein über:
1. Bestellung und Zusammensetzung von Ausschüssen
2. Geschäftsführung des Vorstandes und der Auschüsse
3. Abgrenzung und Aufgaben und Zuständigkeit der einzelnen Organe und sonstiger Stellen
4. Grundsätze der Finanzwirtschaft und Finanzverwaltung
5. Verfahrensregelung für Versammlungen und Sitzungen
6. Ehrenordnung
7. Jugendordnung

§ 20
Haftungsausschuß

Der Verein haftet nicht für Schäden oder Verluste, die Mitgliedern bei der Ausübung des Sports, bei Benutzung von Anlagen, Einrichtungen und Geräten des Vereins oder bei Vereinsveranstaltungen erleiden, wenn oder soweit solche Schäden und Verluste nicht durch Versicherungen abgedeckt sind.

§ 21
Inkrafttreten der Satzung

Diese Satzung tritt mit ihrer Eintragung in das Vereinsregister in Kraft.

Football-Jugend

Mit Beginn der Footballbewegung in Deutschland 1978 wurde die Jugend nicht vergessen.

Anfangs „schnupperten" die Jugendlichen allerdings in die erste Mannschaft hinein, doch es gelang nach und nach insbesondere den heute alteingesessenen Vereinen, gezielte Jugendarbeit vornehmlich für 14- bis 18jährige zu betreiben. Man erkannte sehr bald, daß nur durch gute Jugendarbeit für genügend Nachwuchs gesorgt werden konnte. Im Laufe der Jahre hat sich diese Erkenntnis so weit entwickelt, daß Vereine mit Jugendmannschaften notwendige Verstärkung der ersten Mannschaft durch ihre eigene, herangebildete Jugend, erhält.

Man organisierte in den ersten Jahren Jugendturniere, um den Konkurrenzgedanken der jungen Aktiven zu formen. Seit 1984 wurde nach dem Vorbild der Erwachsenenligen eine mehrgleisige Jugendliga organisiert, die bis Schluß der Saison ihren Jugendmeister ausspielen kann.

Bedauerlicherweise fehlen heute noch in vielen Vereinen geeignete und erfahrene Helfer für den Aufbau einer eigenen Jugendmannschaft. Es handelt sich somit meist nicht um mangelnde Initiative oder Desinteresse. Viele älter oder ehemalige Spieler betätigen sich als Trainer, stellen aber nach kurzer Zeit meistens fest, daß die Arbeit mit der Jugend zwar sehr interessant, aber auch sehr zeitaufwendig ist. Um so mehr zu würdigen sind der Enthusiasmus und die Initiative der vielen Helfer, die sich mittlerweile um den Aufbau des Jugendfootballs bemühen. Daß es sich dabei sehr oft um Eltern der spielenden Jugendlichen handelt, versteht sich von selbst.

Die im vorherigen Kapitel erwähnte Vereinssatzung kann und sollte durch eine Jugendordnung vervollständigt werden. Damit ist man in der Lage, die Jugendarbeit im Verein zu regeln. Nachfolgend finden sie ein Beispiel einer Jugendordnung. In den Vereinsvorständen sollte sich jeweils ein sogenannter Jugendwart befinden, der die Belange der Jugendlichen vertritt. Zu seinen Aufgaben gehört es unter anderem, Kontakte zu Behörden und Verbänden zu knüpfen und zu pflegen.

„Drei in einer Mannschaft"

Eine besondere Aufgabe fällt dem Trainer der Jugendmannschaft zu. Er hat nicht nur dafür zu sorgen, daß seine Jungs körperlich fit und leistungsfähig sind, es ist für ihn eine besondere Verpflichtung, die Jugendlichen satzungsgemäß körperliche, geistig und charakterlich zu bilden. Er ist nicht nur Trainer, sondern auch Psychologe und Pädagoge. Eine, wie wir meinen, sehr komplexe Aufgabe, die eine erfahrene Person erfordert. Man berücksichtige bitte, daß gerade im Alter von 14 bis 18 Jahren sehr viele Probleme auf den Heranwachsenden zukommen, wie Pubertät, Schulanforderungen, Lehre, etc.

Die Gemeinschaft innerhalb einer Mannschaft muß weitestgehend geforderd und stabilisiert werden. Die Gemeinschaft hilft vielen Jugendlichen, mit Alltagsproblemen, wie den vorher genannten, fertig zu werden, nur ist Voraussetzung dafür, daß die Gemeinschaft eine wirklich positive ist und beispielhaft für den einzelnen. Football baut sich auf durch Mannschaftsgeist und Fairplay. Und genau das sind die ideellen Werte, die der Jugendliche benötigt und sucht. Man sollte somit versuchen, nicht nur hartes Training zu praktizieren, sondern die Freude am Footballsport zu fördern. Übrigens ist es sehr empfehlenswert, daß die Bemühungen des Trainers und des Jugendwartes möglichst durch die Mitglieder der Erwachsenenmannschft des Vereins unterstützt werden. Die Angehörigen der Erwachsenenmann-

schaft sollten Beispiel für die Jugendlichen sein und damit die Lehrbemühungen des Jugendtrainers unterstützen. Ein positiver Kontakt erleichtert den späteren Wechsel in die 1. Mannschaft für einen Jugendlichen.

Ist dieser Kontakt nicht gegeben, oder aber die Anforderungen an den Jugendlichen werden zu hoch eingestuft, ergibt sich die Gefahr der Abwanderung zu einem anderen Verein oder die völlige Aufgabe des aktiven Footballsportes. Jeder Verein sollte darauf achten, daß die Bedingungen für die Jugendmannschaft auch in Bezug auf Trainingsmöglichkeiten und Spiel gleich geschaltet werden mit denen der Erwachsenenmannschaft. Der junge Mensch will ernstgenommen werden, und der Erwachsene sollte sich im Sinne und zu Nutzen des Vereines darauf einstellen.

Die Jugendvertreter der Sportverbände verlangen vor Ausstellung eines Spielerpasses von jedem Jugendlichen eine Sportgesundheitserklärung, dadurch kann man gesundheitliche Risiken des noch nicht vollausgewachsenen Jugendspielers vermeiden und den Verein gegen unter Umständen auftretende spätere Haftungsansprüche absichern.

Meistens kann man Vordrucke des Sport-Gesundheits-Passes bei den zuständigen Sportämtern bekommen. Auch gibt es bei einigen Sportämtern die Möglichkeit, Sammeltermine zur Untersuchung bei Sportärzten zu erhalten. Bitte bei den jeweiligen Sportämtern genauestens erfragen.

Sind diese grundsätzlichen Voraussetzungen gegeben, müssen zur Aufnahme des Spielbetriebes für eine Jugendmannschaft noch weitere Schritte der Spielorganisation beachtet werden. Diese erfragen Sie bitte beim zuständigen Football Landesverband. Dieser gibt Ihnen dann genaue Auskunft über z.B. die Meldung der Mannschaft, Beantragung von Spielerpässen, Einladungen von Gegnern bzw. Bestätigungen von Spielterminen, Schiedsrichtern, Krankentransportern, Spielplatzaufbau etc.

Die Pressesprecher der Vereine müssen sehr oft feststellen, daß sich Nachrichten über ihre Jugendmannschaft nur sehr schlecht an die Medien, insbesondere an Lokalzeitungen „verkaufen" lassen. Dies ist zwar damit zu erklären, daß der freie Platz in

den Sportrubriken limitiert ist und das Interesse der Öffentlichkeit an den Aktivitäten von Jungsportlern eingegrenzt ist, jedoch sind zum anderen die Sportreporter bereits mit den herkömmlichen Sportarten völlig überlastet. Sie sind deshalb oft sehr dankbar, wenn man ihnen die Vorarbeit abnimmt. Mit selbst geschriebenen Artikeln über die Vereinsjugend und beigefügten Schwarz-Weiß-Fotos ist so mancher Bericht über die Footballjugend entstanden und führt dadurch zu kostenloser Werbung für den gesamten Verein.

Mit Handzettelaktionen oder Kleinanzeigen in Wurfzeitungen können außerdem weitere Spieler erfolgreich geworben werden. Gleichwohl ist die beste und billigste Werbung für neue Spieler die Mundpropaganda. Wenn der Jugendspieler Spaß am Sport hat, kann er bei seinen Schulkameraden einen Schneeballeffekt auslösen. Und hier sind wir bei einer weiteren Möglichkeit, Jugendspieler für den Verein heranzuziehen: Arbeitsgemeinschaften in den Schulen. Ohne Zweifel ist eine solche für unsere Breiten neuartige Sportart wie American Football eine hochwillkommene Abwechslung im Sportunterricht der vielen Schulen.

Hier möchten wir zum Schluß noch einen kleinen Tip geben: Ein großes Handicap für die erfolgreiche Werbung neuer Spieler ist meist die erforderliche teure Ausrüstung. (Siehe auch Kapitel IV). Ein Verein kann aber mit Mitteln aus Zuschüssen, die jedem Verein nach Beantragung zustehen können, ein Großteil der z.B. Helme und Schulterschützer finanzieren. Diese kann der Verein dann den jungen Spielern leihweise zur Verfügung stellen. Diese Geste der Unterstützung wird besonders von den Eltern, die meist die Ausrüstungsteile bezahlen müssen, sehr gut aufgenommen. Dann ist man von elterlicher Seite gerne bereit, kleinere Teile, wie Hose, Kniepolster, etc. selbst zu zahlen.

BEISPIEL EINER

JUGENDORDNUNG

§ 1
Mitglieder

Mitglieder des American Football Club (Name) sind alle Jugendliche sowie die gewählten und berufenen Mitarbeiter der Jugendabteilung.

§ 2
Aufgaben und Ziele

2.1. Die Jugend des American Football Club (Name) führt und verwaltet sich selbständig und entscheidet über die Verwendung der ihr zufließenden Mittel.

2.2 Die Jugend des American Football Club (Name) betreibt Jugendpflege durch sportliche Betätigung, insbesondere zum Zwecke

a) der Förderung der körperlichen Leistungsfähigkeit, Lebensfreude und Erhaltung der Gesundheit

b) der freundschaftlichen Zusammenarbeit mit anderen Jugendorganisationen zur Lösung gemeinsamer Jugendfragen

c) der Pflege der internationalen Verständigung

§ 3
Organe

Organe der Jugend des American Football Club (Name) sind:

a)   der Vereinsjugendtag (oder Jugendversammlung)

b)   der Vereinsjugendausschuß

§ 4
Der Vereinsjugendausschuß

4.1 Der Vereinsjugendausschuß besteht aus dem Jugendwart und seinem Stellvertreter und zwei Jugendsprechern, die zur Zeit der Wahl noch Jugendliche sind.

4.2 Der Jugendwart ist Vorsitzender des Jugendausschusses und vertritt die Jugend des American Football Club (Name) nach innen und außen.
Der Vorsitzende des Vereinsjugendausschusses ist Mitglied des Vereinsvorstandes. Seine Wahl bedarf der Bestätigung der Mitgliederversammlung.

4.3 Der Jugendwart und sein Stellvertreter werden von dem Vereinsjugendtag für 2 Jahre gewählt, während die Jugendsprecher für 1 Jahr gewählt werden. Es besteht die Möglichkeit, auf Antrag den Jugendwart und dessen Stellvertreter beim jährlichen Vereinsjugendtag oder bei einem außerordentlichen Vereinsjugendtag mit einer 2/3-Mehrheit abzuwählen.

4.4 In den Vereinsjugendausschuß ist jedes Vereinsmitglied wählbar.

4.5 Der Vereinsjugendausschuß erfüllt seine Aufgaben im Rahmen der Vereinssatzung, der Jugendordnung sowie der Beschlüsse des Vereinsjugendtages. Der Vereinsjugendausschuß ist für seine Beschlüsse dem Vereinsjugendtag und dem Vorstand des Vereins verantwortlich.

4.6 Der Vereinsjugendausschuß ist zuständig für alle Jugendangelegenheiten des Vereins. Er entscheidet über die Verwendung der der Jugend zufließenden Mittel. Die Sitzungen des Vereinsjugendausschusses finden nach Bedarf statt.

§ 5
Der Vereinsjugendtag

5.1 Die Vereinsjugend ist das oberste Organ der Jugend.

5.2 Aufgaben des Vereinsjugendtages sind:

a) Festlegung der Richtlinien der Vereinsjugendarbeit

b) Entgegennahme der Berichte und des Kassenabschlusses des Vereinsjugendausschusses

c) Entlastung des Jugendausschusses

d) Wahl des Jugendausschusses. Wahlberechtigt ist jeder Jugendliche ab 12 Jahre

e) Wahl der Delegierten zu Jugendtagungen des Bezirkes, des Verbandes und des Stadtsportbundes. Wahlberechtigt sind Jugendliche ab 12 Jahre

f) Beschlußfassung über vorliegende Anträge

5.3 Der Vereinsjugendtag findet mindestens einmal im Jahr statt. Er wird vom Vereinsjugendausschuß mindestens zwei Wochen vorher unter Bekanntgabe der Tagesordnung und evtl. Anträge einberufen. Der Termin muß mindestens zwei Wochen vor der ordentlichen Mitgliederversammlung des American Football Club (Name) liegen.

Auf Antrag eines Viertels der stimmberechtigten Mitglieder des Vereinsjugendtages oder eines mit 50% der Stimmen gefaßten Beschlusses des Vereinsjugendausschusses muß ein außerordentlicher Vereinsjugendtag innerhalb von zwei Wochen stattfinden.

5.4 Jedes Mitglied hat eine nichtübertragbare Stimme. Bei Abstimmungen und Wahlen genügt eine einfache Mehrheit der anwesenden Stimmberechtigten. Bei Stimmengleichheit erfolgt ein zweiter Wahlgang. Bei nochmaliger Stimmengleichheit entscheidet die Stimme des Jugendwartes.

§ 6
Spielordnung, Wettkampfordnung

Die Spiel- und Hausordnung des American Football Club (Name) gilt für alle Mitglieder der Jugendabteilungen.

Wettkämpfe werden nach der Spielordnung des Verbandes durchgeführt. Die Selbstverantwortung der Jugendlichen für die Einhaltung der geltenden Bestimmungen ist zu stärken. Die Aufsicht über die Einhaltung der Bestimmungen obliegt dem Jugendausschuß.

§ 7
Jugendordnungsänderung

Änderungen der Jugendordnung können nur von dem ordentlichen Vereinsjugendtag oder einem zu diesem Zwecke einberufenen außerordentlichen Vereinsjugendtag beschlossen werden. Sie bedürfen der Zustimmung von mindestens 2/3 der anwesenden Stimmberechtigten.

AFV-Verbandsadressen

A.F.V.D.
American Football Verband
Deutschland e.v.
Lommerwiese 31a
5330 Königswinter 1
Tel.: 0 22 23/2 28 19

AFV/BAYERN
c/o Dieter Felde
Im Moos 5
8960 Kempten
Tel.: 08 31/2 69 99

AFV/BADEN-WÜRTTEMBERG
c/o Erik Nagla
Schillerstr. 14
7300 Esslingen/N
Tel.: 07 11/31 81 04-31 40 16

AFV/BERLIN
c/o BSC Rehberge
Afrikaniche Str. 43—45
1000 Berlin 65
Tel.: 030/3 33 68 53

AFV/HESSEN
c/o Klaus Biehn
Louisenstr. 38
6280 Bad Homburg
Tel.: 0 61 72/2 40 13

AFV/NORD
c/o John Gruel
Garbestr. 8
2000 Hamburg 13
Tel.: 040/44 31 08

AFV/N.R.W.
c/o Roland Wingenroth
Postfach 10 18 05
5600 Wuppertal
Tel.: 02 02/42 80 48

AFV/RHEINLAND-PFALZ
c/o Wolfgang Ringelstein
Sylvaner Str. 3
6501 Zornheim

AFV/SAARLAND
Postfach 15 29
6630 Saarlouis

Anschriften und Kontaktadressen der Vereine in Deutschland

ASSINDIA CARDINALS
Dieter Rosenberger
Wüstenhöferstr. 156
4300 Essen 11

AUGSBURG ANTS
Norbert Krix
Karlstraße 4
8900 Augsburg
Tel.: 08 21/51 99 00

AUGSBURG PARASOL
K. Schreiber-Magnus
Billerstr. 5
8900 Augsburg
Tel.: 08 21/41 92 93

ANSBACH GRIZZLIES
Heidi Kämmerer
Eyberstr. 97
8800 Ansbach
Tel.: 09 81/1 56 21

BERLIN ADLER
BSC Rehberge
c/o Bernd Tempel
Viktoriaufer 12
1000 Berlin 20
Tel.: 030/3 33 68 53 priv.
Tel.: 030/7 79 75 33 dienstl.

BREMEN BUCCANEERS
Vors. Jens Eckhoff
Schwäbisch-Hall-Str. 27
2805 Stuhr 2
Tel.: 04 21/51 02 29
Geschäftsf. Thomas Riehling
Brokhuchtinger Landstr.
2800 Bremen 66
Tel.: 04 21/58 21 33

BREMERHAVEN SEAHAWKS
Postfach 10 03 30
2850 Bremerhaven 1
Tel.: Th. Schulz 04 71/8 25 34

BADENER GREIFS
Elmar Diepenbacher
Stuttgarter Str. 26
7051 Leopoldshafen
Tel.: 0 72 47/2 25 81

BAD HOMBURG FALKEN
Klaus Biehn
Louisenstr. 38
6280 Bad Homburg
Tel.: 0 61 72/2 40 13

BLACK FOREST SPIRITS
Dr. med. Klaus Sandrock
Schulstr. 12
7890 Waldshut-Tiengen
Tel.: 0 77 41/45 27

BONNER JETS
Wulf D. Weimann
Osloer Straße 157
5300 Bonn
Tel.: 02 08/67 80 98

BRÜHL CONDORS
Dirk Hackländer
Thüringer Platz 11
5040 Brühl
Tel.: 0 22 32/2 44 31

BERGISCHE LÖWEN REMSCHEID
Matthias Picard
Sedanstr. 87
5630 Remscheid
Tel.: 0 21 91/34 17 16

BIELEFELD BULLDOGS
Gerd Kaiser
Schobeke 31
4900 Herford
Tel.: 0 52 21/7 36 20

BAMBERG BEARS
Gertrud Rössert
Am Kapellenschlag 49
8600 Bamberg
Tel.: 09 51/4 78 31

**BURG LENGENFELD
B-TOWN-DEVILS**
Franz Rother
Röthelsteinstr. 4
8418 Teublitz-Saltendorf
Tel.: 094 71/9 72 70

COLONGE CROCODILES
Geschäftsstelle
Sömmeringstr. 4—6
5000 Köln 30
Tel.: 02 21/51 58 15

DIEBURG PIONERS
Ralf Enders
Odenwaldstr. 16
6110 Dieburg
Tel.: 0 60 71-2 21 44

DILLINGEN HURRICANES
Rene Havener
Postfach 15 29
6630 Saarlouis

DARMSTADT DIAMONDS
Friedrich Schmid
Wilhelm-Leuschner-Str. 28
6100 Darmstadt
Tel.: 0 61 51-2 25 54

DINSLAKEN DRAGONS
Klaus Gerlitzki
Antonienstr. 8
4220 Dinslaken
Tel.: 0 21 34/3 67 68

DORTMUND GIANTS
Paula Santos-Kinzel
Düsseldorfer Sr. 40
4600 Dortmund 1
Tel.: 02 31/52 93 78

DÜSSELDORF BULLDOZER
Postfach 15 01 00
4000 Düsseldorf 1
Tel.: 02 11/21 42 70

DÜSSELDORF PANTHER
Petra Korbmacher
Kruppstr. 44
4000 Düsseldorf
Tel.: 02 11/79 31 01 (Schrader, Dirk)

DÜSSELDORF PUMAS
Michael Tiedge
Wupperstr. 2
4000 Düsseldorf
Tel.: 02 11/39 63 82

DUISBURG DOCKERS
Ernst-Dieter Siepmann
Postfach 10 09 02
4100 Duisburg 1
Tel.: 0 21 35/6 17 70

DEGGENDORF BLACKHAWKS
Markus Wallner
Kleinwalding 5
8360 Deggendorf
Tel.: 09 91/2 17 25

ESCHWEGE LEGIONÄRS
Mathias Wolf
Gerlachstr. 3
3440 Eschwege
Tel.: 0 56 51-56 97

ESSEN EAGLES
Karl-Heinz Hamm
Postfach 10 10 39
4300 Essen 1
Tel.: 02 01/71 50 89

ERDING BULLS
Johann Eicher
Parkstr. 33
8058 Erding
Tel.: 0 81 22/23 50

FELLBACH SIOUX
Ewald Fischer
Gutenbergstr. 14
7012 Fellbach
Tel.: 07 11/51 65 39

FRANKFURT GAMBLERS
z. Hd. Ford F. Gregori
Oeserstr. 31 B
6000 Frankfurt
Tel.: 069/13 29 16

FÜRSTENFELDBRUCK
FUERSTY RAZORBACKS
Jürgen Lang
Otto-Kubel-Str. 2
8080 Fürstenfeldbruck
Tel.: 0 81 41/52 30

FÜRTH BUFFALOS
Peter Kriegbaum
Teichstr. 9/Bislohe
8510 Fürth
Tel.: 09 11/30 44 02

FÜRTH MEAN MACHINE
P. Reichel
Postfach 51 02 31
8500 Nürnberg 1
Tel.: 09 11/64 94 44

HAMBURG DOLPHINS
c/o John Gruel
Garbestr. 8
2000 Hamburg 13
Tel.: 040/44 31 08

HANNOVER BRONCOS
c/o Andreas-E. Wirth
Bornhof 16 D
3000 Hannover 61
Tel.: 05 11/6 47 66 56

HILDESHEIM INVADERS
c/o Hans-Wolfgang Hoffheinz
Zierenbergstr. 47
3200 Hildesheim
Tel.: 0 51 21/2 37 65

HANAU HAWKS
Michael Walter
Julius-Leber-Str. 12
6450 Hanau
Tel.: 0 61 81/3 96 99

HEIDELBERG BLACK KNIGHTS
Harald Steinbüchel
Heidelberger Str. 56
6803 Edingen
Tel.: 0 62 03-8 16 26

HILDEN HURRICANES
Andrea Raddatz
Kilvertzheide 21a
4010 Hilden
Tel.: 0 21 03/8 71 82

INGOLSTADT CITY SHARKS
c/o MTV 1881
Frau Schmöller
Friedhofstr. 10
8070 Ingolstadt
Te.: 08 41/3 46 33

KOBLENZ HUSKIES
H.R. Nick
Hauptstr. 59 A
5411 Simmern/WW
Tel.: 0 26 20/25 14

KAMP-LINTFORT GLADIATORS
Wolfgang Fritschen
Postfach 11 09
4132 Kamp-Lintfort
Tel.: 0 28 42/6 02 27

KEMPTEN COMETS
Hagen Busse
Alpenrosenweg 2
8969 Dietmannsried
Tel.: 0 83 74/99 37

LAATZEN LONESTARS
Jörg Tabatt
Calenbergerstr. 1
3203 Sarstedt 1
Tel.: 0 50 66/6 37 67

LÜBECK OUTLAWS
TuS Lübeck 93 Outlaws
c/o Frank Bremster
Kaninchenbergweg 60b
2400 Lübeck
Tel.: 04 51/60 42 70
oder Peter Blunck
Rathenaustr. 25
2400 Lübeck
Tel. 04 51/3 14 93

LEVERKUSEN LEOPARDS
Petra Hartzsch
Brandenburger Str. 1
5090 Leverkusen 1
Tel.: 02 14/9 36 30

LANDSBERG EXPRESS
Eyke Reymers
Lechwiesenstr. 7
8910 Landsberg
Tel.: 0 81 91/3 96 88

LANDSHUT DRAGONS 86
Hildegunde Kawig
Hauptstr. 70
8300 Landshut
Tel.: 08 71/3 45 83

LINDENBERG RAZORBACKS
Josef Thiel
Hauptstr. 44
8998 Lindenberg
Tel.: 0 83 81/66 55

MANNHEIM REDSKINS
Maria Westenberger
Waldstr. 125
6800 Mannheim
Tel.: 06 21 / 75 54 68

MAINZ GOLDEN EAGLES
Christian Seywald
Weinbergstr. 58
6506 Nackenheim
Tel.: 0 61 35 / 26 20

MONHEIM SHARKS
Kurt Wagner
Holzweg 79
4019 Monheim 2
Tel.: 0 21 73 / 6 14 30

MÜNSTER MAMMUTS
Michael Felkl
Postfach 12 03
4400 Münster
Tel.: 02 51 / 4 92 21 53

MUNICH COWBOYS
Schlierseestr. 14
Postfach 90 03 33
8000 München 90
Tel.: 089 / 6 91 20 09

MUNICH RANGERS
Franz Einkammerer
Postfach 80 05 24
8000 München 80
Tel.: 089 / 95 51 88

MÜNCHEN-ISMANING-EXPLOIDERS
Michael Fütterer
Birkenstr. 2
8043 Unterföhring

NEUSS FROGS
Wolfgang Streitberg
Hahnenweg 31
4040 Neuss 1
Tel.: 0 21 01 / 47 52 40

NORIS RAMS
Peter Schuh
Schwanenweg 16
8500 Nürnberg
Tel.: 09 11 / 16 32 90 Geschäft
Tel.: 09 11 / 59 01 16 privat

NÜRNBERG VIKINGS
Werner Engelhardt
Bucherstr. 46
8500 Nürnberg 10
Tel.: 09 11 / 35 45 16

OSNABRÜCK SILVERBACKS
c / o Detlef Perner
Lindenstr. 3
4504 Georgsmarienhütte
Tel.: 0 54 01 / 3 08 05

RÜSSELSHEIM CRUSADERS
Gerhard Hackbahrt
Rheinstr. 7
6090 Rüsselsheim
Tel.: 0 61 42 / 6 14 17

RED BARONS COLOGNE
Postfach 45 09 51
5000 Köln 41

RATINGEN RAIDERS
Walter Streiff
Hochstr. 22
Postfach 17 58
4030 Ratingen
Tel. 0 21 02 / 6 99 65

RECKLINGHAUSEN CHARGERS
Peter Springwald
Postfach 10 01 41
4350 Recklinghausen
Tel.: 0 23 61 / 1 32 75

REGENSBURG ROYALS
Johann Hildebrand
Landshuter Str. 44
8400 Regensburg
Tel.: 09 41 / 70 16 86

ROTHENBURG KNIGHTS
Burkhard Stark
Hofbronnengasse 11
8803 Rothenburg o/T
Tel.: 0 98 61/73 79

SCHWÄBISCH HALL UNICORNS
Axel Streich
Roscherweg 15
7170 Schwäbisch Hall
Tel.: 07 91/4 13 01

SAARLOUIS
R. Heck
Schwarzstr. 1
6631 Ensdorf
Tel.: 0 68 31/5 20 10

STUTTGART STALLIONS
Johann Schwingenschlägel
Schloßstr. 3
7148 Rembeck
Kein Tel.

SOLINGEN STEELERS
Ralf Küpper
Dingshauser Str. 48
5650 Solingen 1
Tel.: 02 12/1 86 06

SCHWEINFURT BALL-BEARINGS
Jan Stoidl
Tilsiter Str. 13
8720 Schweinfurt
Tel.: 0 97 21/8 26 84

SIMBACH WILD CATS
Michael Schuster
Mooseckerstr. 10
8346 Simbach/Inn
Tel.: 0 85 71/24 07

SONTHOFEN TRUCKS
Thomas Reutemann
Burgweg 43
8972 Sonthofen
Tel.: 0 83 21/8 75 71

STARNBERG ARGONAUTS
Jan Schirmer
Wilhelmshöhenstr. 29
8130 Starnberg
Tel.: 0 81 51/37 97
Postfach 12 02

STRAUBING SPIDERS
Postfach 07 49
8440 Straubing
Tel.: 0 94 21/8 07 00

TUS STUTTART SCORPIONS
TuS Stuttgart
Königstäsle 37
7000 Stuttgart
Tel.: 07 11-24 72 45

ULM SPARROWS
Thomas Schenkel
Welfenweg 12
7022 Leinfelden
Tel.: 07 11/75 01 71

UERDINGEN DEVILS
Siegfried Scheuschner
Krüllsdyk 124
4150 Krefeld
Tel.: 0 21 51/75 67 58

UNNA GAMBLERS
Thomas Frens
Im Dreieck 18
4755 Holzwickede
Tel.: 0 23 01/27 51

VELBERT WHITE RAMS
Holger Krämer
Postfach 10 12 21
5620 Velbert 1

WUPPERTAL GREYHOUNDS
Michael Sycha
Witensteinstr. 238
5600 Wuppertal 2
Tel.: 02 02/55 45 08

WÜRZBURG 73ER RANGERS
Stefan Popp
Friedrich-Ebert-Str. 40
8702 Estenfeld
Tel.: 0 93 05/231

WÜRZBURG PUMAS
c/o Bob Zaal
Rückertstr. 12
8700 Würzburg
Tel.: 09 31/88 45 98 privat
Tel.: 09 31/80 72 89 Geschäft

WIESBADEN PHANTOMS
Monika Pfeffer
Kasdtellstr. 1
6200 Wiesbaden
Tel.: 0 61 21/50 72 72

EFL

EFL — European Football League
Konrad-Brosswitz-Str. 45
6000 Frankfurt/M. 90
Tel.: (069) 70 07 05
Telex 4 189 147

MEMBER FEDERATIONS

ITALY:
Associazione Italiana Football
Americano
A.I.F.A.
Via Manin 7
20121 Milan
Italy
Telephon: 2-6596511 (Hotel Manin)
Telex: 043-320385 manin i
President: Giovanni Colombo

FINLAND:
American Football Association
of Finland
S.A.J.L.
Radiokatu 12
00240 Helsinki
Finland
Telephone: 358-0517819
Telex: 057-121797 svul f

FRANCE:
Federation Francaise de Football
Americain
F.F.F.A.
Domaine du Golf 30
Chemin du Bois d'Opio
36650 Opio le Rouret
France
Telephone: 0033-93-774151
Telex: 042-470898 (via Notaire
P. Couchard Vice President)
President: Jacques Accambray

GERMANY:
American Football Verband
Deutschland e.V.
A.F.V.D.
Lommerwiese 31 A
5330 Königswinter 1
West-Germany
Telephone: 2223-22819
President: Günter Franken
Vice-President:
(responsible also for int'l games)
Klaus Monréal
Postfach 46 02 08
5000 Köln 40
Telephone: 221-48 10 48

SWITZERLAND:
Swiss Football League
P.O. Box 2631
6901 Lugano
Switzerland
Telephone: 91-56 55 27
President: Massimo Monti

AUSTRIA:
American Football Bund Österreich
A.F.B.Ö.
Radeckerweg 16
5101 Bergheim
Austria
Telephone: 662-51 89 65
President: Gerhard Almer
Responsible for European relations:
Bernhard Zachhuber
Beethovengang 14/1
1190 Vienna

NETHERLANDS:
Nederlandse American Football
Federatie
N.A.F.F.
Bovenkerkerkade 18
1185 CP Amstelveen
The Netherlands
Telephone: 020-45 02 86
President: Guus A. Annokkee

GREAT BRITAIN:
British American Football League
Amway House
Michigan Drive
Tongwell
Milton Keynes MK 15 8 HD
England
Telephone: 908-61 79 11
Telex: 051-826 817 amway g
President: Terry Clark
General Manager: Radcliffe Phillips

ASSOCIATED MEMBERS

BELGIUM:
Belgian Football League
President:
Larry M.L. Natowitz
Quai de Rome 25
B-4000 Liège
Belgium
Telephone: 41-53 22 53
Secretary:
Tony Huysenstruyt
Jan Breydelstraat 62
B-8730 Harelbeke
Belgium
Telephone: 056-71 69 42

IRELAND:
Irish American Football Association
18 Northbrook Road
Leeson Park
Dublin 6
Ireland
President: Aiden Prendergast
Northern Ireland Representative:
Steve Stacher

BELGIAN FOOTBALL LEAGUE

MOUSCRON REDSKINS
Philippe Vanovertveldt
Streyestraat 30
B-8598 St Denijs Zwevegem
056/45 63 75

LEUVEN LIONS
Tony Huysentruyt
Jan Breydelstraat 62
B-8730 Habelbeke
056/71 69 42

BRUSSELS SUSTERS
Wauter Jannes
J. Jordaensweg 7
B-1870 Meise Wolvertem
02/2 69 07 89

LIEGE RED ROOSTERS
Eric De Spiegeler
Quai de l'Ourthe 44/8D
B-4020 Liege
041/43 36 80

TOURNAI BLUE SHARKS
Alex Walnier
Rue Gal Piron 21
B-7500 Tournai
069/23 49 26

BRUGE BULLDOGS
Thierry Rivième
Zuidlaan 55
Blankenberge/Belgien

NETHERLANDS:
Nederlandse American Football
Federatie
N.A.F.F.

SECRETARIAAT NAFF
G.A. Annokkee
1185 CP Amstelveen
Tel.: 020/45 86

ALMELO PHANTOMS
H.H. ter Braake
Postbus 560
7500 AN Almelo
Tel.: 0 54 90/1 27 28

ALMERE JETS
J.G.A. Ruyper
Muidergouw 74
1351 PG Almere
Tel.: 0 32 40/1 57 60

ALPHEN EAGLES
M. Nieuwenburg
De Akker 24
2743 DM Waddinxveen
Tel.: 0 18 28/1 30 34

AMSTELVEEN BARCHETTA'S
Alwin Ruhé
Postbus 880
1180 AW Amstelveen
Tel.: 020/43 27 84

AMSTERDAM BLACKFOOT INDIANS
Ruud Wiersma
Wilh. Druckerstraat 41-IV
1066 AD Amsterdam
Tel.: 020/15 71 23

AMSTERDAM CRUSADERS
Jeroen Oerlemans
Van Ostadestraat 328
1073 TZ Amsterdam
Tel.: 020/79 22 88

AMSTERDAM RAMS
F.M. Moll
Straat van Sicilie 3
1183 GK Amstelveen
Tel.: 020/45 10 08

ARNHEM RUNNING BEARS
Joop Klom
Ganzewei 31
6622 RR Elst (Gld.)
Tel.: 0 88 91/7 61 96

BREDA BARONS
Karl Lauinger
Kasterleestraat 366
4826 GN Breda
Tel.: 076/87 49 55

BREDA SQUAWS
Edmay Cornelis
Willem I-plein 19
5121 MA Rijen
Tel.: 0 16 12/64 07

DELFT DRAGONS
Erik v.d. Berg
Noordeinde 35
2611 KG Delft
Tel.: 015/14 32 87

EINDHOVEN ALLEYCATS
Tineke Kotmans
Maalakker 13
5625 SJ Eindhoven
Tel.: 040/41 73 29

ENSCHEDE WARRIORS
J. Dekker
Op de Wal 7
7511 NT Enschede
Tel.: 053/31 88 52

GRONINGEN TIGERS
Gerard Jongerhuis
Illegaliteitslaan 40
9727 EC Groningen
Tel.: 050/25 29 38

HAARLEM HAWKS
Sportschool Kick-Off
T.a.v. Nol. van Schaik
Nassaulaan 62
2011 PE Haarlem
Tel.: 023-32 87 37

THE HAGUE RAIDERS
G.R. Roqué
Den Helderstraat 247
2547 SH Den Haag
Tel.: 070/68 17 73

HEERLEN MOUNTAINEERS
Diana Coert
Pieter Breughelstraat 11
6137 VV Sittard
Tel.: 0 44 90/1 14 17

HELMOND POWER BULLS
Peter van Berlo
Penningstraat 32
5701 MX Helmond
Tel.: 0 49 20/4 19 99

HILVERSUM HURRICANES
Denise Varden
Tolakkerweg 48
3739 JP Hollandse
Rading
Tel.: 0 21 57/17 68

HOORN STALLIONS
Jan Desaunois
Dr. Flemingstraat 21
1611 EK Bovenkarspel
Tel. 0 22 85/1 58 98

LELYSTAD LIZARDS
F. de Langewendels
Eem 30
8223 DG Lelystad
Tel.: 0 32 00/4 89 27

MAASTRICHT JAGUARS
Jan Willem Hheesbeen
Jekerschans 7
6212 GG Maastricht
Tel. 043/21 99 90

MADE MUSTANGS
A.J.M. de Peyper
Zandstraat 47
4921 SL Made
Tel. 0 16 26/43 23

MEPPEL SCORPIONS
Atie Wilbrink
De Gele Plomp 6
8064 HG Zwartsluis
Tel. 0 52 08/6 78 71

NIJMEGEN CENTURIONS
Wim Looten
Aldenhof 13-22
6537 CD Nijmegen
Tel.: 080/44 44 98

ROTTERDAM SCOUTS
Jolanda de Jonge
Duyvesteynstraat 24
2552 BG Den Haag
Tel.: 070/97 90 16

ROTTERDAM TROJANS
John Boslooper
Zuidhoek 183 C
3082 PG Rotterdam
Tel. 010/29 21 40

TILBURG "THE STING"
Bea van der Boom
Berkenrodelaan 25
5043 WE Tilburg
Tel.: 013/70 05 78

UTRECHT VIKINGS
L.J. v.d. Plaats
Karel Doormanlaan 113
3572 NM Utrecht
Tel.: 030/73 23 32

VELDHOVEN LONGHORNS
A. Muskens-Delhaye
Adelaerstraat 24
5625 HD Eindhoven
Tel.: 040/41 77 13

IJMUIDEN COASTERS
Jan Koomen
Keetberglaan 156
1974 XC Ijmuiden
Tel.: 0 25 50/3 44 02

ZWOLLE BULLDOGS
M.C. Arkema
Vicaristraat 6
8081 XK Elburg
Tel. 0 52 50/32 35

DELFZIJL SEAGULLS
H. Roozeboom
Kleine Belt 8
9933 RG Delfzijl
Tel. 0 59 60/1 40 18

BRUNSUM BEARS
Renco Wijckmans
Europalaan 275
6441 VH Brunsum
Tel.: 045/25 19 87

AMERICAN FOOTBALL-BUND ÖSTERREICH

VIENNA RAMBLOCKS
Helmut Rzihacek
Paulanergasse 3/8
1040 Wien

VIENNA VIKINGS
Thomas Aichmayr
Pokornygasse 2/B
1190 Wien

GRAZER GIANTS
Dr. Stefan Herdey
Hugo-Wolf-Gasse 10
8010 Graz

STYRIAN PANTHERS
Walter Ignatowicz
Neuholdaugasse 24
8010 Graz

CHAMPION EAGLES
Andreas Thaler
Defreggerstraße 34
6020 Innsbruck

KLAGENFURTER JETS
Harald Pogatschnig
Johann-Hiller-Straße 20
9020 Klagenfurt

MONTFORT HAWKS
Franz Kuster
Runastraße 21
6805 Gisingen Feldkirch

LINZER RHINOS
Christian Horner
Rottmayrstraße 19
5020 Salzburg

SALZBURGER LIONS
Rudolf Woland
Ignaz-Harrer-Straße 83
5020 Salzburg

HALLEINER DIGGERS
Walter Roth
Salzstadlstraße 26
5400 Hallein

Für die Richtigkeit und Vollständigkeit der Adressen übernehmen wir keine Garantie.